JN064638

時代を超えた「つながり」で読み解く日本史

松本一夫
Matsumoto kazuo

はじめに

今から三十五年余りも前のことです。当時、最初の赴任校で世界史を教えていた私は、ただ知識を伝えて終わりではなく、何か生徒たちに興味をもって考えさせる授業ができないか、といろいろな実践事例にあたっていました。そうした中で手にした『たのしくわかる世界史一〇〇時間』下（千葉県歴史教育者協議会世界史部会編、あゆみ出版、一九八六年）に、当時千葉高校の教諭であった越川芳雄先生の「イギリスで機械が一台増えれば」という授業案が掲載されていました。これは、産業革命期にイギリスで綿織物の機械が一台増えると、インドやアメリカ、アフリカ、中国、日本ではそれぞれどのようなことが起きるのか、ということを生徒たちに考えさせていくことによって、資本主義体制の成立が世界の各地域を市場や原料・労働力供給地として結びつけていくことを実感させる、といった内容でした。「インドでは織布工が十人死んでゆく」、「アメリカでは黒人奴隷が十人増える」、「アフリカでは黒人が六十人減る」、「中国ではアヘン患者が十人増える」、「日本では開国が一日早まる」など、一見バラバラに起きたかのように思える個々のできごとには、実は強い因果関係があったことを理解させる、とても興味深い実践だと感嘆した（ただし、これらの数字に根拠があるとは思えない）ことを、今でもはっきり覚えています。

学校での歴史学習は、時代順ではありながらも、ともすると突然ある人物が登場したり、何かのできごとが起こったようにとりあげられ、しかもそうしたことが繰り返されるため、子どもたちには無味乾燥な内容と受け取られ、試験のために仕方なく覚えはしても、終わったらたちまち忘れる、という状態になってしまいがちです。これでは「歴史は暗記ばかりで、面白くない」という印象をもたれても致し方ありません。

しかし前掲の実践例のように、一見何の関係もないような人物やできごとが、実はある視点から見ると、とても意味のあるつながりをもっていたことに気づかせれば、子どもたちに（大人にも）「歴史っておもしろい、奥が深い」と興味をもち、さらには個々の人物やできごと自体も、より鮮やかに、かつ深く認識してもらえることが期待できるのではないでしょうか。

本書では、単なる時代の流れということではなく、むしろ時代というものにあまりとらわれずにさまざまな視点を提供し、それによって導き出される人物やできごとのつながりの事例を紹介していきたいと思います。本書をお読みいただくことにより、新たな角度から歴史をより大きく把握することの愉しさを皆さんに味わっていただければ幸いです。

目次

第1章 人と家のつながり……009

第2章 政権スタッフ・軍人のつながり……091

目次

第1章

人と家のつながり

つながりの視点

ここでは歴史上有名な政治家や天皇、武家について、単なる年代順ではなく、人と人との個人的なつながりや天皇名、武家の名字のもつ意味などに注目して、従来とは別の視点から歴史をとらえることができないか、探ってみたいと思います。

1 原敬は坂本龍馬の孫弟子だった⁉

三人の事績

「原敬は坂本龍馬の孫弟子」といったら驚かれるでしょうか。しかし、この二人の間に陸奥宗光という人物を配すれば、この表現はまんざら誤りともいいきれなくなります。いったいどういうことなのか、以下説明していきたいと思いますが、その前に一応三人の事績を紹介しておきましょう。

図1　坂本龍馬

【坂本龍馬】（天保六・一八三五〜慶応三・一八六七年、図1）

幕末の志士。土佐藩の町人郷士（一般武士よりは身分が低い）として高知城下に生まれる。坂本家は城下の豪商才谷（さいたに）家の分家である。はじめ攘夷思想の影響を受け、武市瑞山（たけちずいざん）の土佐勤王党に参加したが、後に脱藩した。そして勝海舟に入門し、航海術を学ぶ一方でその右腕として東奔西走した。慶応元年（一八六五）、薩摩藩の支援で長崎に亀山社中（後に土佐藩に属し海援隊と改称）を結成、海運に従事しつつ薩摩藩と長州藩の提携を促し、翌年一月に薩長同盟を成立させた。そして雄藩大名たちの会議による政治を行うべき、とする公議政体論を主張し、慶応三年十月の大政奉還実現に影響を与えた。自らは新政府への参加は辞退したが、幕府に狙われ、十一月十五日、京都の近江屋で見廻組の襲撃を受け、陸援隊の中岡慎太郎とともに殺害された（三十三歳）。

図2　陸奥宗光

【陸奥宗光】（弘化元・一八四四～明治三十・一八九七年、図2）

明治時代の政治家・外交官。和歌山藩士伊達宗広の子として生まれる。幕末期には尊王攘夷運動に参加、亀山社中に入り、坂本龍馬を支える。維新後、新政府に入り、租税頭として地租改正の実施にあたった。明治七年（一八七四）元老院議官となるも、土佐立志社の政府転覆計画に関与したとして、同十一年免官となり、五年間山形や宮城で監獄生活を送る。出獄してヨーロッパで遊学した後、同十九年に外務省へ入り、二十一年駐米公使。二十三年帰国、五月に第一次山県有朋内閣の農商務大臣となる。七月、第一回衆議院選挙で和歌山県第一区から立候補して当選、閣僚中唯一の衆議院議員となる。二十五年八月、第二次伊藤博文内閣で外務大臣となり、二十七年七月イギリスと通商航海条約を締結し、領事裁判権の撤廃と関税自主権の一部回復に成功した。また日清戦争（明治二十七・一八九四～同二十八・一八九五年）前後の外交にあたったが、激務から持病の肺結核が悪化、同三十年（一八九七）死去した（五十四歳）。

【原敬】（安政三・一八五六～大正十・一九二一年、図3）

明治・大正時代の政治家。盛岡藩上級藩士の家に生まれる。明治八年（一八七五）、分家した際に自ら望んで平民身分を取得した。司法省法学校（現在の東大法学部）に入学したが、仲間の起こした事件の責任をとる形で退学、新聞社に入って評論活動を行った。これに注目した井上馨（長州藩出身の政治家）の推薦により、同十五年（一八八二）外務省に入る。天津領事やパリの日本公使館書記官などをつとめた後、農商務

図3　原敬

省に移る。ここで大臣となった陸奥宗光の知遇を得、二十五年陸奥が第二次伊藤内閣の外務大臣になると、原も同省に戻って陸奥を支えた。明治三十年（一八九七）陸奥が病没すると、原は官僚を辞め大阪毎日新聞の社長となる。その後、伊藤を総裁とした立憲政友会の結成に尽力、幹事長となり、さらに同三十三年第四次伊藤内閣の逓信（ていしん）大臣（電信・郵便事業や海運業を統轄）として初入閣した。その後、西園寺公望（さいおんじきんもち）内閣の内相を経て大正三年（一九一四）には政友会総裁に就任した。同七年米騒動によって寺内正毅（まさたけ）内閣が倒れると、ついに後継首相となり（政友会を中心とした初の本格的政党内閣）、「平民宰相」と呼ばれた。当初は大戦景気を背景に強力に政策を推進したが、後に戦後恐慌による財政悪化や度重なる汚職事件、高圧的な政治運営に批判が集まり、人気は次第に衰えた。大正十年十一月四日、政友会近畿大会出席のために向かった東京駅で暗殺された（六十六歳）。

坂本龍馬と陸奥宗光のつながり

出会い

二人の出会いについては諸説あり、定かなことはわかっていません。坂崎斌（さかん）（紫瀾（しらん）、明治時代の政治記者）

は、文久三年（一八六三）に龍馬が、当時京都の粟田口にいた伊達宗広（陸奥の父。和歌山藩重臣だったが失脚。学者としても知られていた）のもとをたびたび訪ねていたのがきっかけとしています。また陸奥本人はその自伝の中で、龍馬が陸奥の才を認めて神戸にある勝海舟の塾に入ることを勧めた、と回想しています。さらにその勝は、文久三年四月に海防視察のため紀州を訪れた際、藩主からの依頼で自らの塾に連れて帰った二十五名の「腕白者」の中に陸奥がいた（当時二十五歳）、としています。

これらの話を総合すると、陸奥は文久三年に勝海舟の塾に入り、そこで龍馬と接するようになったと推測されます。

海援隊における陸奥

その後、龍馬と陸奥のつながりはほとんどたどれなくなりますが、慶応二年（一八六六）十月の時点では、二人を含む土佐グループの人々が薩摩藩から毎月三両二分（米価換算で現在の約三十二万円）を支給されていたことがわかっています。

この前年、龍馬は長崎亀山を拠点として、西国諸藩のため運輸・貿易などを周旋する亀山社中を組織（後に海援隊と称す）、陸奥はそのメンバーとなっていました（図4）。慶応三年三月ごろ、陸奥は上方で金策や商売のために動き、薩摩藩の重役と交渉しています。七月には「商法之愚案」と題する意見書を作成し、翌月龍馬に提出しました。ここでは西洋のコンパートメント（同

図4　海援隊士としての龍馬（左から3人目）と陸奥（龍馬の右隣り）

盟商法）の原理を説き、長崎に一大商社を設け、大坂、兵庫、下関、北陸要地にも支所をつくって商事取引を行うべき、との主張がなされています。そして陸奥は、実際に土佐藩のライフル銃購入や丹後田辺藩物産の長崎での販売や仕入れなどに関して周旋を行いました。

龍馬の陸奥への厚い信頼

龍馬はこうした陸奥の意見書や実際の働きぶりを高く評価し、厚く信頼していたようです。慶応三年十月二十二日付けの龍馬の陸奥宛て書状には、海援隊士がよく利用していた京都の旅館沢屋の主人加七が相談してきた件（仙台の商品をすべて海援隊が扱い、それに関して隊が一万両、現在の約一億円の出資を求められる）について、次のように記されています。

商売契約のことは陸奥君に任せているので、陸奥君さえ「ウン」といえば（原文も「陸奥さへウンといへバ」とある）、資金のことはともかくも貸すべきでしょう。しかし一万両などという大金はすぐには出せるものではありません。よくよく心づもりをわかってもらうよう、陸奥君に話してほしいと（加七に）申し聞かせているところです。

（意訳、一部）

これにより、商売に関して龍馬が陸奥に全幅の信頼を寄せていたことがよくわかります。また同年十一月七日（暗殺の八日前）付けの陸奥宛ての書状では、ある人物を海援隊に入れる件について注意を促した後、追伸の中で「（あなたと）世界の話でもできるでしょうか（原文は「世界の咄（はな）しも相成申すべきか」）」と述べています。前月に大政奉還が実現しましたが、よく知られているように龍馬はやがてできるであろう新政府のメンバーには加わらず、海援隊の規模を拡大して世界に羽ばたくことを望んでいました。その世界の話をしたいといっているのですから、龍馬が陸奥を心底から信頼していたということが、ここからもうかがい知れます。

龍馬の暗殺と陸奥の行動

龍馬が中岡慎太郎とともに暗殺された慶応三年十一月十五日(ただし中岡が死んだのは二日後の十七日)に海援隊のメンバーで京都にいたのは、陸奥と白峰駿馬(しゅんめ)の二人だけでした。陸奥らの急報で駆けつけた海援隊の人々によって、龍馬の葬儀が執り行われました。

ところで現在は、龍馬らを暗殺したのは京都見廻組とほぼ断定されていますが、近年までさまざまな説が唱えられていました。事件直後はなおさらのことだったでしょうが、陸奥は紀州の三浦安(やすし)(休太郎)が勤王勢力の一掃を企てていることを聞き、この三浦が新撰組をそそのかして龍馬らを暗殺させたと推察して周囲に復讐をたきつけた、とされています。

実は海援隊と和歌山藩には、この少し前に「いろは丸事件」*1と呼ばれるもめごとがあり、そのことも影響してか、陸援隊も加えた海援隊による三浦襲撃が計画され、十二月七日に実行されました。しかし新撰組に護衛を頼んでいた三浦は、負傷したものの無事でした。この時陸奥は、奮戦したとの話もある一方で、龍馬の妻お龍(りょう)の回想によれば、もともと「臆病たれ」とのあだ名があった陸奥は、皆が二階に躍り込んで火花を散らして戦っているのに、ピストルをもったまま裏の切戸で一人見ていたそうです。近現代史家の佐々木雄一氏は、どちらかというとこちらの方が陸奥の人物像に合致しているように思われる、としています。

＊1　慶応三年四月、海援隊が運航する伊予大洲藩の蒸気船いろは丸が、讃岐沖で和歌山藩の明光丸と衝突し、沈没した事件。責任は海援隊側にあったようだが、交渉で和歌山藩に莫大な賠償金を払わせた。

陸奥の龍馬に対する評価

陸奥は死の前月にあたる明治三十年（一八九七）七月、後藤象二郎について寄せた一文（口述）の中で、龍馬に関し次のように評しています。

坂本は近世史上の一大傑物であって、どんな事態にも対応でき、識見が高く、議論に優れ、他人を説いて心服させる（原文では「他人を誘説感得する」）ことができる。これらの才能をすべてもちあわせているという点で、彼の右に出る者はいない。（中略）一方では薩長土の間にわだかまっていた怨念を解いて、幕府に対抗する一大勢力を起こし、同時に他方では幕府に働きかけて平和裡に政権を京都に返還させ、実質的には幕府を中心とした諸侯勢力による政権樹立を図り、無血革命を実現させせようと企てた。（意訳）

坂本とは異なり、政権の中枢を担おうとした陸奥でしたが、藩閥出身ではなかったため、坂本のように自らの才を用い諸勢力を動かして出世を図りました。しかし陸奥には坂本のような「他人を説いて心服させる」才能が不足していました。このことは陸奥自身が別の文章の中で自身を評し、「議論は明らかな証拠にもとづき、論旨も正確で、相手に反論の余地を与えなかったが、それゆえに時として不平不満を抱かせてしまった（意訳）」と述べている点からも明らかです。その点龍馬は多くの人々を魅了する天性の才能があったとして、陸奥はきわめて高く評価していたのです。

　このように龍馬と陸奥が深く交流した期間は、長めにみてもほんの一年余りでしかなかったにもかかわらず、お互いに認め、信頼しあっていたことはまちがいないようです。

陸奥宗光と原敬のつながり

出会い

　原は東北・北海道を周遊中の明治十四年（一八八一）九月、宮城監獄に立ち寄った際に、当時同所に収監されていた陸奥を初めて見ました。またフランス公使館の書記官時代（図5）にも、当時欧米遊学中だった陸奥に会っていますが、お互い特に印象には残らなかったようです。

　両者の間に深い信頼関係が築かれる端緒となった本当の意味での出会いは、同二十三年（一八九〇）五月十七日のことでした。この日、第一次山県内閣の農商務大臣に就任した陸奥は、前任大臣の秘書官をつとめていた原を呼び出しました。そして十九日、原に対し「別に考えがあるか、自分（陸奥）に信用を置かないということなら仕方ないが、このまま秘書官を続けてほしい」と頼み、原はこれを承諾したのです。

図5　フランス公使館書記官時代の原

この時点で陸奥は、原のことをよく知らなかったはずですが、なぜ秘書官に留任させようとしたのでしょうか。この点について近代史家の伊藤之雄(ゆきお)氏は、初めて農商務大臣となった陸奥が、誰か信用のおける者を側近とする必要があったこと、原が伊藤博文や井上馨からの信用が厚いと聞いていたこと、ともに西園寺公望と親交があったこと、同じ藩閥外の出身で親近感がもてたであろうこと、などをあげています。

厚い信頼関係

まもなく陸奥は原の能力を見抜いたらしく、秘書官ながら官吏選考委員(陸奥は省内からの藩閥勢力一掃をめざしていた)に任じるなど、次々と仕事を任せていきました。

その一方で陸奥は、かつて欧米遊学中にイギリス政治を研究したり、駐米公使時代に共和・民主の二大政党が対立するアメリカの政党政治の様子を目の当たりにして、自分も将来、自由党かその後身の政党を背景とした内閣の首相となり、政権を担当することを夢見ていました。この点原も、新聞記者時代からイギリス風の政党政治を将来の日本がめざすべき理想の姿としていたので、陸奥に強く共鳴するところがあったと推測されています。

明治二十四年(一八九一)五月、原は陸奥の指示でいわゆる大津事件*1の状況視察のために京都へ赴きました。農商務省の仕事とは直接関係はありませんが、陸奥が閣内で発言する上での情報収集が目的とされています。

陸奥は、翌年の第二回総選挙の際に、民党圧迫のため選挙干渉を行った品川弥二郎内相の辞任を求め、これが実現すると自らも農商務相を辞めます。すると原も、これにならって同省を辞めてしまいました。このころには原は陸奥に深く信服し、「この人のもとで仕事がしたい」との思いを強くしていたようです。

同年八月、第二次伊藤内閣で外務大臣となった陸奥は、すぐさま原を外務省に招き、通商局長に任命しました(取調局長も兼任)。陸奥の外相としての大きな懸案事項の一つは、いうまでもなく条約改正問題であり、その際、それ以前に原が作成していた「現行条約意見」は、実際に交渉を進めていく上でのよりどころとなりました。

しかし陸奥は、原を条約改正の仕事に関わらせることはなく、主に二つのことを担当させました。まず一つめは朝鮮国との外交です。明治二十二年(一八八九)に起こった、いわゆる防穀令事件[*2]の解決のため、陸奥は原を朝鮮に派遣し、一定の成果をあげています(ただしその後、交渉は難航)。そして二つめは政党対応でした。陸奥は議会と内閣の関係調整を重視しており、第四議会における民党(藩閥政府に反対する政党)と伊藤内閣の対立を緩和させるため、原に議会における陸奥派幹部の岡崎邦輔(くにすけ)と連携して工作するよう指示しました。

日清戦争後の明治二十八年五月、原は外務次官となります。一方このころ陸奥は持病の肺結核を悪化させ、大磯の別荘で静養することになりました。六月三十日、原は大磯へ行って陸奥と対面し、今後は一切外務省の事務は見ずに治療に専念すべきと勧告、陸奥もこれを受け入れます。八月二十三日、陸奥は病気を理由に外相の辞表を提出しました。これは確かに病気は重かったのですが、内実は第二次伊藤内閣の存立が危うくなったことを察して、原と協議して決定したことでした。しかし、この辞表は受理されず、明治天皇から静養が命じられました(外相臨時代理は西園寺文部大臣が兼任、原が実務を執る)。

＊1　同年、滋賀県大津で来日中のロシア皇太子が、警備していた巡査に切りつけられ負傷した事件。
＊2　朝鮮政府が凶作のため大豆・米の日本への輸出禁止令を出したため、日本人商人は打撃を受け、日本政府は賠償を要求、対立の火種となった。

ともにめざした政党政治

このころ原は、伊藤か陸奥が自由党を掌握して政党内閣をつくるという新しい段階に至った、との確信をもち始めていました。そして二人の後は自分が、という思いを強め、そのことは陸奥も共鳴しているようでした。

翌明治二十九年（一八九六）四月、陸奥はいったん外相に復帰しますが、まもなく翌月には辞任、原は朝鮮公使となりました。九月、第二次松方正義内閣が成立し、外相に就任した大隈重信（陸奥と敵対）は、原の朝鮮公使留任を求めました。これは、原が陸奥と連携して国内で政党活動を行うのを阻むため、と見られています。

さて外相辞任後の陸奥は、主に大磯で療養しながら雑誌や新聞を通じて政治的発言を続けていましたが、明治三十年三月には自由党から総理就任を打診されています。これに対する陸奥の反応は、微妙なものでした。総理への意欲はなかったわけではないようですが、このころ自由党は内紛を起こしていたこともあって、少し様子を見たいというのが本心だったようです。

陸奥の死と原との最後の会話

しかし結局、陸奥の体調は回復しませんでした。八月にはいよいよ重篤な状態となり、当時外務省を辞め、大阪毎日新聞の社長となる準備を進めていた原は、同月十二日からたびたび陸奥（当時は大磯から東京西ヶ原の自邸に移っていた）を訪ねています。十二日と十四日は陸奥が疲れていたり、薬を飲んで寝ていたため面会できませんでしたが、十六日に最後の言葉を交わすこととなりました。原は日記にこの時の様子を克明に記しています。陸奥はまわりの人々に支えられながら半身を起こし、原の大阪行きなどの雑談をした後、食事をとることになりました。以下、日記の文章を意訳して紹介します。

ふだんなら食事中なおさら面白い話をしていたが、私は心の中でこれが最後の会話になると思い、平然としていられず、伯（陸奥）もまた非常に疲れ、苦痛の中、勉めて私と話をしようとしている様子で見ていられなかった。しかし私は数年来、公私両面にわたってほぼすべてのことを伯と相談してやってきたので、この期に及んであらためて話を聞かなくてもよくわかっていた。それゆえ無益な長話をして伯をさらに疲れさせ、またお互いに深く悲しむのも耐えられないので、来月初めの大阪行き以前に、また何度も参上しますと述べて別れを告げ、部屋を出た。そしてまさに階段を降りようとした時、伯が再び私を呼んでいるというので、部屋に戻った。伯は「大阪に行って実施すべき方略については、なお聞きに来なさい」と言われた。私は「いずれ大阪に行ってみないとわかりませんが、それについてはよく考え、なおご意見を伺いに参ります。来月初めまでには間もあるので、たびたび参ります」と答えた。伯はなお私と話したいらしく、別れることを非常に嫌がる気持ちが表情にあふれていた。私も同じだったが、心で泣いていたたまれなくなり、またご家族もこれ以上の長話は望んでいないと思って、忍んで別れを告げたのである。

いかにも長年の深い信頼関係に結ばれていた二人にふさわしい別れといえましょう。陸奥が亡くなったのは、この八日後の八月二十四日のことでした。

三人を結ぶものとは

以上見てきたように、龍馬と陸奥、陸奥と原の間には、年月の長短はありますが、それぞれ厚い信頼関係がありました。私が知る限りでは、原が龍馬についてふれた文章はありませんが、この三人に共通する部分があるとすれば、どのようなことがあげられるでしょうか。まず何といっても、自らが抱いた大志が正しいと信じて、たとえその中途で倒れたとしても前向きに突き進んだ、という点でしょう。特に龍馬の人生は、このことをまさに具現化したものでしたが、この点に関し陸奥も獄中にあった時に書いた文章の中で、次のような龍馬の言葉を紹介し、「至極の名言」と評しています。

人はいやしくも一つの志を抱いたら、弱気にならず、常にこれを実現させるための方策を進めなければならない。たとえまだその目的を達成していなくても、その途中で死すべきである。ゆえに死生はまったく二の次のことである。(意訳)

そして考えてみればその陸奥も、一般的には条約改正や日清戦争時に活躍した外相として知られていますが、既に紹介したように最終的な目標は、政党の総裁として内閣を組織し、自ら首相となって日本を主導することでした。したがって、病のためその中途で倒れた、と見ることができるでしょう。この点原は、その陸奥の夢を引き継いで実現させたわけですが、首相在任中に暗殺されたのですから、やはり道半ばといえるかもしれません。

これに関連して、目標達成のためにとった方策も、かなり共通点があるように思われます。龍馬は土佐藩出身ですが脱藩していますし、陸奥や原に至っては政府の本流となる藩閥出身者ではありません。つまり三人とも背後に何の勢力基盤ももたなかったにもかかわらず、大局を見据えながら、自らの才を駆使して諸勢力を動かしていこうとしました。それが最もうまかったのは、龍馬かもしれません。そして、これを見て学んだであろう陸奥も、藩閥政府の外からではなく、中から働きかけて次第に自らの地位を高めていきました。しかし、その舌鋒（ぜっぽう）があまりに鋭かったため、多くの敵をつくってしまった面がありました。この点、原は陸奥とは異なり、例えば政治的には対立する面も多かった山県有朋ともうまく接し、ついには首相となることを認めさせてしまうなど、優れた交渉力をもっていたようです。

さらに龍馬は政官界には思い入れがありませんでしたが、海外にその目を向けていた点については、陸奥も原も外交官を（陸奥はさらに外相も）経験していますし、特に原は開明的な対外協調路線をとろうとしていた点も、間接的ながら何らかの影響を受けていたのかもしれません。

2 天皇家を支えた大久保利通とその子孫たち

三人の事績

大久保利通と吉田茂。それぞれ明治初期と太平洋戦争直後、日本を主導した政治家としてよく知られています。一見すると直接的な関係はないように思える二人ですが、実はこの間に牧野伸顕（のぶあき）という人物を配すると、かなり強いつながりが見えてくるのです。なぜなら牧野は大久保の次男であり、その娘が吉田に嫁しているからです。つまりこの三人は、血縁と婚姻関係によってつながっていたのであり、さらには歴代天皇を支えたという点でも共通項を見出せるのです。それは具体的にはどのようなものなのでしょうか。そのことを述べる前に、まずは三人の略歴を紹介しておきましょう。

図6　大久保利通

【大久保利通】（天保元・一八三〇〜明治十一・一八七八年、図6）

幕末〜明治初期の政治家。薩摩藩下級藩士の子として生まれる。三年早く同じ町内で生まれた西郷隆盛とは幼なじみだった。藩主島津斉彬（なりあきら）の信任を得、その死後は島津久光の側近となって藩政改革や公武合体政策を進めたが、後に倒幕運動に転じた。慶応三年（一八六七）十二月、宮中に入って岩倉具視（ともみ）らとともに王政復古を実現させ、戊辰戦争では西郷が実戦指揮をとったのに対し、大久保は京都で岩倉や木戸孝允（たかよし）らとともに新政府の基礎を固めた。参与・参議・大蔵卿などをつとめ、版籍奉還・廃藩置県を断行。明治四年（一八七一）、岩倉使節団の副使として欧米を視察した。帰国後、西郷の朝鮮派遣に反対。その後、参議兼内務卿として最高権力を握り、殖産興業政策に力を入れた。同七年、清国に赴き台湾出兵問題を処理。翌年、漸進的立憲政治の樹立方針を示す。その後、西南戦争をはじめとする不平士族の反乱を鎮圧したが、同十一年五月、石川県士族島田一郎らにより暗殺される（四十九歳）。

図7　牧野伸顕

【牧野伸顕】（文久元・一八六一～昭和二十四・一九四九年、図7）

明治～昭和期の政治家。大久保利通の次男。出生後まもなく親戚である牧野家の養子となったが、養父が戦死したこともあり、牧野姓のまま大久保家で育った。父とともに岩倉遣欧米使節団に入り、アメリカへ留学。帰国後、開成学校（後の東大）を中退して外務省に入り、文部次官、イタリアやオーストリア公使などを歴任した。明治三十九年（一九〇六）第二次西園寺公望内閣で文部大臣となり、その後は枢密院顧問官、農商務大臣、外務大臣などをつとめる。大正八年（一九一九）パリ講和会議全権委員を経て、同十年宮内大臣、同十四年（一九二五）内大臣となり、以後昭和天皇を摂政時代から昭和十年（一九三五）まで補佐した。軍部、特に急進派の青年将校からは親英米派・自由主義者と見なされ、五・一五事件や二・二六事件で襲撃されるも難を逃れた。戦後、疎開してそのまま住んでいた千葉県柏で逝去（八十七歳）。

【吉田茂】（明治十一・一八七八〜昭和四十二・一九六七年）

戦後の日本を代表する政治家。牧野伸顕の娘婿。土佐の自由民権家竹内綱の五男として生まれたが、まもなく綱の親友で横浜の貿易商吉田健三の養子となる。東京帝国大学を卒業後、外交官となり、満州や中国華北の領事館、イタリアやイギリスの日本大使館などに勤務し（この間、田中義一内閣の時に外務次官、大臣は幣原喜重郎）、駐イタリア大使を最後に退官。対米英開戦に反対し、開戦後は早期講和を図って活動した。戦後、東久邇宮・幣原両内閣の外務大臣となり、総選挙の後に追放処分となった鳩山一郎の要請をうけ、昭和二十一年（一九四六）五月に日本自由党総裁として組閣。以後、一時断絶はあるが、同二十九年十二月まで首相として占領期から独立直後までの政権運営にあたった。八十九歳で死去。

大久保利通と明治天皇のつながり

東京遷都と君主教育

大久保が初めて明治天皇（図8）に面会したのは慶応四年（一八六八）四月九日、行幸中の大坂行在所（東本願寺津村別院、大阪市中央区）においてでした。当時大久保は三十七歳、天皇はまだ十六歳でしたが、藩士クラスの人物が天皇と面会するのは前例がな

図8　燕尾型正服姿の明治天皇
（明治5・1872年4月）

く、大久保はこの日の感激を日記に「感涙の外これなく」と記しています。

この大坂行幸の直接的な目的は、新政府における最高権威と位置づけられた明治天皇が、海軍の天保山（大阪市港区）での艦隊演習を視察する、というものでした。しかし大久保の本当のねらいは、これを契機とした大坂遷都にあった、とされています。

ではなぜ大久保は大坂に遷都しようとしたのでしょうか。多くの抵抗や苦難を乗り越え、今まさに成立したばかりの国家が、自分たちの権力だけでは統御できないことを熟知していた大久保は、天皇をその中心に位置づけようとしたのです。しかしそれまでの天皇は、当然ながら現実の政治とはおよそ無関係な存在であり、京都御所の奥深いところにいて、女官たちやごく限られた公卿としか接触していませんでした。当時の明治天皇も、面会したイギリスの外交官アーネスト・サトウによれば、眉を剃り、その上に描き眉を施すなど化粧をして、応対もぎこちない様子だったそうです。そこで大久保は、これら旧勢力から天皇を引き離し、新国家の元首としての強い意思と指導力、さらにはカリスマ的な権威を身につけさせ、あわせて「民の父母」として親しく人民に接するような存在にしたいと考えました。

結局、大坂遷都は宮中勢力の反対にあって失敗しましたが、東北地方の情勢が安定したことをうけて明治二年（一八六九）三月、天皇は皇后を伴い、三五〇〇人の行列とともに東京へ入りました。実は前年秋にも一度東京行幸はありましたが、年末にはいったん京都へ戻っていました。しかしこの二度目の行幸は、京都の人々が反対したにもかかわらず、大久保らの強い意志によって断行され、しかも今回は京都へ戻ることはなく、既成事実として東京遷都を実現させてしまったのです。

一方で大久保は天皇の君主としての徳を養うべく、遷都以前の時点で日常の行動まで定めました。それによれば、天皇は毎日後宮（宮中奥向きの殿舎）を出て、新たに設けた学問所において政務にあたり、そのために近習や政府の議定・参与が伺候して助言を行ったようです。また学問だけでなく、乗馬などの日課も加わり、文武両面にわたる成長が期待されました。

宮中改革

さらに大久保は、宮中改革の一環として、当初中務省（天皇を補佐し、その命令である詔勅の作成などにあたる役所）を設け、自ら中務大輔となることを強く望んで運動しました。これは実現には至りませんでしたが、それでもなお宮内省入りをめざしており、このことからもいかに大久保が天皇輔導を重視していたかがわかります。

明治四年（一八七一）、大久保は廃藩置県の断行直前に西郷や木戸孝允らと図り、同じ薩摩出身で信頼の厚い吉井友実（図9）を宮内大丞に起用しました。吉井は大久保の期待に応え、徳大寺実則（西園寺公望の実兄）らの協力を得て、果敢に宮中の大改革に乗り出します。その一つが女官三十六名の総免職でした。これは、彼女たちが支配する奥向きの空間が近代君主の成育にふさわしくない、とする大久保の考えにもとづくものであり、吉井はその成功を自らの日記に「愉快極まりなし」と記して喜んでいます。

図9　吉井友実

さらに大久保は西郷と図り、従来の公家たちに代わって村田新八、高島鞆之助、島義勇といった幕末維新の動乱をくぐり抜けた、かつての志士たちを侍従に登用しました。これによって宮中に質実剛健の気風をもちこもうとしたわけですが、この改革は成功し、天皇は進んで日々の稽古に取り組むようになったのです。天皇自身も、維新の三傑とも呼ばれる大久保、木戸、西郷のことは特に深く信頼していたようです。

以上見てきたような一連の宮中改革によって、維新当初の段階では天皇とともに新政府の権威づけとして高い位置を占めていた公家衆も、次々と職を解かれていきました。

大久保がめざす天皇親政とは

大久保はさらに明治天皇の君主としての知性を高めるため、侍読(じどく)や侍講(じこう)（天皇や皇太子に経書や史書を進講する学者）に元田永孚(もとだながざね)らを登用しました。

いわゆる明治六年の政変*1で西郷が下野すると、天皇の意向に反してこれに同調する人々が続出、このため少しずつ築かれつつあった天皇の権威は失墜してしまいました。しかしそれでもなお、大久保は天皇親政体制の実現をあきらめませんでした。同九年（一八七六）六月、大久保は明治天皇の東北・北海道巡幸の先発として各地を視察しています。

ところで大久保は、文字どおりの天皇親政をめざしていたのでしょうか。この点について伊藤之雄氏は、明治十年に起こった西南戦争の際、大久保は大阪の征討総督本営に入って戦争指導の指揮をとったが、この時、父孝明天皇の十年式年祭のため京都御所にいた天皇にはいちいち了解を得ずに事を進めていたことなどにも示されているように、維新以来ほとんど政治関与をさせておらず、大久保は天皇には高度な政治的判断力を身につけてもらい、政府首脳らの意見が割れた時に、バランスのよい調停的な政治関与を行うことを期待していた、と指摘しています。また近代史家の笠原英彦氏も、大久保にとって最も重要なのは国づくりであり、天皇親政はその目標実現のための一手段である、としています。

＊1　この年、開国に応じない朝鮮に武力行使も辞さないとする西郷らと、国内改革を優先させるべきとする岩倉・木戸・大久保らが対立。結局西郷の使節としての朝鮮派遣は中止となったが、これに不満をもった西郷ら五人の参議が辞任し、政府が分裂した。

実現しなかった宮内卿就任

しかし天皇の側近くで仕えていた元田らは、大久保ら政府首脳よりさらに進んで実質的な天皇親政をめざしていました。元田らは明治十年八月、新たに設置された侍補(じほ)職(しょく)に任ぜられていました。これは従来の侍講が天皇の知性を高める役目を果たしたのに対し、徳育面を担当するものでした。

元田らは熱心に取り組みましたが、やはり政府首脳の中にこれに深い理解を示し、強い政治力をもって親政実現に導いてくれる人物が必要であると痛感し、もともと天皇輔導に熱心だった大久保を宮内卿として迎えようと工作したのです。三条実美(さねとみ)や岩倉具視、伊藤博文ら他の要人たちにも異論はなく、大久保自身も就任に同意しました。

ところがその直後の明治十一年(一八七八)五月十四日朝八時過ぎ、大久保は暗殺されてしまったのです。

明治天皇の失望

同時刻、天皇は御学問所で元田から論語の進講を受けており、そこへ大久保暗殺の知らせが届きました。天皇は大いに驚き、その死を「震悼(しんとう)」(震えおののくほど悼(いた)む)しました。そして、大久保亡き後の国民統治について深く案じ、翌十五日、会議のため上京していた地方官たちに対し、次のような勅語を発しました。

「昨日、大久保参議が暗殺され、私は最も頼りにしていた優秀な臣を失ったことを悼む。これほど国家にとって不幸なことはない。皆、私のこの思いをよく心にとめ、益々勉め励んで、治民の職務に力を尽くすように」

天皇が大久保をいかに信頼していたか、またその死が国家にとって大きな損失になると考えていたかがよくわかります。

牧野伸顕と昭和天皇のつながり

宮内大臣となる

大正九年（一九二〇）夏から翌年初めにかけて起こった宮中某重大事件*1により、原内閣の宮内大臣が辞任し、後任として牧野伸顕が任命されました。実は同三年、山本権兵衛内閣の時にも牧野は宮相就任の要請を受けましたが、この時は山本と同じ薩摩出身の自分が宮中に入ると、政府と宮中の長が同郷ということになるため、派閥政治の批判を浴びることを懸念し、辞退していたのです（外相に就任）。

この大正九年の時にも、薩摩出身者たちは牧野の宮中入りに反対しました。その理由について近代史家の茶谷誠一氏は、外交官としてスタートし、以後順調に政治家としてのキャリアを積んでいた牧野は、松方正義や山本の跡を継ぐ次代のエースであり、有力な首相候補として温存しておきたかったのだろう、と推測しています。しかし牧野自身は、宮相へ推薦されると旧友でもある原首相にその諾否を相談し、結局承諾したのでした。これ以後、牧野は十五年近くにわたり宮内大臣、後には内大臣として天皇の側近をつとめることになったのです。

＊1　皇太子（裕仁親王）妃として久邇宮良子が内定したが、元老山県有朋らが母系に色覚異常があるとして婚約破棄を迫った。結局皇太子の意向で婚約は成立、山県の権威は失墜した。

摂政裕仁親王の訓育

宮相就任直後の大正十年五月、牧野は全国の地方長官を招いて「第一次世界大戦後の社会思想の変化に即応しつつ、民衆の皇室崇拝を基礎とする国家体制を維持していかなければならない」などと、異例の訓示を行いました。ここでいう「第一次世界大戦後の社会思想の変化」とは、具体的にはヨーロッパ君主国の崩壊をさしており、それに対する危機感を表明したものと見なせます。また一方で、国内にも大正デモクラシーの進展や社会の大衆化といった状況があり、牧野はこうした内外の変化に漸進的に対応しつつも、皇室としての権威は失ってはならない、という考え方をもっていました。

こうした中で牧野が取り組んだ重要な政治課題は、大正天皇の健

図10　訪欧時の裕仁親王

康悪化にともない、皇太子への政務訓練を行うこと、そして摂政設置の準備でした（皇太子の摂政就任は大正十年十一月）。牧野の宮相就任以前から、一部の反対を押しきって計画されていた皇太子の欧州訪問（図10）が大正十年三月に実現し、七月の帰国時にはマスコミへの対応を以前より緩やかにしました。また大戦後の景気後退・恐慌という情勢をうけ、皇室財政も緊縮につとめ、さらに同十二年（一九二三）九月に発生した関東大震災への対応として、見舞金の拠出などの措置をとりました。これらのことは、同十一年と十三年のそれぞれ秋に行われた摂政の地方巡幸とあわせ、節度を保ちつつも皇室を大衆社会へ接近させようとする牧野の意志のあらわれといえましょう。

図11　明治期の宮内省

宮内省改革に乗り出す

牧野はこうした取り組みを通じ、宮相として宮中管理の主導権を握るようになったため、なお古い体質を保持したままの宮内省（図11）の改革へと乗り出します。そして、それを実現するために人事を刷新し、改革に批判的な古参の人々を更迭した上で、さまざまなつてを用いて牧野に近い考え方をもつ人材を集めました。もちろん、こうした牧野のやり方に対しては批判もありましたが、これをあくまでも擁護したのが、牧野とは三十年来のつながりをもつ西園寺公望でした（二人の交友関係は明治二十七・一八九四年、第二次伊藤博文内閣の文部大臣と次官という形で始まった）。西園寺は大正十三年（一九二四）一月、宮相辞任説も出ていた牧野について、「今日の宮相は首相よりも大切であり、他に適当な人がいない」と述べ、これに反対します。松方正義亡き後、「最後の元老[*1]」と呼ばれるようになる西園寺が、皇室安寧を図る上で牧野の役割がきわめて大きなものと考えていたことがわかります。

＊1　明治～昭和期における天皇の最高顧問をさす（法令に基づくものではない）。藩閥出身の有力者らが後継内閣首班の推薦、国家の重要政務について天皇や政府に意見を述べ、決定に参与した。

宮相の立場を超えた活動

実際、牧野の役割は宮中だけではなく、政権中枢との関わりという点から見ても、従来の宮相という職権や立場を大きく逸脱するほど大きなものとなっていました。というのは、原首相の暗殺以後の後継首相決定に際して、牧野は摂政や松方内大臣、西園寺などの仲介役として奔走したのです。そればかりでなく、今後の後継首相の決定方法に関して、従来の元老（松方と西園寺）の他に、清浦奎吾（きようらけいご）[*1]と山本権兵衛を加えようと動きました。これについては西園寺らが反対して実現しませんでしたが、それにしても宮相がここまで大きな役割を果たしたのは、それが牧野だったからこそ、ということができるでしょう。元老の松方・西園寺と古くから親交があり、しかも大臣（文相・農商務相・外相）を歴任し、その政治的能力を高く評価されていた牧野が宮相であったことによって、はじめて政権交代実現への関与が可能となったのです。ただし牧野自身は、その協議自体に加わることを望んでいたわけではなく、あくまでの元老・重臣[*2]間の連絡役に徹しようとしていました。

＊1　官僚政治家で第二次山本権兵衛内閣の後に組閣したが、貴族院中心の超然内閣との批判を受け、五ヵ月余りで退陣した。
＊2　昭和初期～終戦時まで後継内閣首班の選定に関与した。西園寺の発案によるもので、内大臣、枢密院議長、元首相などで構成された。

内大臣に就任

大正十四年（一九二五）三月、平田東助（山県有朋系）の辞任にともない、牧野が内大臣となりました。宮内大臣があくまでも宮内省という行政組織のトップだったのに対し、内大臣は内大臣府の長ではあったものの、閣外の宮中職であり、より天皇との距離が近く、政治家や軍人、官僚トップらとの仲介役を果たす存在でした。*1 新首相の指名は元老と内大臣との協議による、と定めた西園寺にとっても、新しい内大臣には既に宮相時代から大きな役割を果たしていた牧野以上の適任者はいなかったものと見られています。

内大臣は常に天皇の側にあってこれを補佐する、というのが建前でしたが、実際には牧野は、前任者平田と同様に、ふだんは鎌倉の自宅にいて、特に宮中から呼び出しがなければ月に一、二回上京する程度でした。そのため、通常は牧野が起用した侍従長、侍従次長、宮内次官らが協議して職務にあたっていたのです。

*1　なお、似たような役職として侍従長があったが、これは内大臣に比べてより私的な補佐役だった。

田中義一内閣への対応

大正十五年十二月の大正天皇崩御にともない摂政裕仁が新天皇となり、元号も昭和に変わりました。昭和二年（一九二七）四月に成立した田中義一内閣は何かと問題が多く、特に上奏の内容がその都度違うため、昭和天皇は不信感を募らせていきました。これをうけた牧野とその部下たちは田中首相の不信任を画策、西園寺の「明治以来、天皇による首相への不信任は前例がない」との反対を押し切り、直接「不信任を表明するのではなく、天皇が首相からの上奏を前回と異なるとして許可しない、という方法を用いて同四年六月、田中に総辞職を決意させたのでした。

なお、この間の昭和四年四月十七日、昭和天皇は済南事件[*1]解決後の撤兵問題をめぐって参謀総長と田中首相の上奏内容が異なっていたため、首相に再度説明を求めました。この時は両者に特に越度といえるような点はなく、ただ天皇が撤兵について強く案じていたにもかかわらず、その報告が入念なものではなかったことが原因だったようです。牧野は、この時の天皇の対応を見て、その日記に「陛下には政治上周到な御配慮をいただき、そのありがたさへの感激は益々深まるばかりである」と記し、立憲君主としての昭和天皇の成長ぶりを喜んでいます。

*1 昭和三年（一九二八）、中国山東省済南で起こった日中両軍による武力衝突。日本はさらに満州・華北への勢力拡大を図って兵を増派したが、内外から強い反対を受けて撤兵した。

軍部の台頭に反対

さて田中内閣に代わって成立した浜口雄幸内閣は、二大政策として緊縮財政と協調外交を掲げましたが、その一方でこのころ軍部の台頭が本格化していきました。昭和五年（一九三〇）一月に行われたロンドン海軍軍縮会議において、日英米間でまとまった条約の原案は、日本が希望する軍艦数をわずかに下回るものでしたが、政府は満足すべき内容として、これを受諾しようとしました。ところが海軍の一部がこれに強く反対し、軍令部は政府案が上奏される前に、直接天皇に意見を伝達しようと図ったのです（帷幄上奏）。これを当時の侍従長鈴木貫太郎（後に聖断により終戦を決めた時の首相をつとめることとなる）が個人プレーにより阻止したのですが、条約反対派はこれには内大臣牧野の関与があったと解釈し（実際にはなかった）、さらには自分たちを抑え込んだ張本人が牧野だったとさえ見なすようになってしまいました。

昭和七年、海軍青年将校らが起こした五・一五事件によって犬養毅(いぬかいつよし)首相が殺害されましたが、この時実は別働隊により牧野も襲撃されていたのです。しかし、この部隊は警視庁襲撃の方を重視していたため、牧野がいた内大臣官邸には二発の手榴弾を投げ込み、そのうちの一発が玄関前で爆発しただけだったため、牧野は無事でした。

内大臣を辞任

しかし前年に起こった満州事変と、その後の軍部による拡大方針に対する国際社会の批判の中で、牧野は天皇とともに何とか英米の了解が得られる範囲で事を収めようと画策しますが、うまくいきませんでした。牧野とこれを支える宮中官僚たちへの批判がさらに高まったこともあって、昭和七年から翌年初めにかけ、彼らは相次いで辞任しました。その一方で木戸幸一、[*1]原田熊雄といった若い世代の側近が台頭、牧野らの宮中における支配力は大きく減退していったのです。

同九年(一九三四)十月、牧野は「十五年も宮内大臣・内大臣をつとめてきて健康もすぐれず、また側近の人心を新たにする意味からも後任に譲りたい」として、辞意をもらしました。西園寺らは何度も慰留しましたが、牧野の辞意は固く、翌年十二月ついに内大臣を辞任しました(後任は斎藤実(まこと))。昭和天皇も牧野の留任を希望していましたが、その一方で不可能な場合は斎藤でよい、としていました。実際に牧野が辞めた際には声をあげて泣き、その退官を惜しんだそうです。

翌昭和十一年、二・二六事件の際には、湯河原で湯治中だった牧野も襲撃され、この時は間一髪で逃れて危機を脱しています。その後、戦中・戦後も牧野は天皇や側近らの相談役として助言を行ったりしていましたが、昭和二十四年（一九四九）一月に亡くなりました。

＊1　父の孝正は木戸孝允の甥で同家の後継者となり、一時期東宮侍従兼式部官として後の大正天皇に仕えている。その子幸一は昭和十五年（一九四〇）に内大臣となって昭和天皇の秘書長役をつとめた。孝允も晩年宮内省に出仕し、明治天皇と深く交流していたので、木戸家も代々天皇家とのつながりは深いといえよう。

昭和天皇との人間的交流

ところで牧野の日記には、昭和天皇との人間的な交流を伝える記事はほとんど見られませんが、内大臣を辞める直前の昭和十年六月十七日条に、次のようなエピソードが書き留められていました。この日、牧野は天皇が滞在していた沼津御用邸を訪ねています。天皇のご機嫌は大変よく、種々ありがたい言葉を賜った後、昼食時となったので一緒に食事をとることとなりました。その時、天皇は「牧野はいつも菜食をとっているとのことなので、永平寺式の精進料理にするよう命じておいた」と話したそうです。このことについて牧野は、「ありがたき思召（おぼしめ）しなり」と記しています。

吉田茂と昭和天皇のつながり

出会い

吉田茂が皇太子裕仁に初めて拝謁したのは在英大使館一等書記官時代、大正十年（一九二一）五月のことです。場所はこの年三月、欧州訪問のため日本を出発した皇太子が軍艦でイギリスに向かう途中、吉田が出迎えのために出向いたイベリア半島南端のジブラルタル（イギリスの戦略基地）においてでした。そしてこの後、バッキンガム宮殿での歓迎晩餐会の折、皇太子が堂々たる態度で答辞を述べた様子を遠く離れた席で見た吉田は、「一同感激に堪えなかった」と後に回想しています。

偶然が重なって首相へ

その二十五年後、今度は首相として昭和天皇と「再会」することとなりました。今でこそ吉田茂といえば、戦後日本の基礎固めを行った首相として当たり前のように教科書などに記されていますが、実は首相になること自体、多分に偶然の要素を含んで実現したのです。というのは、吉田は若いころ主に満州や中国で何度か外交官をつとめ、基本的には帝国主義、膨張主義の考え方をもっていたので、そのままであれば戦後の占領下で連合国側が首相になることを認めなかったはずだからです。しかし吉田は同時に、日本の膨張主義はあくまでも米英をはじめとした欧米諸国との政治的協調のもとでなされなければならない、との強い主張をもっていたため、特に満州事変以降の日本の国策には反対するようになりました。そして米英との開戦回避工作を行い、開戦後も早期和平を図ったりしたため、当局に狙われた吉田は昭和二十年（一九四五）四月、ついに逮捕されるに至っています（翌月不起訴処分となる）。つまり、これらのことで吉田は「反戦主義者」のレッテルを貼られることとなり、反対に戦後初の選挙で勝利し、首班の資格を得た日本自由党の鳩山一郎は、戦前に高級官僚や文部大臣などをつとめていたことを理由に[*1]ＧＨＱから追放処分を受け、いわば「番狂わせ」で吉田が（何度も断ってはいるが結局）組閣を命じられることとなったのです。

吉田の天皇観

ところで吉田は首相となる前、戦後初の東久邇宮（ひがしくにのみや）内閣において重光葵（まもる）の後任として外相に任ぜられていますが、就任十日後の昭和二十年九月二十七日、昭和天皇がマッカーサー連合国最高司令官を初めて訪問しています。これは、天皇の希望を聞いた吉田外相が司令官に打診したことによって実現しました。

吉田は続く幣原内閣においても外相に留任しましたが、この時直面したのが新憲法制定問題です。松本烝治（じょうじ）国務大臣が中心となって日本側がまとめた、いわゆる「松本案」は、ＧＨＱ側の意向とはほど遠い内容であり、昭和二十一年二月十三日、吉田や松本らを呼んで米国案が提示されました。吉田はこれを一読して、「第一条は『天皇は国のシンボルとする』というわけで、これはとんでもないものを寄こしたものだと思った」と後に回想しています。彼は明治十一年（一八七八）の生まれでこの時既に六十七歳、「皇室はすなわち国家」という天皇観をもっていたので、この時の驚きと憂慮は察するに余りあるものでした。

最重要課題だった天皇制の維持

さて、話を第一次吉田内閣の組閣時に戻します。昭和天皇は、この吉田のことを大変頼りにしていたらしく、組閣工作の期間中、毎晩八時に電話をかけ、「食糧事情などのこともあるから、なるべく早く組閣を完成するように」と督促していました。[＊1] これに対し吉田は、恐縮しながら「努力いたしております」と答えていたそうです。この他、天皇は戦後経済的に苦しくなった各宮家のことを心配して吉田へ白金（しろがね）にある朝香

＊1　もっともこれは建前で、実際には国内反対勢力の策動や、鳩山自身の反米的発言などが大きく影響したという。

宮鳩彦（やすひこ）王の邸宅を公邸として借りてほしいと直々に依頼し、吉田はそれをうけて月八万円（当時の都知事の給料の八倍）で借りたりしています。

一方の吉田にとって絶対に譲れないのは、天皇制の維持でした。アメリカ国内の世論や他の連合国が天皇に対して厳しい意見をもつ中、マッカーサー率いるGHQが、新憲法の米国案に示した「戦争放棄」と実権のない「象徴天皇」を日本側が受け入れれば、[*2] 天皇制の維持を認め、極東国際軍事裁判（いわゆる東京裁判）においても昭和天皇を訴追しないと知った時、吉田は大いに安堵したに違いありません（図12）。

図12 吉田茂とマッカーサー（昭和29・1954年）

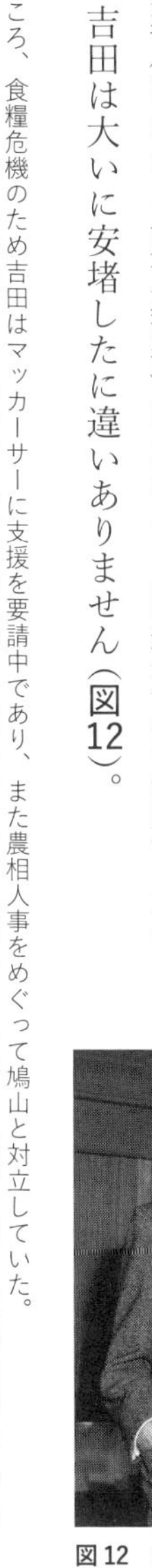
*1 実際のところ、食糧危機のため吉田はマッカーサーに支援を要請中であり、また農相人事をめぐって鳩山と対立していた。
*2 象徴天皇については閣僚内で議論があったが、昭和天皇が「象徴でいいではないか」と述べたことで大きく前進した、と吉田が回想している。

退位問題への対応

ところで昭和天皇は、もちろん天皇制の廃止や自身の訴追は望んではいなかったでしょうが、それでも戦争の責任をとって退位する意向を何度かもらしているようです。例えば昭和二十一年三月十九日には、侍従木下道雄に対し、「退位についてはしかるべき時期に行うべきと思われる」と述べています。また同二十三年（一九四八）十一月には、東京裁判においてA級戦犯被告二十五名に対する判決が下されるのを機に退位する、という噂が流れました。これに対しマッカーサーは、判決二週間前の十月末から十一月前半にかけ、計四回も立て続けに吉田と会談し、天皇に思いとどまるよう説得してほしいと依頼しました。マッカーサーと同意見だった吉田は、これをうけて天皇を説得し、その結果判決当日の十一月十二日になって、ようやく天皇はこれを受け入れたのです。しかし、それから六週間後の十二月二十三日(東条英機らの死刑執行日)にも三谷侍従長に向かって退位の意向をもらし、この時は侍従長が「お上が、ご苦痛だと思し召すほうを、この際はお選びになるべきであります」と奏上して思いとどまらせました。もちろん国内には退位することにより、かえって天皇制の道義性・道徳性は守られ、より揺るぎないものとなる、という意見もありましたが、吉田はあくまでも国民が敬愛する昭和天皇の退位は国の安定を害する、として譲りませんでした。

国民への謝罪も阻止

結局、退位問題が最終的に決着したのは昭和二十七年(一九五二)三月のことでしたが、これとは別に天皇が国民に対し謝罪するべきではないか、との意見もありました。同二十三年六月、退位論者だった芦田均首相により宮内府長官に任命された田島道治(同じく退位論者)は、やはり東京裁判の判決日をにらみ、天皇との「合作」で激しく自らを責める文言を含む謝罪詔勅案を作成しました。しかしその公布は、同年十月に第二次内閣を組織した吉田が阻止しています。さらに同二十七年五月三日に予定された独立記念式典における天皇の「お言葉」の中にも、天皇の口述をもとにした田島長官の文案では、戦争への慚愧(恥じ入ること)や国民への謝罪の文言が含まれていました。ところがこの時も吉田がこれを退け、新たに自身が作成した、戦争犠牲者への「深甚なる哀悼と同情」を示しつつも、未来志向の内容のものに変更させたのです。

戦後政策をめぐる天皇との微妙なズレ

既に述べたように、吉田は天皇に対して絶対的に従う姿勢を崩しませんでした。そして、個人としての昭和天皇についても、決して上奏される問題をただ承認するばかりではなく、必要があればきわめて適確なご下問をされたこと、それゆえ自分もすぐに答えられず、背に汗した場合も多かったこと、それでも陛下は咎めず、いつも温顔であり、それゆえ一層恐れ多く感じたことなどを回想していることから、深く敬愛していたものと思われます。

ただしそうはいっても、すべての面において二人は君臣一体だとはいいきれませんでした。その微妙な齟齬は、講和条約と安保条約締結へ向けて行われた日米交渉の際にあらわれました。昭和二十六年一月、アメリカの特使ダレス（図13）が来日し、吉田と三回の会談を行いましたが、その中でダレスは、日本は独立を回復したら再軍備を行って自由世界の強化に貢献すること、引き続き米軍は在日基地を専断的に使用できることを求めます。これに対し吉田は、再軍備をすれば日本は経済的に自立できないとして反対し、[*1] 基地の専断的な使用も拒否しました。

ところが前年に起こった朝鮮戦争で、もしアメリカが敗れれば共産主義が台頭し、天皇制が危機に陥るととらえていた昭和天皇は、吉田とは全く別のルートでダレスと接触していました。そして同年二月十日、天皇は直接ダレスと会見し、アメリカの条件に沿う形での基地貸与に「衷心からの同意」を表明しています。これは吉田と天皇の「二重外交」ともいえ、政治学者の原彬久氏は、象徴であるはずの「天皇の超法規的行動」と指摘してい

図13　ダレス

ます。

また作家・評論家の保阪正康氏によれば、軍事主義体制の解体と経済の復興をめざす、という点では二人の考えは一致していましたが、吉田は自らの天皇観にもとづき、こうしたことをあくまでも天皇の権力や権威によって成し遂げられるべきと考えていました。しかし天皇は、権力や権威は問うところではなく、自ら国民と接することで、このめざすところが国民の意思に沿った形で成し遂げられていくことを確認したかったようです。そのため吉田が反対した地方行幸をさかんに行いました。こうした点にも二人の亀裂が存在した、というのです。

＊1 もっとも吉田も本音の部分では、近い将来の日本の再軍備や、有事対応を含めたあらゆる軍事上の日米一体化を考えてはいた。

三人のつながり

官僚・政治家として

以上見てきたように、大久保利通とその子の牧野伸顕、そしてその娘婿にあたる吉田茂は、三代にわたって各時代の政権中枢(特に大久保と吉田は宰相ないしは実質的宰相)に位置しながら、明治・大正・昭和三代の天皇の側近としても、きわめて重要な役割を果たしてきました。

そしてさらに三人は、単に血縁や姻戚というだけではなく、官僚・政治家という面でもつながりをもっていました。すなわち大久保が自らの直接的後継者として考えていたのは伊藤博文だったようですが、もう一人、後に明治憲法の制定に尽力した井上毅（こわし）も重く用いました。この伊藤と井上は、ともに牧野のことを、単にその父親が世話になった大久保利通だからというような理由からではなく、その能力を評価して引き立てたのです。特に井上は、明治二十六年（一八九三）三月、第二次伊藤内閣の文部大臣に就任すると、牧野をその次官に抜擢しています。

一方、吉田は明治四十二年（一九〇九）三月、ロンドン総領事館勤務のためイギリスへ出発する直前に、牧野の長女雪子と結婚しました。この後、吉田は第一次世界大戦終息後に開かれたパリ講和会議の全権委員となった牧野に頼み込んで、その随行員としてもらったり、在英大使館一等書記官にしてもらったりして、外交官としての王道であるヨーロッパでの経験を積んでいきました。そして牧野に対しては、赴任先からその情勢を伝え、天皇の側近として仕える岳父が重要な政治的判断をする上での情報を提供していました。やがて軍部が台頭してきた昭和初期、二人は米英関係を重視すべきとする外交方針でも一致し、なおかつ義理の父子関係にもあったため、右翼勢力から狙われ、そのことが戦争直後における吉田の立場を結果的に有利にしたことは、既に述べたとおりです。

戦後、吉田が首相になった時にも、牧野は新憲法のことについて気づいた点を書翰（しょかん）で伝えるなど、何かと国家と皇室の行く末を案じていたようです。

牧野・吉田の大久保評

ここで最後に、牧野や吉田自身が大久保利通のことをどのように評価し、また自らとのつながりを意識していたのかについてご紹介しましょう。

まず牧野についてですが、大正十四年（一九二五）四月十一日、内大臣就任に際し、大正天皇、摂政裕仁親王からさまざまな御下賜品がありました。この日の日記に牧野は「また今回の転任（宮内大臣から内大臣へ）にあたって大変な御優遇を蒙り、君恩をひとえにいただいた感を禁じえない。おそれながら自分は運がよいとしかいいようがない。御先代（大久保利通）が残された恩沢を私一人がいただいているように思える」と記しています。やはり牧野は、父が近代天皇制の確立に尽力したことを強く自覚しており、道半ばにして亡くなったその父に代わって自分が恩恵を蒙っている、と恐縮していたようです。

また吉田は、回想録『思出す侭』の中で、珍しく大久保利通について言及しています。そこでは明治十年（一八七七）、明治天皇が京都にいた際に「西郷立つ」の知らせが届いて騒ぎになったところ、遅れて大久保が到着すると、たちまち鎮まり返ったという話を紹介し、「いかに大久保が朝廷において重きをなしたか想像するに足る」こと、「いやしくも政権を担う者は、その責任の重さを感じ、国民を導くための決心と勇気をもつべきである」こと、などを論じています。大久保の死の翌年に生まれた吉田ではありますが、その後継者伊藤博文の知遇を得た岳父牧野伸顕や、外交官としての大先輩で大久保のことを深く尊敬していた林董の著書などを通じ、大久保の事績の大きさを少なからず意識していたことがうかがえるのです。

なお、つながりということで付け加えると、吉田の三女和子が嫁した麻生太賀吉（実業家・政治家）の子が、平成二十年（二〇〇八）九月から翌年八月まで首相をつとめた麻生太郎氏です。

天皇の名前のつながり

「後○○天皇」という存在

初代とされる神武天皇から昭和天皇までの一二九人（北朝天皇を含む）の天皇のうち、「後○○天皇」というように、以前存在した天皇名に「後」をつけた名前をもつ天皇が二十七人います。これらの天皇はなぜそのように名づけられたのか、二人の天皇の間にどのようなつながりがあったのか、ご存知でしょうか。ここではこのことについて、主に古代史家遠山美都男氏の研究にもとづいてご紹介したいと思います。

三種類あった天皇の名前

そもそも天皇は在任中には固有の名前がなく、崩御（ほうぎょ）後にその徳を称えてつけられます。また、その名前にも和風諡号（しごう）・漢風諡号・追号（ついごう）の三種がありました。

このうちまず和風諡号は六世紀前半、安閑（あんかん）天皇（二十七代、ヒロクニオシタケカナヒ、在位五三一～五三五（以下位と記す））のころから始まり、七世紀末には定着していきます。その後、中国に倣（なら）って律令国家体制が整った八世紀後半になると、神武のような漢字二字による漢風諡号がつけられるようになります。その始まりは天平宝字六年（七六二）から同八年にかけて、淡海三船（おうみのみふね）（学者）が孝謙上皇の勅命を受けて神武から持統（四十一代、位六九〇～六九七）までと、元明（げんめい）（四十三代、位七〇七～七一五）・元正（げんしょう）（四十四代、位七一五～七二四）の二代を作成したことにある、との説があります。

そして平城（へいぜい）（五十一代、位八〇六〜八〇九）から用いられ始まる追号は、崩御した天皇に贈られた名前という点では漢風諡号と同じですが、その由来が天皇ゆかりの地名や建物などにあって、特にほめ称えようという意図が込められていない点が異なります。平城以降、一部の例外を除き、江戸後期の後桃園（ごももぞの）天皇（一一八代、位一七七〇〜一七七九）までずっとこの追号が続きます。次の光格（こうかく）以後三代は漢風諡号が復活しますが、明治以降は一世一元の制により元号がそのまま崩御後の天皇の名前とされたことは、ご承知のとおりです。

いずれにしても歴代天皇の名前は、原則としてその崩御後に廷臣

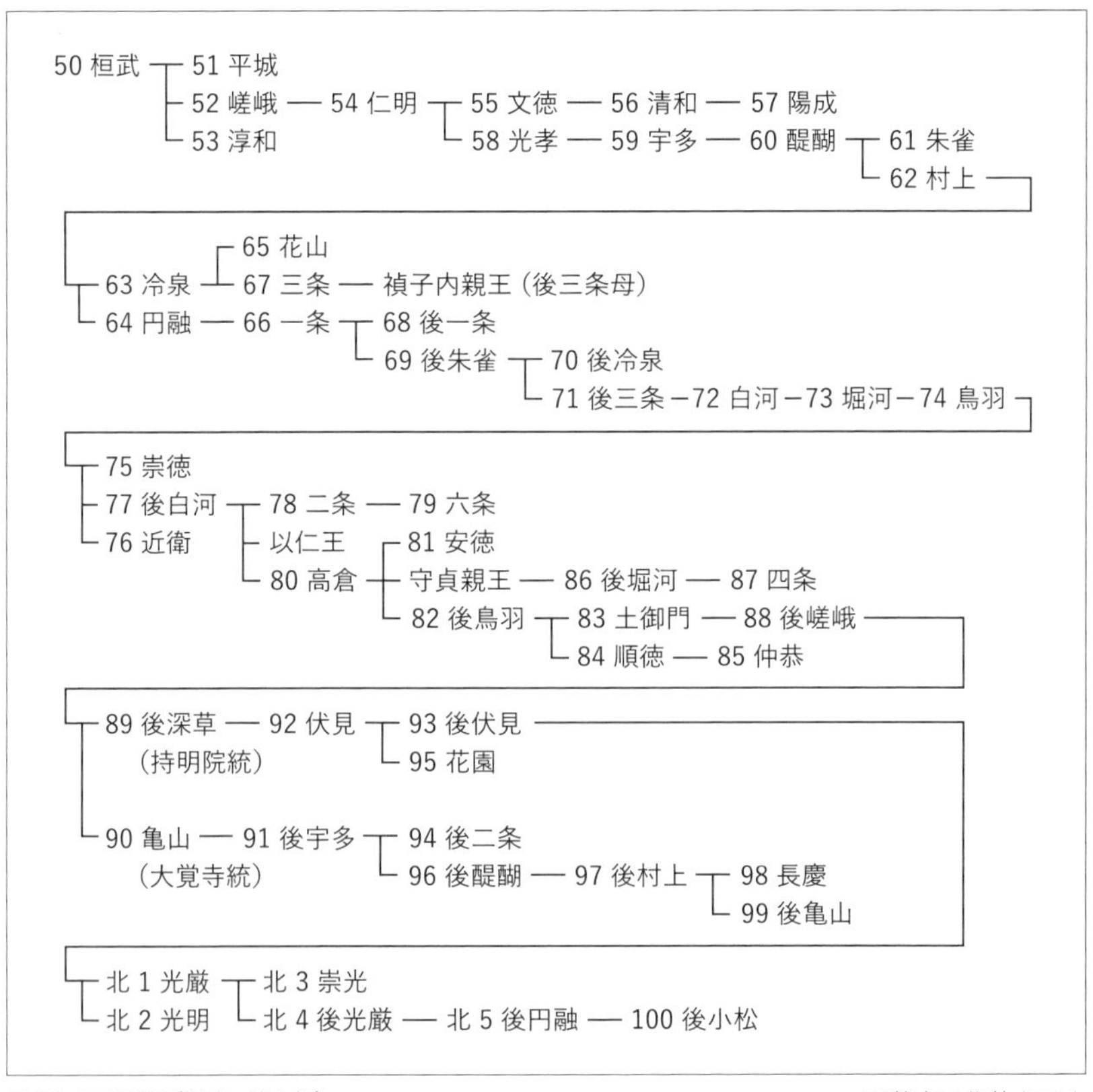

図14 天皇系図（桓武〜後小松）　※数字は代数を示す

や学者たちによってつけられ、天皇自身の遺志をくんだものではない点がポイントです。ただし後述のように、若干ではありますが天皇が遺詔（いしょう）・遺勅（いちょく）（遺言）によって生前から名前を定めておく例もありました。

なお、天皇という呼称自体も七世紀以降に成立したもので、それ以前は王（おおきみ）（大王、読みは同じ）と呼ばれていました。そして実は、天皇号も平安前期の村上（六十二代、位九四六〜九六七）を最後に前掲の後桃園まで用いられなくなり、「〇〇院」と呼ばれるようになったのです（ただしここでは混乱を避け、すべて天皇と表記する）（図14）。

ケース1 ―― 父親の名前を継承

それでは以上のことをふまえて、具体的に見ていくことにしましょう。「後〇〇」という二十七人の天皇は、大きく三つに分類できるように思われます。まず一つめは、単純に父親の名前に「後」をつけたケースで、例えば後一条天皇（六十八代、位一〇一六〜一〇三六）は、父親が一条天皇（六十六代、位九八六〜一〇一一）であり、他に後伏見（九十三代、位一二九八〜一三〇一）、後桜町（一一七代、位一七六二〜一七七〇）、後桃園も同様です。

また後奈良天皇（一〇五代、位一五二六〜一五五七、図15）は、父である後柏原天皇（一〇四代、位一五〇〇〜一五二六）が、あの平安遷都を行った桓武天皇（五十代、位七八一〜八〇六）にちなんで名づけられた*

図15　後奈良天皇木像

[1]ため、桓武の子である平城に「後」をつけた名前にしています（ただし平城は追号なので「後」はつけられるが、音読みで諡号に準ずる扱いを受けるため、平城は「なら」とも読むので「奈良」の字を用いた）。これは後深草（八十九代、位一二四六～一二五九）や後村上（九十七代、位一三三九～一三六八）の場合も同様です。

*1　諡号である桓武には「後」がつけられないルールがあったため、別の呼び名である柏原帝からとった。

ケース2 ―― 居所・崩御の地にまつわる名前

次に二つめは、長く住んだ場所や崩御した地にちなんだ名前で、既にそれが以前の天皇の追号になっていた際に「後」をつけて名づけるケースです。例えば後二条天皇（九十四代、位一三〇一～一三〇八）は、二条高倉皇居（京都市中京区）で崩御したため二条を用いようとしましたが、二条天皇（七十八代、位一一五八～一一六五）が既に存在したため、「後」をつけて用いました。

ケース3 ―― 何らかの政治的意味が込められた名前

そして三つめは、その名前に何らかの政治的な意味が込められていると考えられるケースです。以下、順に紹介していきましょう。

【後三条天皇】（七十一代、位一〇六八～一〇七二、図16）

後三条は久しぶりに藤原氏を外戚としない（母親は六十七代三条天皇の娘）天皇として即位したため、その政治的影響力から解放されて、天皇を中心とした改革（荘園整理政策や記録荘園券契所*1の設置など）を行いました。さらに、それまで摂関家に握られていた天皇の人事権を、自らの譲位と引き換えに奪い取り、院政を始める条件を整えましたが、譲位後わずか一年で崩御してしまったため実現しませんでした。

　天皇は生前から後三条を称していたので、この名前には自身の強い意思が込められていると考えられます。後三条以前に皇統は冷泉（れいぜい）系と円融系に分かれてしまっていました。自身は円融系にもかかわらず、冷泉系の三条天皇になぞらえた理由について遠山氏は、天皇が両系の血を統合する新たな皇統上の起点になりたいと願い、そのためにあえて三条を用いることで、冷泉系をことさら強調しようとしたのではないか、と推測しています。

図16　後三条天皇

＊1　延久元年（一〇六九）設置。荘園整理令の実施にあたり、従来国司に委ねていた荘園成立に必要な書類の確認を厳密に行い、若干の成果をあげた。

図17　後白河法皇

【後白河天皇】（七十七代、位一一五五～一一五八、図17）

　異母弟にあたる近衛（このえ）天皇（七十六代、位一一四一～一一五五）が若くして崩御すると、父鳥羽法皇が寵愛する後白河の子、守仁（もりひと）親王（後の二条天皇）が即位するまでの中継ぎとして即位しました。しかし、その後院政を行って保元・平治の乱や治承・寿永の内乱が続く中、権謀術数を用いて平清盛・源義仲・源頼朝らとわたりあい、朝廷権威の存続を図りました。

　後白河という追号は崩御して即日に奉られているので、彼の遺志が反映された可能性が高いと考えられています。これは、彼が居住していた押小路殿が白河の地（京都市左京区）にあったことの他に、弱体化していた摂関家をおさえ、院政を開始して曽孫にあたる崇徳（七十五代、位一一二三～一一四二）まで三代にわたって天皇人事権を握り、強大な権力を振るった白河天皇（後白河の曽祖父）にあやかろうとしたこと、などが関係していると推測されています。

図18 後鳥羽上皇 （水無瀬神宮所蔵）

【後鳥羽天皇】（八十二代、位一一八三～一一九八、図18）

院政開始後に実権を握り、西面の武士[*1]や和歌所を設置して文武の振興を図りました。良好な関係にあった鎌倉幕府三代将軍源実朝が暗殺されると倒幕に傾き、承久の乱を起こしますが敗れ、隠岐に流されて同所で没しました。

崩御した延応元年（一二三九）に、いったん顕徳と名づけられます。これは配流先で崩御した天皇の名前に「徳」の字を用いることによって、その怨霊の鎮静が図られたものと考えられており、崇徳（保元の乱で敗れ讃岐の配所で没）や安徳（八十一代、位一一八〇～一一八五、壇ノ浦の戦いで入水）も同様の事例です。しかし仁治三年（一二四二）、孫の後嵯峨天皇（八十八代、位一二四二～一二四六）が即位すると、祖父が怨霊のままでは具合が悪いということなのでしょうか、後鳥羽という追号に改められました。その由来として遠山氏は、後鳥羽が宇治や水無瀬（大阪府）とともに鳥羽の地（京都市南区）に壮麗な離宮を築いて、さかんに遊興したり、承久の乱後には同所で出家したこと、さらには白河の没後に権威を振るった鳥羽天皇（七十四代、位一一〇七～一一二三）の曽孫にあたるとアピールしたかったこと、などをあげています。

＊1　院御所の西面に詰めた上皇の直属軍。幕府御家人が中心で承久の乱では上皇軍の中核を担ったが、敗れた後に廃止された。

【後醍醐天皇】（九十六代、位一三一八～一三三九）

父後宇多上皇の院政停止後に天皇親政を開始し、やがて二度の失敗を経て鎌倉幕府を打倒、公武勢力をまとめた建武政権を樹立しましたが、足利尊氏らの武家勢力と対立して政権は崩壊します。その後いったん尊氏と和睦しますが、まもなく吉野（奈良県）に移って南朝を開き、京都回復を図ります。しかし実現できないまま同地で没しました。

延元元年（一三三六）の年号が付された輪王寺（栃木県）の銅鋺（銅製の食膳具）には、「当今皇帝……後醍醐院自号焉」と彫られていて、自身で生前から追号を定めていたことがわかります。これは、何の制約もなく天皇権力が行使され、理想的な政治（延喜の治）を行った（ただし実際には必ずしもそうではなく、後世に理想化されていた）醍醐天皇（六十代、位八九七～九三〇）に自らをなぞらえようとしたため、とされてきました。ただし近年は、後醍醐の父が宇多天皇（五十九代、位八八七～八九七）になぞらえて後宇多の追号を遺詔により定めたため、宇多の子である醍醐の名を用いた（この点ではここでいう第一の分類に入る）、との指摘もあります。

なお配流先で崩御した天皇の名前には「徳」の字を用いるという慣例は、後醍醐の場合適用されませんでした。

【後亀山天皇】（九十九代、位一三八三以降〜一三九二）

後醍醐の孫にあたり、南朝最後（四代）の天皇となります。足利義満からの和議申し入れに対し、両統迭立（南朝の大覚寺統と北朝の持明院統から交互に天皇を立てること）や大覚寺統への所領保障などを条件としてこれを受け入れ、北朝後小松天皇（一〇〇代、位一三八二〜一四一二）に神器を譲り、上皇となりました。その後これらの条件が守られなかったため、いったん吉野に出奔しますが、やがて帰京しました。

追号は同じく嵯峨（京都市右京区）の地に住んだ亀山天皇（九〇代、位一二五九〜一二七四）になぞらえたため、ともされていますが、遠山氏はそれに加えて大覚寺統の起点となった亀山天皇を受け継ぐ（すなわち南朝の正統は自分である）、というアピールが込められていた、と指摘しています。

図19　後光厳天皇

【後光厳天皇】（北朝四代、位一三五二〜一三七一、図19）

文和元年（正平七・一三五二）、北朝の光厳・光明・崇光三上皇らが南朝方によって拉致されたため、祖母広義門院の命により天皇となりましたが、在位中はしばしば南朝軍の攻撃を受けて諸所に避難しました。

父光厳の名を用いたという点では第一の分類に入りますが、事はそう単純ではなかったようです。すなわち光厳の第一皇子は兄の崇光（北朝三代、位一三四八〜一三五一）でしたが、自分こそが父の真の後継者であるという遺志が込められている、というのです（遺詔によるとされるが、詳細は不明）。同じ北朝（持明院統）ではありながら、内部対立があったのでした。

【後円融天皇】（北朝五代、位一三七一～一三八二）

永徳二年（弘和二・一三八二）に譲位して院政を始めますが、政治的実権は足利義満に握られました。

追号は遺勅によります。平安期に冷泉天皇（六十三代、位九六七～九六九）に始まる皇統と交互に天皇を出す皇統の起点となった円融天皇（六十四代、位九六九～九八四）になぞらえることで、父後光厳と同様、崇光系に対し自分こそ正統であると主張したもの、と遠山氏は推測しています。

なおこの他、後朱雀（ごすざく）（六十九代、位一〇三六～一〇四五）や後冷泉（七十代、位一〇四五～一〇六八）など十名ほどは、理由が明らかではありません。

注目される政治的意味合い

以上見てきたように、以前存在した天皇名に「後」をつけたのは、単に父親の名前や居所・崩御の地が重なる天皇の名などを用いる場合が多かったのですが、中にはその名前に何らかの政治的意味が込められている場合もあったようです。このうち後者の事例に注目すると、天皇家の生々しい歴史をより実感を以てとらえることができるのではないでしょうか。

4 武家のつながり

名前や地域、一族間のつながり

ここでいう武家のつながりとは、中世において、ある武家の名字がまったく別の武家によって引き継がれるという名前のつながり、あるいは名字の地とは異なる地域に本拠を移す地域のつながり、さらにはいくつかの地域に分かれて住むようになった一族間のつながり、などをさします。これらの点について、以下特に有名な五氏に絞って紹介していきます。

上杉氏のつながり

二つの上杉氏

上杉氏と聞くと、ほとんどの方はすぐに戦国武将上杉謙信のことを思い浮かべるでしょう。また少し詳しい方は、謙信の養子で豊臣秀吉や徳川家康に仕えた景勝、あるいは江戸後期の名君である米沢藩主上杉治憲(はるのり)(鷹山(ようざん))をご存知かもしれません。しかし、本来の上杉氏は別に存在し、謙信はその家来筋にあたる武家の出身で、後述する事情により上杉氏の名跡(みょうせき)を継いだ人物だったのです。

本来の？　上杉氏

もともとの上杉氏は武家ではなく、藤原北家＊1の流れをくむ勧修寺家庶流の中級公家でした。不比等から十八代目にあたる重房（図20）が建長四年（一二五二）、初の宮将軍となる宗尊親王に従って鎌倉へ下向し（実際には親王に同行した源通親＊2の娘、西御方の介添えだったと判断できる史料がある）、そのまま同地にとどまりました。そしてこの時の功労により賜った丹波国何鹿郡上杉荘（京都府綾部市）にちなんで、上杉氏と名乗るようになったのです。

まもなく重房の娘が、幕府の有力御家人だった足利家に仕え、尊氏の祖父にあたる家時を生みました。また家時の子、貞氏が側室とした清子（重房の孫）は、尊氏や直義の母親です。すなわち上杉氏は、鎌倉下向後まもなく足利氏の家臣となり、しかも姻戚という特別な地位を得たのです。

図20　上杉重房木造　（明月院所蔵）

足利尊氏（はじめ高氏）が他の諸勢力とともに鎌倉幕府を倒し、続いて後醍醐天皇を中心とする建武政権から離反して室町幕府を開くと、上杉氏はその重臣として活躍します。特に関東において鎌倉府（幕府が関東を統治するため鎌倉に設置した機関で、公方は尊氏の庶子基氏を初代とする足利氏）の執事、後には関東管領（鎌倉府のナンバー2）として、あるいは越後、上野、武蔵、伊豆などの守護として足利氏を支えました。

上杉氏は、やがて複数の家に分かれ、それぞれが鎌倉に屋敷を構えた地名をとって山内、扇谷、犬懸、宅間家と称しました。このうち宅間家はまもなく衰退し、犬懸家も十五世紀初めの上杉禅秀の乱＊3で滅亡、その後は扇谷家が台頭して宗家である山内家と対立するようになったのです。

　また南北朝期には、初代山内家の当主上杉憲顕（のりあき）が鎌倉府執事や関東管領として権勢を振るいますが、その子憲栄（のりよし）に始まる家は代々越後守護をつとめたので、越後上杉氏と呼ばれるようになりました。そしてその代官を長尾氏といい、この家からやがて上杉の名跡を継ぐこととなる景虎（上杉謙信）が生まれたのです（図21）。

＊1　藤原不比等の次男房前（ふささき）に始まる藤原四家の一つで、人臣初の摂政良房や初代関白基経らを輩出、道長に至り全盛期を迎えた。
＊2　鎌倉初期の公卿。頼朝と結んで摂政・関白となった九条兼実を排斥し、朝廷内の実権を握り幕府と対立した。
＊3　前関東管領上杉禅秀（氏憲）が鎌倉公方足利持氏に対して起こした反乱。一時鎌倉を占拠したが、幕府の支援を受けた持氏により反撃され、自害した。

長尾氏とは

　ではこの長尾氏とはどのような武家なのか、紹介していきましょう。確実な史料がなく異説もありますが、そもそも長尾氏は桓武平氏良兼流で、平安末期に忠通という人物の子、景村が相模国鎌倉郡長尾郷（横浜市戸塚区）を根拠地として成立した、とされています。一方、景村の兄弟景政は、はじめ鎌倉氏を名乗っていましたが、やがてその一族も長尾氏を称し、この家が鎌倉御家人として活動していたようです。景村系の長尾友景は承久元

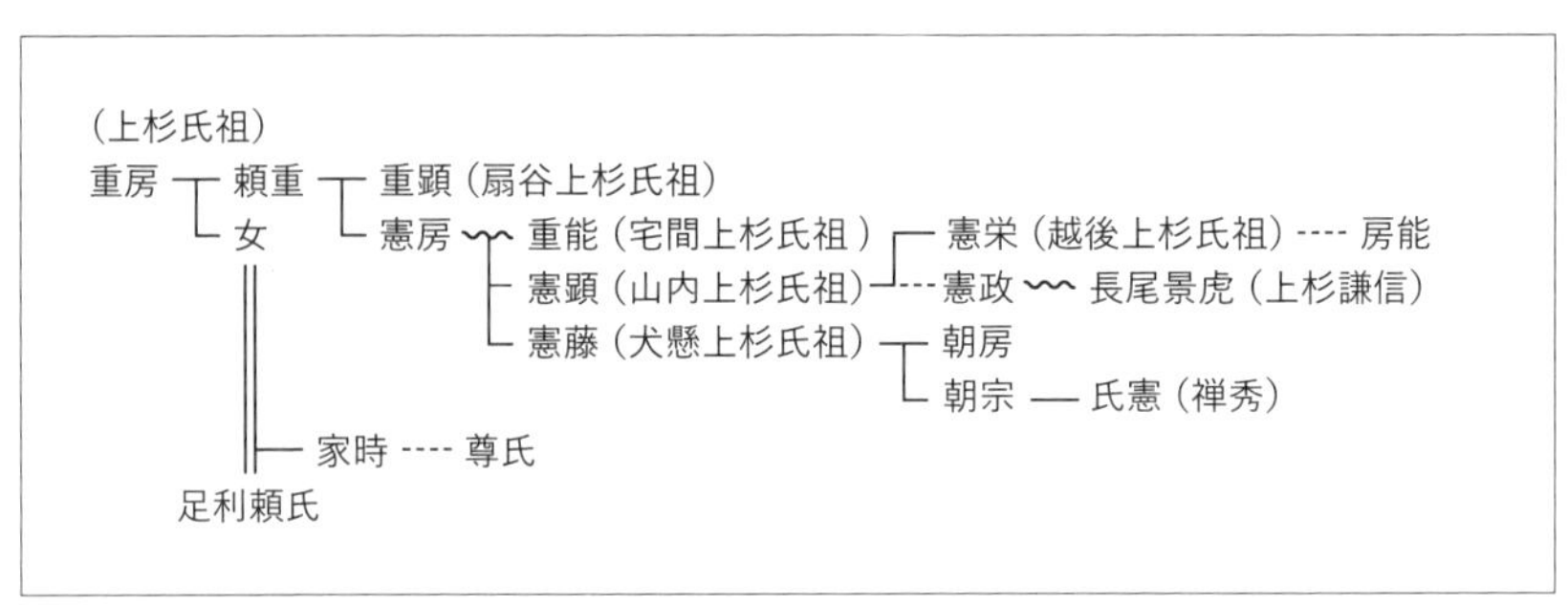

図21　上杉氏略系図　　（注）〰は養子関係を示す

年（一二一九）、摂家将軍となる九条頼経の供奉人として鎌倉に下向し、またその子景煕は宗尊親王下向の際、既に述べた上杉重房の介添えとして、やはり鎌倉に下ったとされています。これが正しければ、景村系の長尾氏は、はやくから京都に住み、しかも鎌倉下向以前の段階で上杉氏に仕えていた可能性が高くなります。一方、鎌倉にいた長尾氏は宝治合戦*1で三浦氏に従ったため、ほとんど滅んでしまいましたが、生き残った景忠という人物が景村系の長尾氏の家督を継ぎ、上杉氏の家臣となった、とされています。

以上の話はあくまでも諸説ある中の一部であり、定かなことは不明といわざるをえませんが、南北朝初期には上杉憲顕の越後守護代として長尾景忠という人物（前述の景忠とは年代的にあわない）が確実に存在するので、遅くとも鎌倉末期の時点では、長尾氏が山内上杉氏の家臣であったことはまちがいありません。室町期に入ると、上杉氏の発展にともない長尾氏も越後の他、上野や武蔵、伊豆の守護代、さらには山内家の家宰（当主の補佐役）となって勢力を拡大し、鎌倉や上野白井（群馬県渋川市）、上野総社（同前橋市）、越後、足利などを根拠地とする家に分かれていきました。

*1　宝治元年（一二四七）、有力御家人三浦氏が執権北条時頼に滅ぼされた事件。これにより北条氏の専制体制への道が開かれた。

越後長尾氏

このうち越後長尾氏は、府中や古志郡（いずれも新潟県上越市）、上田荘（同南魚沼市）など、国内各地に一族がひろがり、統治を進めていきました。しかし、正守護上杉氏はこのことを危険視するようになり、景虎の父為景の時、ついに両者は戦うこととなります。永正四年（一五〇七）、為景は府中で主君上杉房能を討ち、以後越後は内乱状態となりました。国内の反対勢力を抑えるためにも、為景は房能と同じ上杉一族の定実を擁立するなど、あくまでも上杉氏を立てて対処し、さらには天皇家の権威をも利用して何とか内乱を鎮めました。

為景は、死の前年である天文九年（一五四〇）に、子の晴景へ家督を譲りますが、晴景は病弱で支配は安定せず、既に若年ながら栃尾（長岡市）に下って地域統治の実をあげていた弟の景虎が同十七年（一五四八）に当主となったのです。その際、兄弟間に争いもあったようですが、上杉定実が調停の労をとりました。

長尾氏から上杉氏へ

では、いよいよこの長尾景虎が上杉の名跡を継承するいきさつを説明しましょう。このころ関東では小田原北条氏が急速に勢力を拡大し、それまで対立していた山内・扇谷両上杉氏も共同してこれに対抗するようになりました。しかし天文十五年、両上杉軍は武蔵国河越（埼玉県川越市）で北条氏康軍に敗れ、扇谷家は滅亡、山内上杉憲政は同二十一年（一五五二）、越後へ逃亡し、景虎に支援を要請します。景虎はこれをうけて永禄三年（一五六〇）八月、北条氏康を攻めるため、憲政を奉じて出陣、関東一帯の反北条方の武将たちも加わった大軍が翌年小田原城に迫りますが、氏康の守りは堅く、陥落させるには至りませんでした。景虎は翌年閏三月、ついに小田原から撤退しますが、この後鎌倉に入り、鶴岡八幡宮（図22）の社

図22　鶴岡八幡宮

前において憲政から山内上杉氏の家督を譲られ、あわせて名前の一字を与えられて上杉政虎と名乗ることとなったのです。*1 この時のいきさつについて彼は後年の書状の中で「自分は不相応だと辞退したが、周りの諸将たちがしきりに懇望するので、とにかく了解した」と述べています。ここに上杉氏の名跡は、越後長尾氏が継承することとなりました（図23）。

謙信が天正六年（一五七八）三月に病死すると、翌年その甥で養子となった景勝（図24）と、同じ養子で北条氏康の子、景虎*2との間で家督争いが起こり（御館（おたて）の乱）、景勝が勝利しました。歴史に「もしも～」はありませんが、仮に景虎が勝っていたら、以後は北条系の上杉氏が続いたかもしれません。

図24　上杉景勝

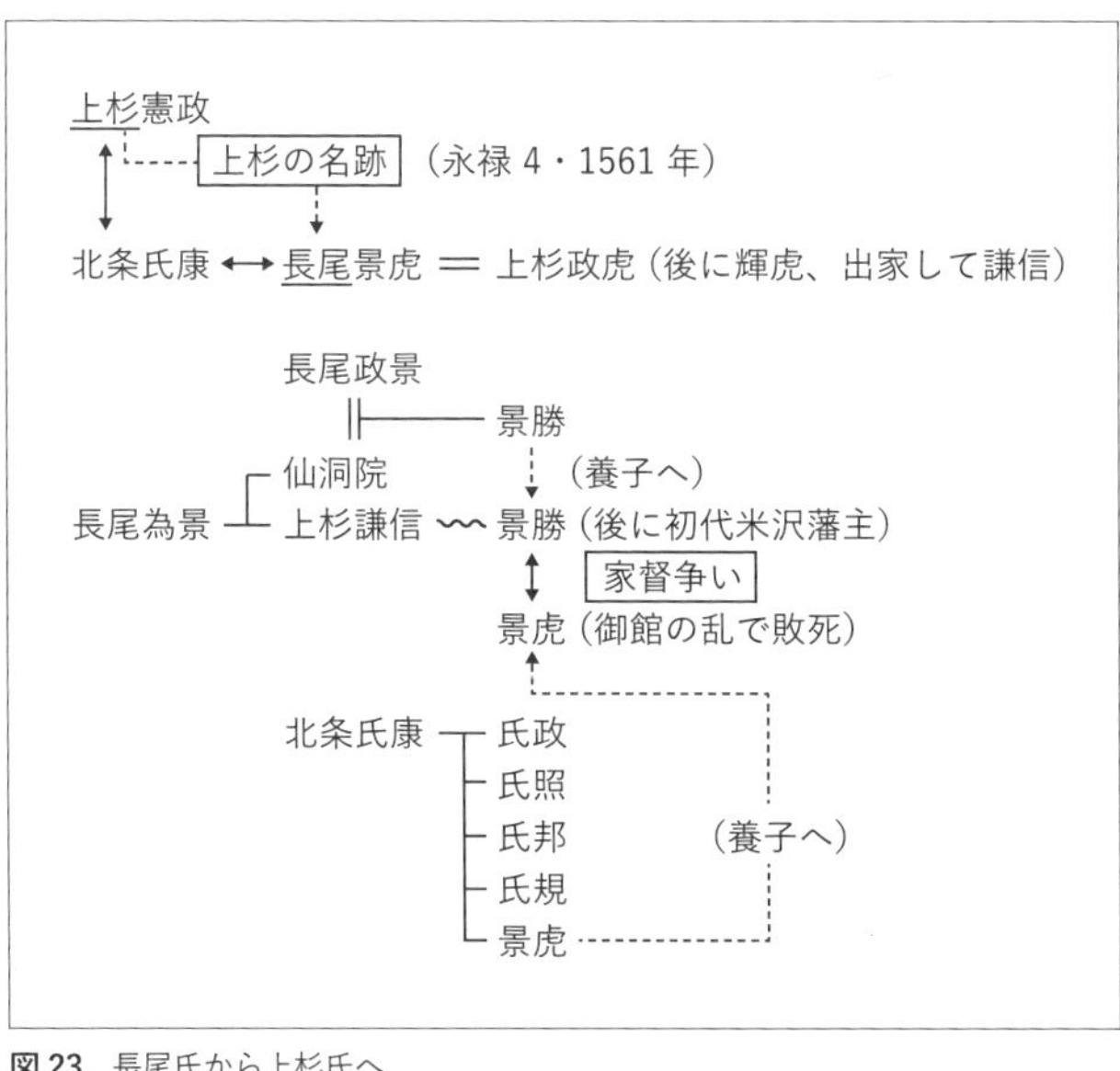

図23　長尾氏から上杉氏へ

さて景勝は豊臣秀吉に従い五大老の一人となりますが、慶長三年（一五九八）正月、越後から会津へ国替えを命じられました（約一二〇万石）。しかし同年八月に秀吉が死去すると、その後の抗争に際して石田三成方についたため、徳川政権成立後に三〇万石に減封され、米沢へ移りました（米沢藩の成立）。

＊1　この後、永禄四年（一五六一）冬には将軍義輝から一字を与えられて輝虎とし、さらに元亀元年（一五七〇）ごろ、謙信と号した。
＊2　永禄十二年（一五六九）から二年余り、上杉氏は北条氏と同盟を結んでおり、この時に北条氏から養子を迎えていた。

図25　上杉治憲

米沢藩主上杉氏

　では最後に江戸時代、米沢藩主としての上杉氏についてふれておきます。景勝の孫、綱勝は子がなく、寛文四年（一六六四）に二十七歳で死去、米沢藩は御家断絶の危機に瀕しました。しかし保科正之（徳川秀忠の四男で会津藩主）の斡旋で吉良義央の長子三郎（綱憲）が継ぎ、藩は維持されました。[＊1]ところがこの時十五万石に減封となり、以後米沢藩は慢性的な財政難に苦しみます。十八世紀半ば、重定の時には万策尽き、いったんは幕府に藩土を返上する決意までしましたが、後に撤回し、日向高鍋藩主秋月種美の次男松三郎を養子に迎えました。これが上杉治憲（鷹山、**図25**）で、彼は徹底した倹約、殖産興業、負債整理、備荒事業など、さまざまな藩政改革を進めたため、一定の成果をあげました。

　しかし幕末期に入ると、米沢藩は江戸や京都の守衛を命じられたため、それらの費用負担のため再び財政危機に陥ります。

　戊辰戦争に際しては、仙台藩とともに会津藩の赦免を新政府に求めますが拒否されたため、奥羽越列藩同盟[＊2]の一員として官軍に対抗、慶応四年（一八六八）八月に降伏しました。

＊1　なお元禄十四年（一七〇一）、義央は赤穂藩主浅野長矩に江戸城内で襲われ、これがいわゆる赤穂事件の発端となった。
＊2　会津戦争に際し、東北・北越の十七藩で結成された反政府軍事同盟。会津・庄内藩と結んで官軍に対抗したが、ほどなく脱退する藩が相次いだため、解体した。

毛利氏のつながり

名字の地は相模国内にあった

毛利氏は、最盛期において中国地方のおよそ十ヵ国を領有した戦国時代を代表する大々名として有名ですが、もともとの根拠地は西国ではなく、相模国内にありました。

毛利氏のルーツは、鎌倉前期に幕府の創設と基礎固めに大功のあった大江広元にまで遡ります。広元は恩賞として全国各地に多くの所領を与えられましたが、その中の一つが相模国毛利荘（神奈川県厚木市）であり、広元の四男季光がこの地を与えられ毛利氏を称したのが始まりだったのです（図26）。

越後への分派

季光は幕府の有力御家人として承久の乱でも活躍し、評定衆（現在の大臣クラス）までつとめましたが、宝治元年（一二四七）にいわゆる宝治合戦が起こると、三浦泰村の

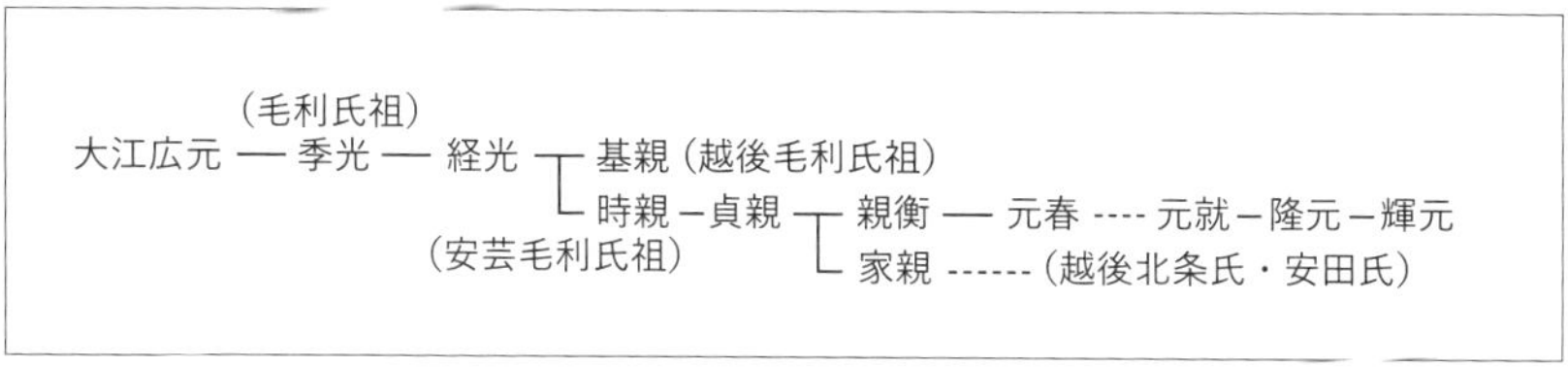

大江広元 ― 季光（毛利氏祖） ― 経光 ┬ 基親（越後毛利氏祖）
└ 時親（安芸毛利氏祖） ― 貞親 ┬ 親衡 ― 元春 ---- 元就 ― 隆元 ― 輝元
└ 家親 ------（越後北条氏・安田氏）

図26　毛利氏略系図

妹を妻としていたため三浦氏に加担して敗れ、子の広光、光正、泰光とともに自害してしまいました。ただ四男経光は、自らの所領である越後国佐橋荘（新潟県柏崎市）に行っていたため許され、名字の地とした毛利荘は没収されたものの、この佐橋荘と安芸国吉田荘（広島県安芸高田市）は安堵されたのです。

経光は文永七年（一二七〇）、嫡男基親に佐橋荘北条を、四男時親に同荘南条をそれぞれ譲ります。そして南北朝期に入ると、時親は佐橋荘南条を直系以外の孫に譲り、自らは建武三年（一三三六）、曽孫の元春とともに吉田荘へ移り住み、郡山城（図27）を築いて本拠としました。これが後に戦国大名として大発展することとなる安芸毛利氏の始まりです。

一方、佐橋荘北条を領した基親の家は南北朝期に断絶し、時親の孫にあたる家親の子孫が南条と北条をあわせて支配するようになりました。この家はさらに佐橋荘に隣接する鵜川荘内安田条を恩賞の地として与えられ、北条氏と安田氏の二家に分かれます。両家とも越後の国人領主*1となりますが、このうち北条家では戦国末期に高広が出て活躍します。高広は上杉氏（長尾景虎）、小田原北条氏、武田氏、織田氏などめまぐるしく主君を変えますが、最後についたのが北条氏だったため、小田原落城後の動向は不明となりました。

一方の安田氏は、室町期には守護上杉氏に従い、戦国期には長尾上杉氏の家臣となって活躍します。そして謙信の死後に起こった御館の乱では景勝方についたため、江戸時代に入っても米沢藩の重臣としての地位を維持しました。

図27　郡山城遠景　©TTmk2

以上見てきたように、毛利氏の一族は越後国でも活動していたのです。

＊1　南北朝・室町期において村〜郡規模の領域をもつ領主をいう。守護からの圧力を受ける一方、将軍と直接結びつくことによって独立性を維持した。

安芸毛利氏の発展

さて、話を戻して安芸毛利氏のその後の動きについて説明しましょう。先ほど南北朝期に毛利時親が曽孫元春とともに吉田荘に移ったと述べましたが、この二人は足利方、子の貞親と孫の親衡(ちかひら)は南朝方となりました。これは他の多くの武家でも行われていたように、毛利氏の生き残り策（どちらかが敗れても、他方が残れば毛利家としては存続するため）とも見られています。

元春の子孫たちも、室町将軍の命により多くの合戦に従軍しました。安芸国の場合、武士たちが本来従うべき守護の力が弱かったので、毛利氏などの国人たちは、一揆という形でお互いの権益を共同で守る一方で、将軍との結びつきを強めることによって、その権威を後ろ盾として勢力の維持・発展を図ろうとしたのです。毛利氏もはじめはそうした国人たちの一員にすぎませんでしたが、将軍の権威が低下すると、大内氏など周辺の大勢力に従うことによって力を伸ばし、次第に国人一揆の盟主へと成長していきます。そして戦国期に入り、有名な元就の時に一族や家臣の統制を強める一方、主家筋にあたる大内氏や尼子氏を滅ぼし、中国地方の雄となりました。

織豊政権・江戸幕府と毛利氏

その後、織田氏との対峙を経て、豊臣秀吉に従った毛利輝元（元就の孫）は五大老となりますが、関ヶ原の戦いでは西軍の盟主とされたため、敗戦後は領地を周防・長門二国のみに削られてしまいました。

江戸時代に入ると、毛利氏は長門国萩（山口県萩市）に城を築き、長州藩（萩藩ともいう）の藩主となります。幕末に藩主となった毛利敬親（たかちか）は、村田清風（せいふう）らを登用して藩政改革を進め、また藩内における急進的な尊王攘夷派と保守派との対立の中で人材を登用し（この間文久三・一八六三年には藩庁を山口へ移す）、結果として明治維新への道筋をつけることに一定の役割を果たしました。

武田氏のつながり

信玄だけではない

戦国最強の武将として、武田信玄の名前をあげる人は少なくないでしょう。武田氏といえばイコール信玄であり、あとはその子勝頼が長篠の戦いで織田・徳川連合軍に敗れ、天正十年（一五八二）には織田氏に攻められ滅亡すること以外、一般的にはあまり知られていないのではないでしょうか。それに信玄にしても突然現れたわけではなく、それまでの武田氏の動向をふまえて理解する必要があると思います。さらに信玄を生んだ武田氏は、いうまでもなく甲斐国を本拠としましたが、実はその同族が安芸や若狭などでも活躍していたのです。以下、見ていくことにしましょう。

ルーツは甲斐国ではなかった

武田氏は、清和源氏から分かれた河内源氏、源頼義の三男（義家の弟）義光（一〇四五〜一一二七）を始祖としています。義光は幼い時から弓馬が得意で、園城寺（三井寺、滋賀県大津市）の鎮守新羅善神堂（図28）で元服したため、新羅三郎と呼ばれました。

武田氏を称するのは義光の次男義清からで、一般にその名字の地は甲斐国巨摩郡武田（山梨県韮崎市）とされていますが、諸種の系図によれば義清が配流処分となり、初めて同国内に入ったのは、市河荘（山梨県市川三郷町）でした。したがってこの時既に義清が武田を名乗っていたとすれば、その名字の地は甲斐国外に求めなければならなくなります。それで実は『新編常陸国誌』に、義清は初め常陸国那珂郡武田郷（茨城県ひたちなか市）にいて武田氏を名乗った、という記述があります。同書は江戸時代に編纂されたものではありますが、義清の父義光が常陸の国司に任ぜられていること、兄義業の子、昌義が武田郷に近い佐竹荘を本拠として佐竹氏の始祖となっていることなどから、武田氏の名字の地は甲斐ではなく常陸にある可能性は高い、と見られています。

図28　新羅善神堂

甲斐武田氏の発展と苦難

さて河内源氏と甲斐との関わりは、義清の曽祖父にあたる源頼信が甲斐守に任ぜられた時に始まり、以後頼義や義光が同国支配を強めていきました。その後、義清の孫信義は、頼朝の挙兵直後に甲斐で兵を挙げ、平氏打倒に貢献しましたが、頼朝から独立した行動をとりました。そのため反頼朝の動きを示した嫡男一条忠頼は誅殺され信義も失脚、武田氏の家督は忠頼の弟信光に継承されました。以後、はっきりした証拠はほとんどありませんが、この信光流の子孫が（同族内での交替は若干あったものの）代々甲斐守護をつとめたものと推測されています（図29）。

南北朝時代に入ると、当主信武は一貫して足利尊氏に従い甲斐守護職を維持しました（ただし南北朝初期までは信武とは別流の政義が守護）が、同国内での南朝勢力の巻き返しや、それと結んだ国人たち、さらには武田一族の反抗が続き、その支配は決して安定したものではありませんでした。

室町期、応永二十三年（一四一六）には上杉禅秀の乱が起こりますが、時の甲斐守護武田信満（信武の曾孫）は姻戚にあたる禅秀に味方したため、幕府軍に攻められて自害し、弟や子息たちも甲斐から逃亡してしまいました。

ところがこの後、甲斐国内で台頭した武田一族の逸見有直（へみありなお）は、幕府への対抗姿勢を強めていた鎌倉公方足利持氏の支援を受けていたため、これを危険視した幕府が、高野山にいた信満の弟信元を帰国させ、甲斐守護に任命します。信元はまもなく死去してしまいますが、永享の乱（永享十・

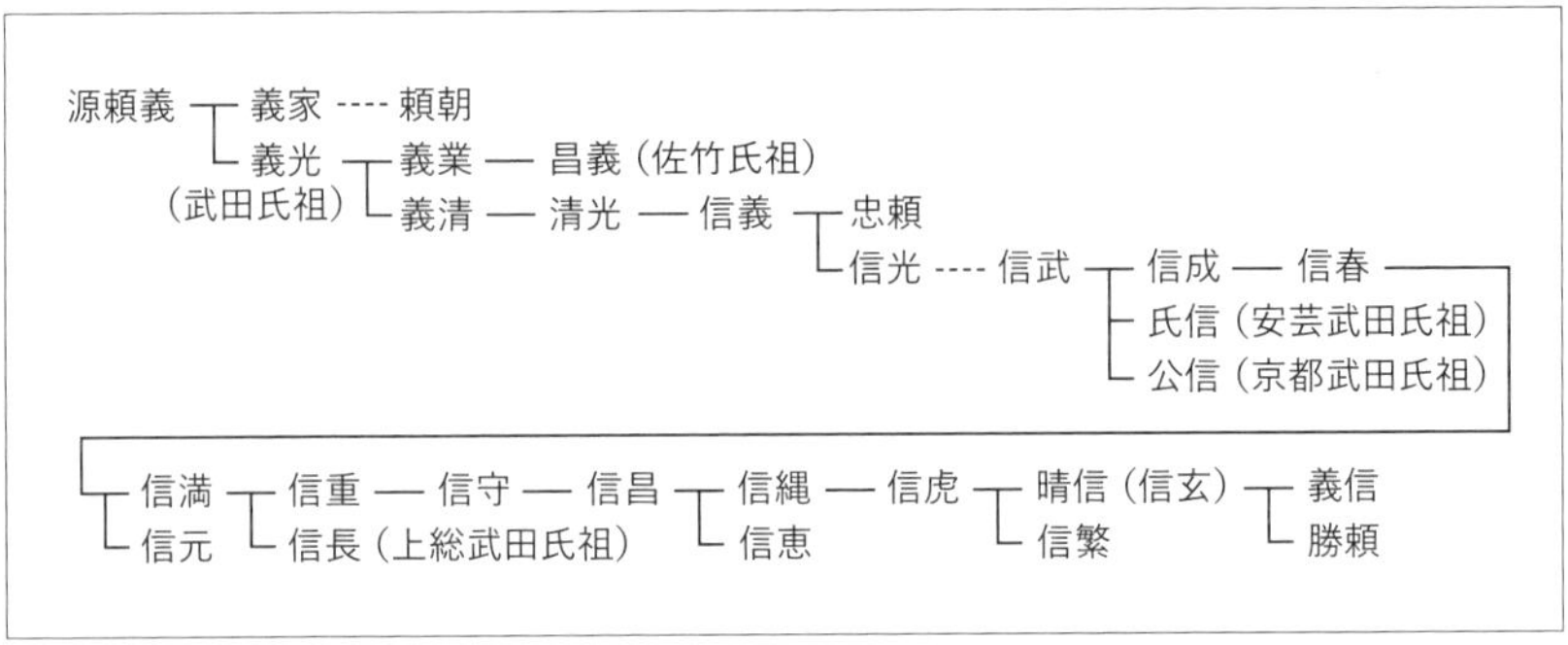

図29　甲斐武田氏略系図

一四三八年）[*1]を機に信満の嫡男信重が帰国し、守護となりました。しかし、その後も甲斐国内では逸見氏の残党や国人たちの抵抗が強く、宝徳二年（一四五〇）に信重は追討戦に敗れ、自害してしまいます。これにより国内の混乱は続きますが、信重の孫にあたる信昌の時（寛正六・一四六五年）に、それまで専権を振るっていた守護代跡部氏を討ちました。

＊1 鎌倉公方足利持氏が幕府に対抗して起こした反乱。幕府軍に攻められ持氏は自害、鎌倉公方足利家はいったん断絶した。

信玄の父、武田信虎の功績

すると今度は家督をめぐって信昌の子の信縄（のぶつな）と信恵（のぶしげ）の間で争いが起こりますが、永正四年（一五〇七）、信縄の子信虎（初名は信直、図30）が当主となりました。信虎は翌年には叔父信恵を滅ぼし、また国内の有力者である小山田氏や大井氏らを破り、さらには隣接する戦国大名である今川氏や北条氏と戦いました。大永二年（一五二二）には今川軍に大勝してこれを駿河に追い払い、甲斐は一応の安定状態となりました。この間永正十六年（一五一九）までに信虎は本拠を石和（いさわ）（笛吹市）から甲府に移し、同地に躑躅ヶ崎館（つつじがさきやかた）を新造します（信玄や勝頼も継承、現在は武田神社）。

図30 武田信虎 （大泉寺所蔵）

その後、北条氏との対立が再燃し、それを機に大井氏らの反乱が起こりますが、信虎はこれを抑え、天文元年（一五三二）には甲斐統一が実現しました。同六年には今川氏と同盟を結び、北条氏との戦いも小康状態に入ったため、信虎は主目標である信濃侵攻のための準備を整えました。

信玄と勝頼

ところが天文十年（一五四一）、信虎は嫡男晴信（後の信玄）によって突然駿河へ追放されてしまいました。この理由については諸説ありますが、戦国史研究者の平山優氏は、信虎が長い間確固とした対外方針を定めず、外征を続けたために家臣団の不満が高まり、民衆も大いに疲弊したこと、次男信繁の方を愛して嫡男晴信（以後信玄と表記）との間に対立が起こり、これに反信虎の家臣たちが結びついたため、と指摘しています。

信玄は翌年妹婿の諏訪頼重を滅ぼし、天文二十二年（一五五三）には信濃の有力武将村上義清らを越後に敗走させました。義清らの救援要請を受けた越後の長尾景虎（上杉謙信）とは、信濃川中島（長野市）において、この年以降五度にわたり対戦しました（川中島の戦い）。翌年には今川氏、北条氏と三国同盟を結び、翌弘治元年（一五五五）には信濃をほぼ制圧します。永禄八年（一五六五）、離反した嫡男義信を処罰して四男勝頼を嫡子とし、同十一年には三国同盟を破って衰退していた今川氏を攻め、当主氏真を没落させ、北条氏とも戦いました。その後は遠江・三河に侵攻して織田・徳川氏と対立、越前朝倉氏や近江浅井氏、本願寺の一向一揆に呼びかけて織田包囲網を形成します。元亀三年（一五七二）には遠江の三方ヶ原（静岡県浜松市）で徳川・織田連合軍を破りますが、翌年信濃の陣中で病没しました。

その後継者となった勝頼も遠江・三河に侵攻しましたが、天正三年（一五七五）三河長篠の戦い（愛知県新城市）で織田・徳川連合軍に大敗、以後武田氏は退勢となります。そうした中で上杉景勝と同盟を結びますが、北条氏とは敵対し、天正十年（一五八二）には多くの一族・重臣たちに離反されて織田・徳川軍の侵攻を招き、ついに勝頼は天目山（甲州市）で自害、ここに甲斐武田氏は滅亡してしまいました。

以上見てきたように、甲斐武田氏は平安末期以来の名族で、鎌倉期以降はほぼ一貫して甲斐守護としての立場を維持し続けました。ただしその歴史は決して平穏なものではなく、特に南北朝・室町期以降は元来独立性が高く、地域ごとに割拠していた一族や国人領主たちの抵抗、さらには国外勢力の介入に苦しみ、これに武田本宗家内部の権力闘争も加わって、武田氏は幾度も危機を迎えました。そうした混乱状態を強引ながらも抑えようとしたのが、信玄の父信虎だったのです。追放されたとはいえ、信玄のその後の発展は、この信虎の業績がなければなしえなかったといえましょう。例えば信虎は、税を免除する代わりに領内郷村の土豪や有力百姓たちを直属の足軽衆として軍事力を強化していますが、このやり方は信玄によってさらに推し進められていくことになるのです。

安芸武田氏と若狭武田氏の成立

さて時代を戻して、鎌倉初期の武田家当主信光は、文治五年(一一八九)十月までに安芸守護に任ぜられていました。理由は不明ですが、信光が治承・寿永の内乱の際、源頼朝の弟範頼に従って軍功をあげたため、とも推測されています。そして以後も武田氏は、断続的ながら安芸守護となり、十三世紀末には同国支配の基盤がかなり整えられていました。南北朝期には信武が安芸守護に任命されますが、実際には次男氏信が代官として軍事指揮にあたっており、やがて正式に守護となりました(甲斐守護は長男信成が継承)。その後、守護は足利一門の人物が任命されますが、武田氏はいくつかの郡支配を認められ、

図31　銀山城遠景

銀（金）山城（広島市、図31）を本拠として安芸中央部に勢力を保持します。これには西国の大名大内氏に備えさせるという幕府の意図があった、と考えられています。

くだって永享十二年（一四四〇）、時の安芸武田家当主の信栄は、六代将軍足利義教の命により一色義貫を討ち、その恩賞として一色氏が任ぜられていた若狭守護職が与えられます。

安芸武田氏の動向

一方、安芸では大内氏と武田氏の緊張関係が強まり、大内氏と対立する細川氏が武田氏を支援し、細川氏と対抗する山名氏が大内氏と結んだため、争いは中央政界と関連する形で続きます。そしてこうした対立関係は、応仁の乱（応仁元・一四六七〜文明九・一四七七年）にまで持ち越されました。二十八歳で死去した信栄の三人の弟、信賢・国信・元綱は当然ながら細川氏を大将とする東軍方につきますが、やがて安芸を本拠とする元綱が西軍に走ります。これは、若狭守護職を継承する信賢・国信からの自立をめざしたものと見られていますが、成功しませんでした。乱後、国信とその子元信は幕府に仕え、元綱は文明十三年（一四八一）に大内氏らの仲介で兄国信と和解し、安芸武田領の実質的支配を委ねられています（建前上は国信が支配権をもつ）。

しかし永正五年（一五〇八）、大内義興が山口に下向していた十代将軍（これ以前にいったん廃されていたが、上洛後に復職）足利義尹（初名義材、後に義稙と改名）を奉じて上洛する際、元綱の子元繁はこれに従いました。若狭本家の元信が細川氏と密接な関係にあった中でのこの元繁の行動は、本家からの独立を示すものと見なされています。

ところが永正十二年（一五一五）、元繁は大内氏と対立関係に戻りますが、同十四年の有田城合戦（広島県北広島町）で大内方の毛利・吉川軍に敗れ戦死してしまいました。この後もしばらく武田氏は、大内氏と対立する石見の尼子氏と結んで抵抗を続けましたが、天文九年（一五四〇）には元繁の子光和（みつかず）が病死し、その後若狭武田家から当主元光の子、信実（のぶざね）を迎えます。しかし翌年大内軍の攻撃により銀山城が陥落し（信実は事前に逃亡）、ここに安芸武田氏は滅亡しました（図32）。

若狭武田氏の動向

若狭守護となった信栄はまもなく急死し、弟の信賢が次の当主となりました。嘉吉の乱（嘉吉元・一四四一年）*1では赤松氏追討に軍功をあげる一方、国内の一色残党や土一揆を鎮圧して若狭支配の基礎を固め、さらには丹後（守護は一色氏）攻めも行いました。応仁の乱では前述のように東軍として戦い、この間文明三年（一四七一）には陸奥守に任じられていますが、これにより若狭武田氏の幕府内における地位は、甲斐武田氏をも上回ったことになります。

同年、信賢は病没、跡を継いだ弟国信も兄と同様に東軍方として戦い、また丹後攻めも続けました。国信の子元信は、応仁の乱後に実権を握った十一代将軍足利義澄と細川政元から厚く信頼され、位階も五位を飛び越えて一気に従四位下（じゅしいのげ）に叙せられたり、幕府内で足利一門を除く最高の家格となったことを示す相伴衆（しょうばんしゅう）に任じられたりしています。しかしその一方で、若狭国内では国衆*2や百姓らの蜂起があったり、

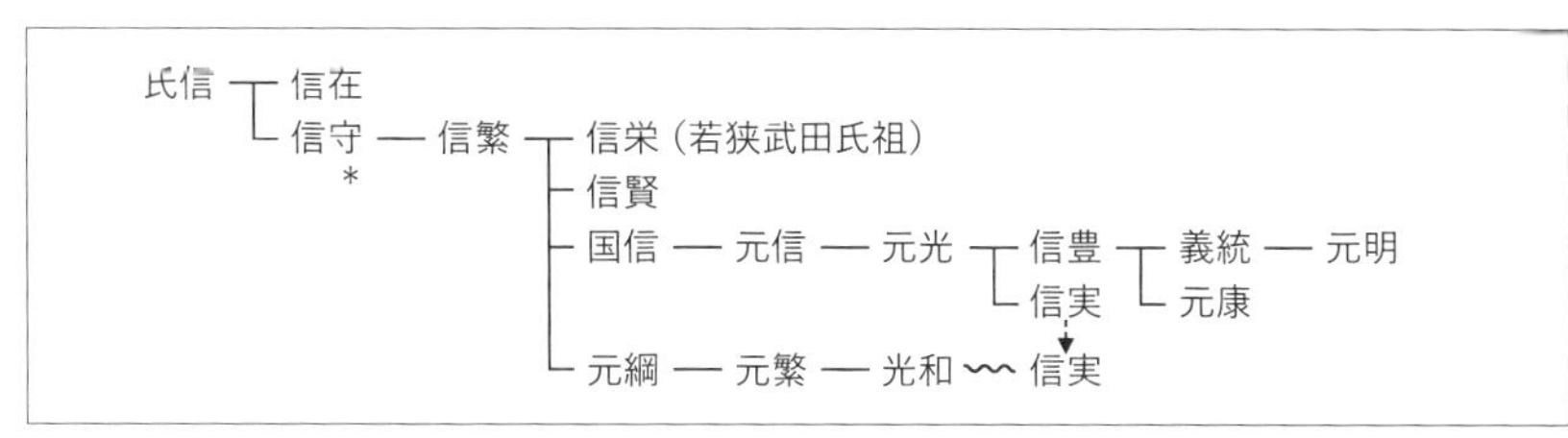

図32　安芸・若狭武田氏略系図

*信在の子とする説もある。

また丹後攻めにも失敗するなど、その領国経営は必ずしも安定したものとはいえませんでした。

永正五年（一五〇八）、細川高国（政元の養子、図33）と結んだ周防の大内義興が足利義尹（よしただ）を擁して上洛、義澄を追い落としたため、元信はその後しばらく政治的な動きを見せなくなります。しかし同十八年に義稙が逐電し、高国が播磨から足利義晴（義澄の子、十二代将軍）を迎えると、元信は高国から協力を求められ、その見返りとして大永元年（一五二一）、守護として異例の従三位（じゅさんみ）に叙せられました。その子元光が当主になると、義晴―高国政権の政治的危機に巻き込まれ、若狭周辺も不穏な状態となり、天文七年（一五三八）以降、家臣たちも相次いで離反していきます。このころ家督を継いだ、その子信豊も若狭内外に問題を抱え、さらには弘治二年（一五五六）、跡目をめぐって嫡男義統（よしずみ）*3とその弟元康が対立し、これが家臣たちも巻き込んだ国内を二分する争いに発展しました。永禄四年（一五六一）まで断続的に続いたこの争いに勝ったのは義統でしたが、それまでの内乱や家中の分裂などにより、若狭武田氏の勢力は大いに衰えてしまいました。

そして義統は、まさにこのような時期に、流浪中の足利義秋（後の十五代将軍義昭）からの救援要請を受けたのです。永禄九年閏八月、義秋一行は若狭に入りますが、国内にはその受け入れの是非をめぐって対立があり、また不穏な情勢でもあるため、義統はこの要請に応じることはできないと判断し、義秋らを越前の朝倉義景のもとへ送り届けました。翌年義統は死去しますが、その子元明は幼かったため、もはや武田氏の権力は失われ、越前に移って朝倉氏の庇護を受けることになりました。天正元年（一五七三）、その朝倉氏

図33 細川高国 （東林院所蔵）

が滅びると、武田氏は信長に仕えますが、同十年本能寺の変に際しては明智光秀についたため、元明は同年秀吉により自害させられ、ここに若狭武田氏は滅亡したのです。

なお若狭武田氏の歴代当主は、京都とのつながりが強かったためか、和歌や古典に通じ、さらには武家故実にも詳しく、連歌師宗祇（そうぎ）や宗長（そうちょう）、公家の三条西実隆（さねたか）など当代一流の文化人たちと親交があったことも知られています。

最後に武田氏にはこの他、室町中期の武田信長を始祖とする上総武田氏、南北朝期の武田信成（のぶなり）・氏信の兄弟公信（きみのぶ）に始まる京都武田氏などがいたことを付け加えておきます。

*1　播磨守護赤松満祐（みつすけ）が将軍足利義教を暗殺、この後播磨に戻って幕府に対抗したが、山名持豊（もちとよ）（宗全）らに攻められて自害、赤松氏は没落した。

*2　戦国期において、戦国大名とほぼ同格ながら、これに服属した比較的独立性の高い領主のこと。

*3　なお義統夫人は足利義晴の娘であった。これはきわめて異例であり、いかに若狭武田氏が将軍から重んじられていたかがわかる。

伊達氏のつながり

常陸から陸奥へ

「独眼竜」政宗が突出して有名な奥州伊達氏ですが、それ以前の動向や、そもそもの出自については、一般にあまり知られていません。

まず出自ですが、もともとは藤原氏の流れをくみ、平安末期の当主宗村（むねむら）（その父朝宗とする説あり）が常陸国伊佐荘中村（茨城県筑西市）を本拠とし、文治五年（一一八九）頼朝の奥州合戦（奥州藤原氏を滅ぼす）に四人の子息が参加しました。この時にあげた軍功により、陸奥国伊達郡（福島県桑折町、国見町、川俣町付近）を与えられ、宗村は同地に本拠を移して伊達氏と名乗るようになりました（図34）。

鎌倉期、伊達氏は他の有力御家人と同様に、本拠地の他、諸国に地頭職を与えられましたが、南北朝期に入ると南朝方に属し、畿内や関東、奥羽を転戦しました。そして次第に伊達郡の周辺にも領域を拡大していったのです。

もう一人の伊達政宗

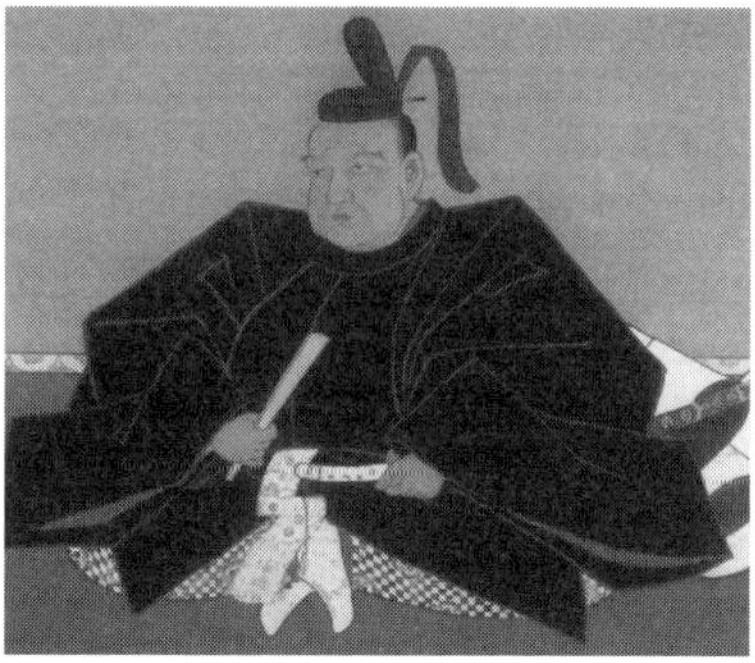

図35　伊達政宗　（仙台市博物館所蔵）

ところで、伊達氏には「独眼竜」政宗（図35）とまったく同じ名前の当主が室町初期に存在しました。この初代政宗は、勢力をさらに北側、すなわち現在の宮城県中部にまで拡大させましたが、このころ奥羽地方への支配を強めていた鎌倉府に抵抗し、応永七年（一四〇〇）と同九年の二度にわたって鎌倉府軍と戦いました。そして戦後も政宗は勢力を維持し続けたので、伊達氏中興の人物とみなされるようになります。つまり「独眼竜」政宗

（伊達氏祖）朝宗 ― 宗村 ---- （初代）政宗 ― 氏宗 ― 持宗 ― 成宗 ― 尚宗 ― 稙宗 ― 晴宗 ―

― 輝宗 ― 政宗（独眼竜） ┬ 秀宗（伊予宇和島藩主）---- 宗城
└ 忠宗 ― 綱宗 ― 綱村

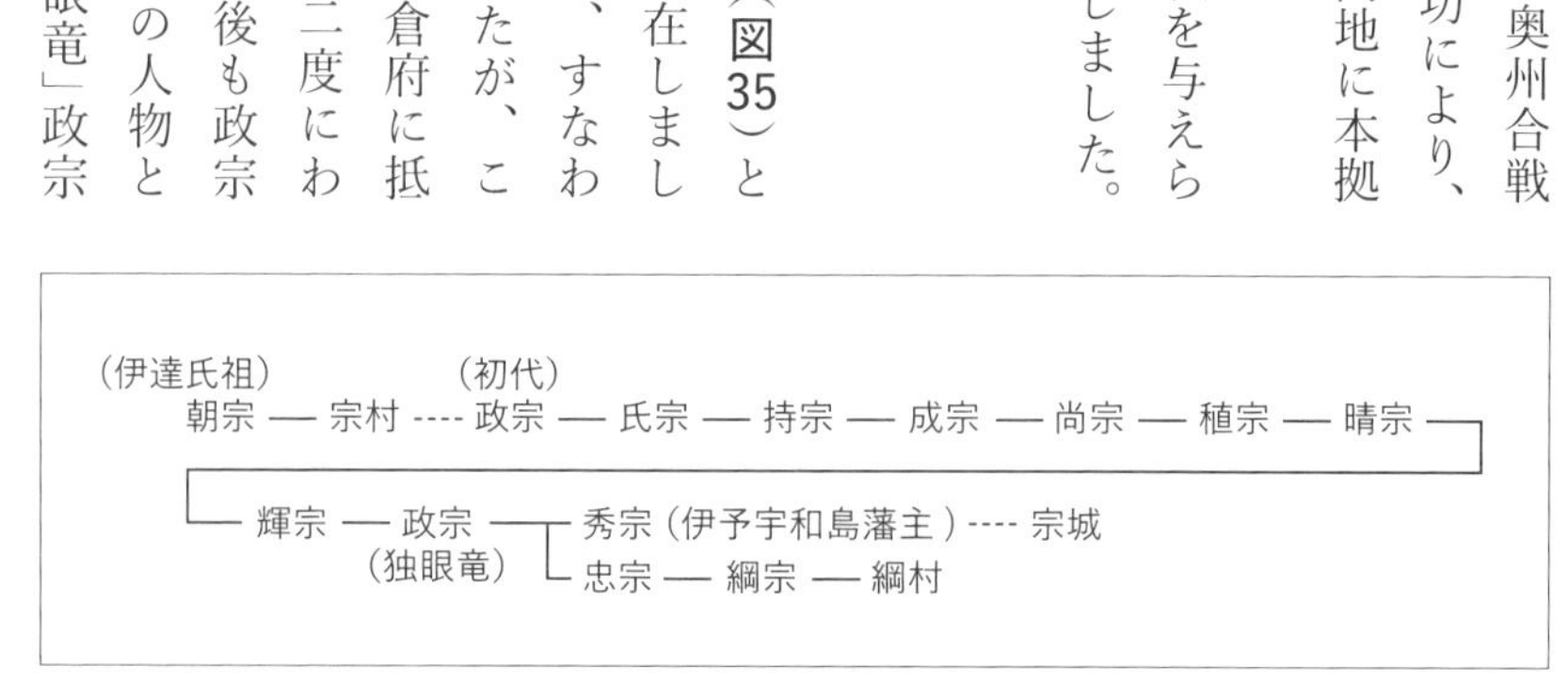

図34　伊達氏略系図

は、この初代政宗にあやかろうとして同じ名前を名乗ったのでした。

東北地方の雄へ

さて、その初代政宗以後も伊達氏は一貫して鎌倉公方に敵対する態度をとり続けます。この背景には奥州における伊達氏勢力の強大化とともに、鎌倉公方の動きを危険視する室町幕府の後ろ盾がありました。すなわち、室町期以降の伊達氏は、将軍との結びつきがかなり強かったのです。例えば初代政宗の妻は三代将軍義満の母の叔母にあたり、政宗の孫持宗(もちむね)とその子成宗(しげむね)は、それぞれ二度上洛し、莫大な献上品を将軍とその関係者に贈っています。

その後も伊達氏は政略結婚によって奥州中南部の諸勢力を影響下におき、さらに幕府の権威を利用して陸奥守護、さらには奥州探題[*1]に任命され、東北地方における政治的地位を高めることに成功しました。十六世紀前半、領国支配をめぐって政宗の曾祖父稙宗(たねむね)と祖父晴宗(はるむね)、晴宗と父輝宗(てるむね)のそれぞれ父子間で対立が起こりましたが、政宗は周辺の諸勢力をおさえ、現在の海岸寄りの浜通りを除く福島県、宮城県、山形県南部、岩手県南部に及ぶ広大な地域を支配しました。

*1 室町幕府の奥州統治機関。長である管領は吉良氏、畠山氏など足利一門が任ぜられたが、後に分裂。南北朝末期、鎌倉府による奥羽支配が始まると、幕府はこれに対抗し、一門斯波氏の子孫である大崎氏を管領にあたる奥州探題に任じたが、後に伊達氏に従った。

秀吉・家康に従う

しかし天正十八年(一五九〇)、豊臣秀吉の小田原攻めに参陣して臣従すると、政宗の勢力拡大の動きが秀吉による関東・奥羽両国惣無事令（大名間の私戦禁止を命じたもの、天正十五年）にふれたとして、会津以下の諸郡を没収されてしまったのです。慶長五年（一六〇〇）、関ヶ原の戦いでは徳川方につき、石田方の上杉景勝（会津一二〇万石）の軍と戦いました。翌年、仙台城に移って城下町を建設し、仙台藩六十二万石の基礎を築きました。政宗はまた、スペインとの通商を望み、慶長十八年（一六一三）、家臣支倉常長をメキシコ、スペイン、ローマに派遣したことでも有名です。

なお政宗の居城といえば、前述した仙台城（青葉城）が有名ですが、伊達氏ははじめ伊達郡内の諸城を転々とし、その後十六世紀半ば、伊達晴宗が父稙宗と対立して起こった乱の後に米沢城へ移っています。政宗もしばらく同城を居城としていましたが、天正十九年（一五九一）、大崎・葛西一揆[*1]鎮圧後に、玉造郡岩出山（宮城県大崎市、図36）に移りました。そしてさらに慶長六年に、同地から築城中の仙台城に入ったのでした。

*1 陸奥国で起きた秀吉の支配に反対する一揆で、改易された大崎氏、葛西氏の旧臣らが指導した。

図36 岩出山城石碑 ©震天動地

仙台藩の動向

さて仙台藩では、上級家臣はそれぞれ知行地に城館を構え、自らの家臣たちをその周辺に住まわせて、小さな城下町をつくりました。そのため戦国期以来の一門・庶子家や臣従したかつての諸豪族たちの独立性は、温存されることとなりました。それが有名な伊達騒動[*1]の原因の一つとなった、と見られています。

これ以後、藩権力は強化されましたが、たび重なる飢饉などにより財政は窮乏し、江戸後期からは商業資本に依存しなければ藩が立ちゆかなくなる状況が続きました。

慶応四年（一八六八）、奥羽越列藩同盟の盟主となりますが、新政府軍との戦いに敗れて降伏、所領も二十八万石に削られた後に廃藩置県を迎えたのです。

＊1　万治三年（一六六〇）、政宗の孫綱宗が隠居して幼少の綱村が当主となったのを機に、重臣間の権力争いが激化したために起こった有名な御家騒動。採決した大老酒井忠清の邸内で対立する両派による斬殺事件まで起きた。

伊予の伊達氏

ところで話は遡りますが、慶長十九年（一六一四）、伊達政宗の長男秀宗は、伊予国宇和郡に十万石を与えられ（仙台藩は次男忠宗が継承）、翌年同郡に入って板島を宇和島（愛媛県宇和島市）と改め、以後幕末まで二五六年に及ぶ藩政が続きました（宇和島藩）。幕末に藩主となった宗城（むねなり）（図37）は軍備の近代化を進め、また薩摩藩主島津斉彬（なりあきら）や幕府老中阿部正弘らと親交をもち、一橋慶喜を将軍に推しましたが、安政の大獄[*1]で隠居を命じられます。その後は公武合体を唱え、明治維新後は新政府の要職を歴任しました。

＊1　安政五年（一八五八）、幕府大老井伊直弼が尊王攘夷派の公家、大名、志士に対して行った弾圧事件。

図37　伊達宗城

大友氏のつながり

もともとは毛利氏と同郷だった

十六世紀後半、豊後を拠点に九州の大半と四国の一部を支配したキリシタン大名、大友宗麟(義鎮)で有名な大友氏の名字の地は、実は毛利氏と同じく相模国内にありました。

大友氏の始祖能直は、源頼朝に寵愛され、常に側に仕えていたことから頼朝の庶子である、との説が唱えられていました。しかし近年では、相模の有力武士だった波多野経家の娘と、同じ相模武士の古庄(近藤)能成との間に生まれ、後に中原親能の養子となった、とする説が有力になっています。波多野氏は十一世紀前半から河内源氏に仕え、頼朝の兄朝長の母は、波多野経家の妹(あるいは姉)にあたります。一方、朝廷の下級官人の家である中原氏と波多野氏との関係は深く、中原親能は幼少時に波多野氏のもとで育てられ、古庄能成に嫁した経家の娘の姉が、親能の妻となるのです(図38)。親能は経家から大友郷(神奈川県小田原市東大友・西大友・延清付近)を与えられ、これを養子とした能直に譲与したことで大友氏が誕生しました(図39)。なお能直は、この他豊後や相模、上野、肥後などに多くの所領を得ます。

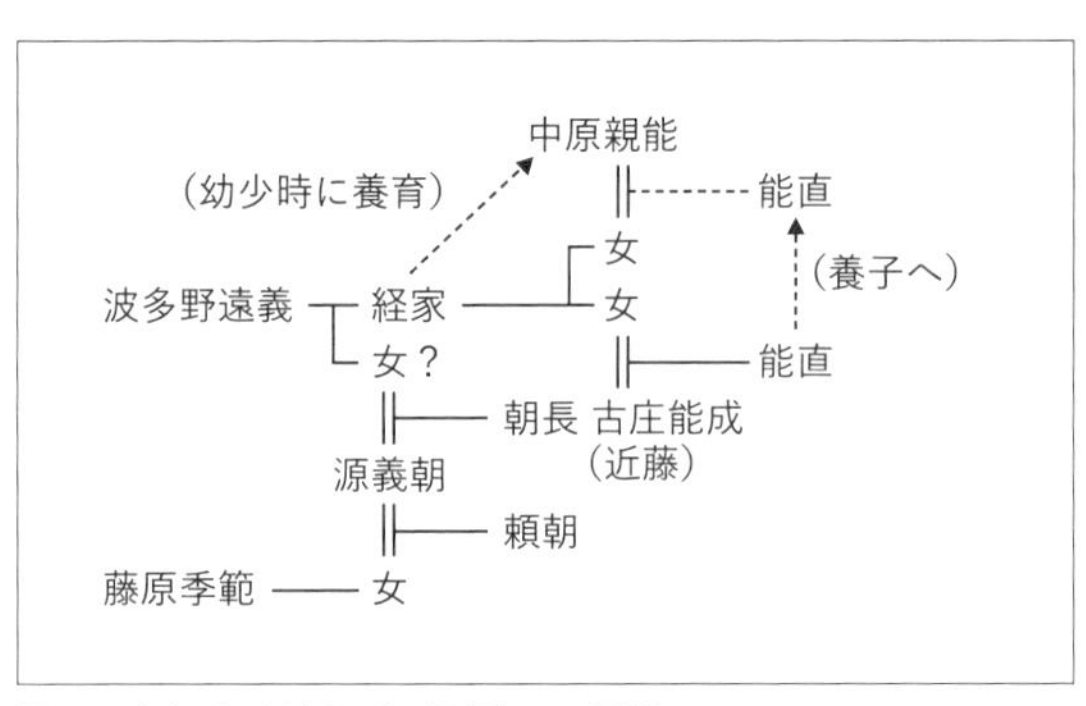

図38 大友氏・波多野氏と源頼朝との関係

本拠を豊後に移したきっかけ

さて大友氏が豊後に本拠を移したのは、能直の孫にあたる頼泰の時のことと考えられています。そのきっかけは蒙古襲来でした。すなわち元軍侵攻の危機が迫った文永八年（一二七一）、鎌倉幕府は九州に所領をもつ東国御家人たちに対し、防備のため現地へ下向するよう命じており、頼泰もこれに従ったものと思われます。なおこの間、一族や庶子たちも豊後国内に配置されていきました。頼泰は守護として[*1]同国御家人を指揮した他、少弐氏とともに九州全体の奉行として、御家人たちの監督にあたりました。

＊1　近年では能直の時から豊後守護の地位にあった、とする説が有力である。

発展と滅亡までの経緯

鎌倉末期、大友氏は少弐氏や島津氏らとともに後醍醐天皇方に転じ、その後は足利氏に従って豊後の他、肥後や筑前守護をも兼ね、領国支配を進めていきます。応仁の乱では東軍に属し、九州へ支配の手を伸ばしていた大内氏と戦って一時は当主父子（政親・義右）間の内紛に国内諸勢力の反乱も加わり危機に陥ります。しかしその後、親治の時にこれを平定、大内氏とは対立と和睦を繰り返しながら、次第に戦国大名としての基盤を固めていきました（**図40**）。最盛期は義鎮（宗麟）の時でしたが、やがて北上してきた島津氏と対立し、天正六年（一五七八）日向国高城・耳川（いずれも宮崎県木城町）で大敗します。

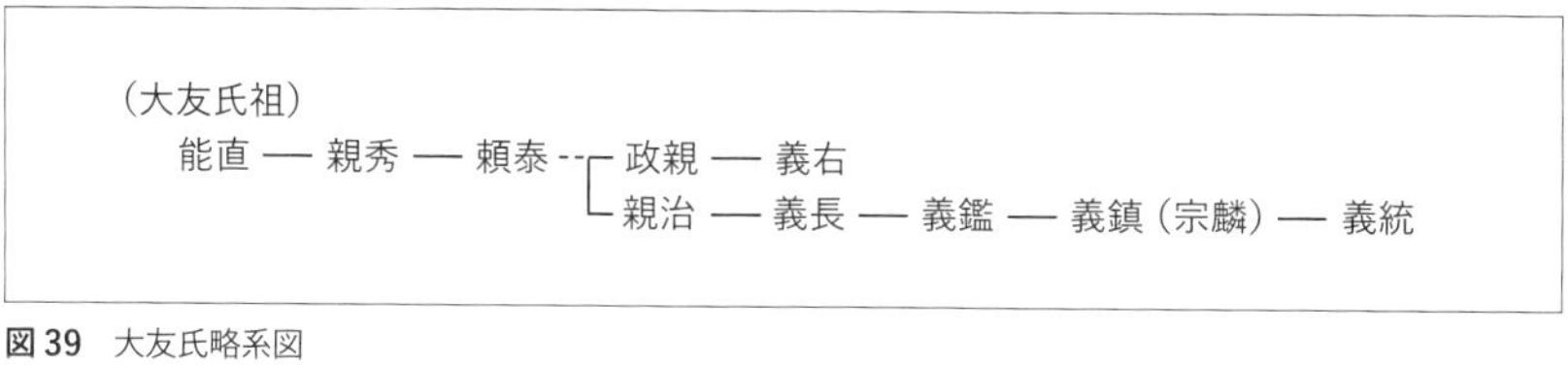

（大友氏祖）
能直 ― 親秀 ― 頼泰 ‥┬ 政親 ― 義右
　　　　　　　　　　└ 親治 ― 義長 ― 義鑑 ― 義鎮（宗麟）― 義統

図39　大友氏略系図

さらに同十四年には島津氏の侵攻により領国は崩壊、本拠地府内（大分市）まで攻められますが、翌年豊臣秀吉の九州攻め（対島津戦）により義鎮の子義統が豊後一国を安堵されました。しかし義統は文禄の役の際、味方を救援せずに退却したため領土をとりあげられ、さらに慶長五年（一六〇〇）、石垣原の戦い（大分県別府市）で黒田如水（孝高）の軍に大敗し、ここに大友氏は滅亡したのです。

図40　大友氏館跡庭園　（大分市デジタルアーカイブより）

5 鎌倉北条氏と後北条氏

つながりはあるのか

鎌倉時代、源氏将軍を支え、後に執権として、さらには得宗と呼ばれて実質的な最高権力者となった北条氏と、戦国時代に関東の覇者となった北条氏。両氏にはどのようなつながりがあったのでしょうか。

ご存知の方も少なくないでしょうが、実は両氏に血脈上のつながりはありません。はじめ別姓を名乗っていた戦国時代の北条氏の方が、ある時期から何らかの意図をもって改姓したのです（したがって鎌倉北条氏と区別するため後北条氏と呼ぶことがあり、ここでも以下後北条氏とする）。

では、その意図とは何なのか、以下見ていくことにしましょう。

「北条早雲」の出自

後北条氏が名字を改めたのは、二代氏綱の時でした。したがって一般に「北条早雲」（図41）という名で呼ばれる初代は、実際には北条を称してはいません。この人物の出自については、これまでさまざまな説が唱えられ、比較的近年まで伊勢出身の素浪人説が有力でした。しかし次第に実証的な研究が進み、現在では室町幕府政所執事をつとめる伊勢氏の一族で、備中を本拠とする伊勢盛定の次男、新九郎盛時がこ

図41　北条早雲　（小田原城所蔵）

の人物にあたる、とする説が最も有力となっています。なお「早雲」も出家後の雅号であり、文書に書いたのは正式な法名である「宗瑞」でした。したがって正確な名前は「伊勢宗瑞」ということになります。

宗瑞こと伊勢新九郎盛時は、はじめ幕府に仕えていましたが、長享元年（一四八七）、姉北川殿が嫁いだ駿河の今川義忠が戦死したことにともなう、今川氏の内訌に介入するため、同国に下向しました。そして、堀越公方足利氏*1や扇谷上杉氏の支援によって、いったんは今川家の当主となった範満（義忠の従弟）を排し、義忠と北川殿の子である龍王丸（後に氏親、義元の父）の擁立に貢献したのです。

これによって今川家臣団の中心的存在となった宗瑞（当主となった今川氏親の叔父でもある）は、明応二年（一四九三）、堀越公方家の内訌に乗じて伊豆へ侵攻し、その五年後には同国を領国化しました（本拠は韮山城）。

さらに山内上杉氏と扇谷上杉氏との対立に際しては、後者に属して戦い、永正二年（一五〇五）には伊豆と相模西部をおさえ、その後は扇谷上杉氏とも敵対して侵攻を続けました。このころ今川氏からは自立して戦国大名化し、永正十三年には相模一国を掌握、武蔵南部にまで進出しました。

*1 長禄元年（一四五七）、八代将軍足利義政が古河公方足利成氏を討つため、弟政知を関東に下向させたが、勢力がなく伊豆田方郡堀越（静岡県伊豆の国市）にとどまったことに由来する。

伊勢氏綱から北条氏綱へ

その二年後に家督を継いだ氏綱は、本拠を小田原城に移し、虎を刻んだ朱印を創出して文書発給システムを整え、さらには伊豆・相模の有力寺社の修造事業を行うなど、本格的な領国支配のための体制づくりを行います。そして大永三年（一五二三）六月十二日付けの箱根神社棟札（棟上げの際に施主や施工者、年月日由緒などを記して棟木に打ちつける札）に「大檀那伊勢平氏綱」とあるのが伊勢氏を称した最後の事例で、近衛尚通という公家の日記の同年九月十三日条で氏綱のことを「北条」と記しているので、この三ヵ月の間に改姓したと考えられています。

改姓の理由

ではなぜ氏綱は、この時期に北条に改姓したのでしょうか。この点について従来は、いわゆる源平交替思想にもとづくもの、とする説が唱えられていました。すなわち、日本史上の武家で政権を掌握したのが、平清盛（平氏）→源頼朝（源氏）→北条義時（平氏、図42）→足利尊氏（源氏）と、源平が交互になっていること（ちなみにこれ以後も、織田信長〈平氏〉→明智光秀〈源氏〉→豊臣秀吉〈平氏〉→徳川家康〈源氏〉と続く）を意識して改姓した、というのです。しかしこの説は甚だ観念的なものであり、また実際に歴代の当事者たちが本当にこの思想を意識していたかどうかは、かなり怪しいといわざるをえません。

図42　北条義時

近年では、父宗瑞の遺志を受け継いだ氏綱が、実力で正式な守護である扇谷上杉氏から奪い取った相模を支配することの正当性を主張するための改姓、という説が有力です。すなわち、これまで見てきたように伊勢氏は明らかに「よそ者」として駿河に下向し、まず伊豆をおさえて相模に侵攻しました。これを守護である扇谷上杉氏が認めるはずもなく、当主朝興は氏綱のことを「他国之凶徒」と呼び、排除しようとします。氏綱はこれに対抗するため、義時以来ずっと相模守を独占していた鎌倉北条氏になぞらえて、北条氏に改姓したのではないか、というのです（前述の相模国内の神社修造も、同国に対する公的支配権をもつ者が行う、という慣例があった）。

二人の関東管領

そして上杉氏はまた、関東においては鎌倉公方（及びその後継としての古河公方）足利氏に次ぐ、関東管領という役職を担い、戦国時代の文書の中でも「副将軍」と表現された高い家格をもっていました。したがってこれに対抗する上でも、同じ文章の中で鎌倉時代における「副将軍」の地位にあった、とされていた北条氏を称することには意味があったのです。

天文七年（一五三八）、氏綱は古河公方足利晴氏の要請を受け、小弓公方足利義明（晴氏の叔父）*1と下総国国府台（千葉県市川市）で戦ってこれを滅ぼし、その功によって関東管領に任ぜられます。ここに同職は、本来の山内上杉氏と、新任の氏綱の二人が並存することとなりました。さらにこの二年後には、晴氏が氏綱の娘芳春院殿と結婚し、その間にできた義氏は、後に氏綱の子、氏康の後押しにより公方となります。すなわち後北条氏は、古河公方足利氏の外戚となったわけで、既に十年ほど前には幕府からも従五位下、

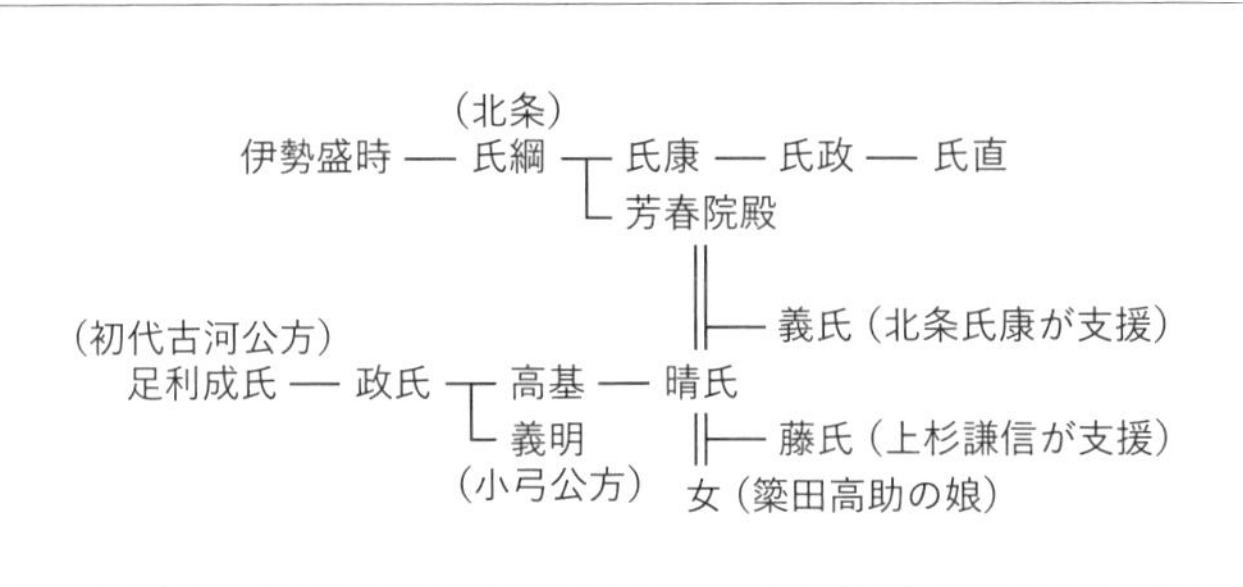

図43　後北条氏と古河公方足利氏との関係

左京大夫（さきょうのだいぶ）という地位を与えられていたこともあり、その身分は足利氏一門や山内上杉氏と並ぶ高さに到達したのです（図43）。

氏綱が北条と改姓する時点で、こうしたことまで意図していたかどうかは不明ですが、少なくとも結果としてこの改姓が、実態はもちろん、名目的にも上杉氏と対抗できる大々名となる上で有効に機能したことは、まちがいありません。

名前のもつ力は、決して軽いものではないのです。

＊1　足利義明は、父政氏や兄高基と仲が悪く、上総武田氏などに奉じられて永正十四年（一五一七）、下総小弓城（千葉市中央区）に入って拠点としたため、このように呼ばれた。

◇

歴史上の人物については、どうしてもその人が最も輝いた時期の業績のみが広く紹介されがちですが、そうした人たちにも必ず未熟な少壮期があって、そうした時期にやはり必ずといってよいほど強い影響を与えてくれた先人たちが存在したのです。いったい誰と誰がつながっていたのかを探ることによって、単に年代順に人物をおさえていくのではなく、もっと大きくて強い政治理念や志から歴史をとらえることができるように思われます。

また天皇や武家の名前には大きな政治的な意味合いが含まれている場合があり、そのつながりを調べていくことによっても、時代を超えた歴史の流れを把握できるのではないでしょうか。

《参考文献》

〔1　原敬は坂本龍馬の孫弟子だった!?〕
・宮地佐一郎『龍馬の手紙』（講談社、二〇〇三年）
・松浦玲『坂本龍馬』（岩波書店、二〇〇八年）
・宮川禎一『増補改訂版　全書簡現代語訳　坂本龍馬からの手紙』（教育評論社、二〇一四年）
・佐々木雄一『陸奥宗光』（中央公論新社、二〇一八年）
・伊藤之雄『原敬　上』（講談社、二〇一四年）
〔2　天皇家を支えた大久保利通とその子孫たち〕
・宮内庁『明治天皇紀』第四（吉川弘文館、一九七〇年）
・保阪正康「明治天皇と大久保利通」（『歴史と旅』二八―一二、二〇〇一年）
・笠原英彦『明治天皇』（中央公論新社、二〇〇六年）
・伊藤之雄『明治天皇』（ミネルヴァ書房、二〇〇六年）
・伊藤隆・広瀬順晧編『牧野伸顕日記』（中央公論社、一九九〇年）
・茶谷誠一『宮中からみる日本近代史』（筑摩書房、二〇一二年）
・　同　『牧野伸顕』（吉川弘文館、二〇一三年）
・吉田茂『回想十年』一～四（新潮社、一九五七～一九五八年）
・柴田紳一「吉田茂と三代の「系譜」」（吉田茂記念事業財団編『人間吉田茂』中央公論社、一九九一年、初出一九九〇年）
・岡崎久彦『吉田茂とその時代』（ＰＨＰ研究所、二〇〇二年）
・保阪正康「昭和天皇と吉田茂との間の亀裂」（『諸君！』三七―一一、二〇〇五年）
・原彬久『吉田茂』（岩波書店、二〇〇五年）
〔3　天皇の名前のつながり〕
・佐藤進一『日本の歴史9　南北朝の動乱』（中央公論社、一九七四年）
・遠山美都男『名前で読む天皇の歴史』（朝日新聞出版、二〇一五年）
〔4　武家のつながり〕
・勝守すみ『長尾氏の研究』（名著出版、一九七八年）
・赤沢計真「上杉氏」（今谷明・藤枝文忠編『室町幕府守護職家事典　上』、新人物往来社、一九八八年）
・山田邦明『上杉謙信』（吉川弘文館、二〇二〇年）
・藤井貞文・林睦朗監修『藩史事典』（秋田書店、一九七六年）
・池享『知将毛利元就』（新日本出版社、二〇〇九年）

・矢田俊文・新潟県立歴史博物館編『毛利安田家文書』（二〇〇九年）
・奥野高広『武田信玄』（吉川弘文館、一九五九年）
・平山優『武田信玄』（吉川弘文館、二〇〇六年）
・河村昭一「安芸・若狭武田氏」（今谷明・藤枝文忠編『室町幕府守護職家事典　下』、新人物往来社、一九八八年）
・木下聡編『若狭武田氏』（戎光祥出版、二〇一六年）
・小林清治『伊達政宗』（吉川弘文館、一九五九年）
・芥川龍男「大友氏」（今谷明・藤枝文忠編『室町幕府守護職家事典　上』、新人物往来社、一九八八年）
・元木泰雄『源頼朝』（中央公論新社、二〇一九年）
〈5　鎌倉北条氏と後北条氏〉
・佐藤博信「北条氏と後北条氏」（『鎌倉遺文月報』一六、一九七九年）
・佐脇栄智「北条氏綱と北条改姓」（同『後北条氏と領国経営』吉川弘文館、一九九七年、初出一九九一年）
・黒田基樹『戦国関東の覇権戦争』（洋泉社、二〇一一年）
・　同　『戦国北条氏五代』（戎光祥出版、二〇一二年）

第2章

政権スタッフ・軍人のつながり

つながりの視点

現代のように民主主義のもと、高度かつ複雑な行政機構が整備された状況では、仮に政権交代があっても、日本に関する限り、膨大な人数の官僚たちは（政策のなかみは変わったとしても）引き続き業務を続けます。

しかし明治維新以前、政権交代は軍事的に前政権を倒すことによってのみ実現したので、少なくとも前政権の主要メンバーは滅ぼされるか、そうでなくても追放されまったく力を失いました。つまり新政権は、前政権の多くを否定するところから出発したわけですが、その一方で、実務レベルの人々まですべて入れ替わったのか、疑問に思ったことはありませんか。

また、幕末の動乱から明治後期の日露戦争まで、日本は短い間隔で内戦や対外戦争を経験しました。したがって、幕末期を戦った勤皇の志士が、日露戦争では将軍となって大軍を指揮していたことも当然予想されます。彼らはその時々の戦争を、どのように戦い抜いていったのでしょうか。ここでは、これらのことについて見ていくことにしましょう。

1 政権スタッフのつながり

朝廷（院政政権）及び平氏政権から鎌倉幕府へ

鎌倉幕府は武家政権といいきれるのか

元暦二年（一一八五）三月、壇ノ浦の合戦で平氏を滅ぼした源頼朝は、後白河法皇と交渉し、東国から西国にまで及ぶ武家政権（幕府）の成立を認めさせました。これが日本における武家政治の始まりとされていますが、ではこの鎌倉幕府の職員たちは、武士のみによって構成されていたのでしょうか。高校日本史の教科書には、幕府の中央機関として成立した三つの役所のうち、一般政務や財務を司る公文所（くもんじょ）（後に政所（まんどころ））の別当（長官）となった大江広元、裁判を担当する問注所の執事（長官）三善康信は、ともに武士ではなく貴族出身者だったことが紹介されています。では、この二人のみが例外だったのでしょうか。以下、検討していくことにします（二人についても詳しくは後述）。

頼朝挙兵直後から幕府成立まで

実は『吾妻鏡』（鎌倉末期に幕府が編纂した歴史書）には、頼朝挙兵直後に行われた石橋山合戦（治承四・

一一八〇年八月）の際、頼朝方として出陣した人々の中に、朝廷の下級官人出身と見られる四名の人物（中原姓三名及び藤井姓一名）が記されており、しかもこのうち二名は後に幕府の政所職員として活動した証拠があります（残り二名のうち一名も使者として活動したことがわかっている）。

また、頼朝が挙兵当初に攻めた山木兼隆の館に、酒宴を口実に事前に潜入し、周囲の地形を調べて絵図を作成、これを提供した藤原邦通（くにみち）（後に頼朝の右筆（ゆうひつ）、すなわち書記官となる）、元暦二年二月に近藤国平（くにひら）とともに西国へ使者として赴き、院と折衝した中原久経（ひさつね）なども、挙兵時（あるいは挙兵前）から頼朝に仕えていた下級官人と見られています。

こうした人々は、京都ではなく頼朝がいた伊豆及びその近辺にいたのですが、ではなぜ彼らは京都を離れていたのでしょうか。それはこの時代、中級以上の公家であっても、立身出世の見込める家はごく一部であり、ましてや下級官人の家柄に生まれた人々は数もはるかに多く、それゆえ中央での出世をあきらめ、受領（ずりょう）の目代（代官）や、当時台頭しつつあった地方豪族に仕えようと、活躍の場を求めて東国に下向する者が少なくなかったからなのです。

ところで挙兵直後の頼朝は、うち続く戦いの中で、彼のもとに集まってくる武士たちの統制や、その経営の保証、院との政治折衝など、日々増大する業務をこなすために、少しでも多くの事務官僚を必要としていました。そのため彼の側近だけでは足りず、なかには敵方に属していた者であっても、有能で、かつ忠誠を誓えば、これを積極的に採用していたのです。

例えば大中臣秋家（おおなかとみあきいえ）は、はじめ甲斐源氏の一条忠頼に仕えていましたが、元暦元年六月、忠頼を討った頼朝に招かれ、後に公文所や政所の職員になりました。また少しくだりますが、文治五年（一一八九）九月、奥州藤原氏に仕えていた清原実俊は故実に詳しく、陸奥・出羽両国の絵図や土地の権利関係がすべて頭の中に入っていたため、頼朝に召し出され、やはり政所に勤めています。

そして何と、朝廷の官人ではありませんが、頼朝は仇敵ともいえる平家出身者[*1]からも何名か採用していたのです。その代表的な人物が平清盛の弟、時忠の子の時家でした。彼は治承三年（一一七九）、後白河法皇に近いという理由で清盛から疎まれ、上総へ配流となりました。そして、この時家を婿とした現地の大豪族上総介広常の推挙により、寿永元年（一一八二）一月、頼朝に仕えたのです。時家は頼朝の側近の中で最も身分が高く、幕府儀礼の整備や京都からの来客の接遇などに貢献しています。なおこの他、鶴岡八幡宮の中に建久八年（一一九七）までに成立した供僧二十五坊の初代のうち、十五人は平家一門の人々でした。

*1　そもそも頼朝の挙兵に参加した武士たちの中でも、北条時政や土肥実平、岡崎義実などは平氏の流れをくむ人たちであった。

幕府成立期

さて、寿永二年（一一八三）の十月宣旨によって東国支配を公認された頼朝は、これを機にある程度計画的に京都から中下級官人たちを鎌倉に招き、本格的な政務機構をつくりあげようとしました。その代表的な人物が、冒頭で紹介した大江広元と三善康信、そして二階堂行政なのです。

【大江広元】

中級貴族の大江維光を実父、明経道（儒学の一種）の学者中原広季を養父とする広元（図44）は学業優秀で、事務方の官人として順調にキャリアを積み重ねていました。その広元が寿永二年末から翌年初めまでに鎌倉

図44　大江広元　（毛利博物館所蔵）

へ下向するのですが、これは広元の兄にあたる中原親能の推挙によるものと見られています。親能は、中原家の出でありながら、幼少時に相模国の武士波多野氏のもとで育てられ、頼朝とも親しい関係にありました。その後いったん上京して官人となりましたが、頼朝の挙兵直後に追捕を受けたため鎌倉に下向、早くも寿永二年九月の時点で頼朝の使者として京都との政治折衝にあたっていました。このように頼朝から大きな信頼を得ていた親能が、事務官僚として高い能力をもつ弟の広元を紹介したことは、容易に推測できるところでしょう。

急速に拡大していった頼朝勢力圏の経営と、膨大な政務を処理するために公文所が設置されると、広元はその別当に任ぜられ、幕府事務官僚のトップとしてそれらの処理にあたりました。その結果、頼朝への取次は広元が一手に担うこととなったのです。この他、たびたび上洛して京都との政治折衝を行い、さらには全国への守護・地頭の設置などの重要政策の決定にも深く関与しました。

【三善康信】

一方の三善康信は、代々朝廷の実務官僚を出した三善家に生まれ、事務方の官人をつとめる一方、伯母が京都時代の頼朝の乳母だった関係で、頼朝が伊豆へ配流となった後も月に三度、京都情勢を頼朝へ知らせていました。治承四年（一一八〇）六月には平氏政権が以仁王の令旨をうけた諸国の源氏を追討することを決定したと伝え、頼朝に奥州へ逃れるよう勧めています。このことは、頼朝挙兵の直接的なきっかけとなりました。もともと康信自身も鎌倉へ下向するつもりだったのですが、頼朝からもたびたび招きを受け、元暦元年(一一八四)四月に到着しました。そして早速面会した頼朝から、「武家の政務を輔佐するように」と命じられています。同年十月、裁判を担当するための問注所が設置されると、康信はその執事に任命されました。

【二階堂行政】

一般的には知られていませんが、前記二名と並んで初期の鎌倉幕府を支えた事務官僚が二階堂行政です。二階堂氏は藤原氏南家の流れをくみ、代々駿河守をつとめた家柄で、行政の母が頼朝の母と同じ熱田大宮司家を出自としていた関係(後者が前者の姪)から、やはり朝廷の事務官を辞めて三善康信と同じころに鎌倉へ下向したものと見られています。しかし行政は政治や儀式などの表舞台に立つことはなく、政所の令(次官)として大江広元を補佐するなど、実務に徹して幕府を支えたのでした。

以上紹介した三人は、いずれも頼朝との個人的な関係によって鎌倉に招かれた点で共通していますが、どうもそれだけではなかったようです。すなわち中世史研究者の目崎徳衛氏によれば、三人は前職が同じ朝廷の事務官僚ではありましたが、大江広元は主に外記局、三善康信は弁官局、二階堂行政は民部省主計寮にそれぞれ勤めており、これらは現代の官庁・会社でいえば総務、人事、会計部門に相当します。つまり頼朝は適材適所の方針で、ある程度計画的に幕府事務方の要となる各部署に有能な官僚を配置した、というのです。

頼朝以後の状況

少しくだって建久十年（一一九九）四月、二代将軍頼家（図45）の政治的指導力に不安を覚えた北条政子らは、幕府へ持ち込まれた訴訟に対して頼家が直接裁決することを禁じ、十三名の有力御家人たちの合議によることを決めますが、この十三名の中には既に紹介した大江広元、三善康信、二階堂行政と、広元を推挙した中原親能が含まれていました。このことは鎌倉前期の幕府にとって、彼らがいかに重要な存在だったかを示している、といえましょう。そして、こうした名の通った人々の下には、当然ながら相当多数の京都から下った下級官人たちが従っていたことは、まちがいありません。

以上見てきたように、鎌倉幕府という政権は、決して草深い東国の武士たちだけによって成り立っていたわけではなく、[*1] 頼朝の勧誘や自らの都合により鎌倉へ下向してこれに従った官人たちが、政権運営にとって欠かせない事務方の仕事を担ったことによって、はじめてできあがったものだったのです。

なお鎌倉中期以降になると、武士出身の事務官僚も次第に増えていきますが、それでも摂家将軍、親王将軍の誕生にともない、その従者たちが次々と京都から下向したことなどもあって、一定の割合の京下り官人の系譜を引く人々が、幕府を支え続けたのです。

図45　源頼家　（建仁寺所蔵）

*1　そもそも東国武士たちは、従来考えられていた以上に京都とのつながりをもつ者が多かったことは、近年の研究により明らかになっている。

鎌倉幕府から建武政権を経て室町幕府へ

建武式目の立案者たち

では次に、室町幕府の場合を見ていきましょう。元弘三年（一三三三）五月、後醍醐天皇の呼びかけに応じた足利高氏（後の尊氏）は六波羅探題を攻め落とし、新田義貞も鎌倉を攻めて北条氏を族滅させ、鎌倉幕府は倒れました。天皇は翌年、自らに従った公家や武家を糾合して政権を樹立し、いわゆる建武の新政を始めましたが、公家を重視する政策をとったため、武士たちの不満が高まりました。この情勢を見た足利尊氏は、建武二年（一三三五）末に政権から離反して翌年六月に京都を制圧、十一月には政治の基本的方針を示す十七条からなる建武式目を制定しました。これを以て室町幕府の成立と見なす意見もありますが、この最後の部分には式目を立案した八人の名前が記されています。そしてこのうちの四人は、建武政権の中心的政務機関である雑訴決断所（所領訴訟を担当）の職員だったことがわかっており、さらにこの中の明石行連（ゆきつら）という人物は元亨元年（一三二一）当時、鎌倉幕府引付衆[*1]の奉行人だった明証があり、他に布施道乗（どうじょう）も同じく旧幕府奉行人だったと見られているのです。また残り四人のうちの一人、太田七郎左衛門尉も同様と推測されます。つまり、室町幕府の基本法典たる建武式目は、実は尊氏が離反した建武政権の職員や、新田義貞らとともに倒した鎌倉幕府の法曹官僚たちによって作成されたのでした。

＊1　建長元年（一二四九）、裁判の公平・迅速化を図るために設置された引付の役人。

三つの政権を渡り歩いた人々

では、その後の室町幕府の政権運営にあたって、建武政権や鎌倉幕府の旧職員たちは、どの程度関与していたのでしょうか。**表1**は、康永三年（一三四四）における室町幕府引付方の職員九十四名のうち、二つの旧政権での役職名がわかる人物をまとめたものです。これを見ると、前掲の明石行連と同じように、建武政権下で雑訴決断所の奉行人だった者や、鎌倉幕府下で京都にあって朝廷や公家の監督にあたった者、西国の政務裁決を担当した六波羅探題の奉行人をつとめていた者、あるいはその両方の役職に就いていた者が少なくなかったことがわかります。

また個人としては不明でも、六波羅探題の職員に多かった名字をもつ者が多く、中世史研究者の森幸夫氏が、奉行人を多く出している十家（齋藤氏、飯尾氏、雑賀氏など）を指摘していますが、これと同じ名字の者が康永三年時点の室町幕府引付方に二十二名（二三・四％）含まれています。

表1　康永3年（1344）室町幕府引付方職員の前歴

人　名	建武政権	鎌倉幕府
二階堂成藤	雑訴決断所奉行人	幕府評定衆
長井　貞頼	（不明）	六波羅評定衆
雅楽　信重	雑訴決断所奉行人	六波羅奉行人
門真　寂意	〃	〃
関　　道日	〃	（不明）
下条　祐家	（不明）	六波羅奉行人
飯尾　貞兼	雑訴決断所奉行人	六波羅奉行人ヵ
三須　倫篤	〃	六波羅奉行人
長井　高広	雑訴決断所奉行人 武者所	（不明）
二階堂時綱	鎌倉将軍府政所執事	引付頭人ヵ、評定衆ヵ、御所奉行
和泉民部大夫	武者所ヵ	（不明）
津戸　道元	雑訴決断所奉行人	六波羅奉行人ヵ
長井　宗衡	〃	六波羅引付頭人
後藤　行重	〃	（不明）
和田　行快	（不明）	六波羅奉行人ヵ

以上のように、室町幕府が政治的・軍事的には対立して打倒した鎌倉幕府や建武政権の事務官僚の多くを引き継いで、実務にあたらせていたことは明らかです。

ここで、**表1**の中で特に注目すべき二人の人物について紹介しましょう。

【二階堂時綱】

二階堂氏は既に紹介した頼朝の側近、二階堂行政を始祖とし、以後多くの家に分かれながら鎌倉幕府に多くの高級官僚を輩出しました。時綱も御所奉行、引付頭人（ひきつけとうにん）、評定衆などを歴任したと見られていますが、幕府滅亡後は建武政権が関東諸国を統轄するために鎌倉へ設置した鎌倉将軍府の政所執事をつとめ、さらに室町幕府下では引付衆や政所執事、評定衆などの要職に就きました。両政権とも時綱の鎌倉幕府旧職員としての知識と経験を必要としたため、同じような役職に採用したのは明らかでしょう。

【長井貞頼】

長井氏は前述した大江広元の流れをくむ、それも嫡流の家で、やはり多くの分家をつくりながら鎌倉幕府の政権中枢を担いました。貞頼は六波羅探題の評定衆をつとめていましたが、元弘三年（一三三三）五月六日、足利高氏から書状によって後醍醐天皇方につくよう、いわば寝返りを勧誘されていたのです（図46）。貞頼は既に心に決めていたのか、あるいはこの書状が決め手となったのかは不明ですが、すぐにこれに応じ、二日後の八日の日付で「あなたのもとに参じました」とする文書を高氏に提出しています。建武政権下での役職はわかりませんが、室町幕府において引付衆となりました。これは、文書によって寝返りの過程が跡付けられる、まことに貴重な事例といえましょう。

なおこの他、足利尊氏の右筆の一人、安富行長も正和五年（一三一六）の時点で、六波羅探題の奉行人をつとめていました。

六波羅探題と室町幕府の関係

ところで、既にお気づきのことと思いますが、室町幕府に旧鎌倉幕府の事務官僚が多く仕えたとはいっても、そのほとんどは六波羅探題の職員だったのです。これはもちろん、室町幕府が鎌倉ではなく京都に開かれたためではあるのですが、ここでもう少しそのあたりのいきさつについて説明しましょう。

承久の乱では畿内・西国に所領をもち、主に京都に住んで朝廷との関係が強かった御家人たち（在京御家人、あるいは在京人）が後鳥羽上皇方についたので、幕府は乱後に設置した六波羅探題の指揮下に彼らを入れ、大番役を免除するかわりに洛中警備や探題の裁判事務などを担当させました。その一方で、トップである探題には、もちろん北条一門の人物が就任し、その直属の被官たちが同じように探題の実務を担いました。彼らは探題の交替ごとに入れ替わるのですが、在京御家人たちはほとんどそのままであり、また探題として赴任してきた北条氏からは、その直属の被官たちと比べると、それほど強い統制を受けなかったのです。

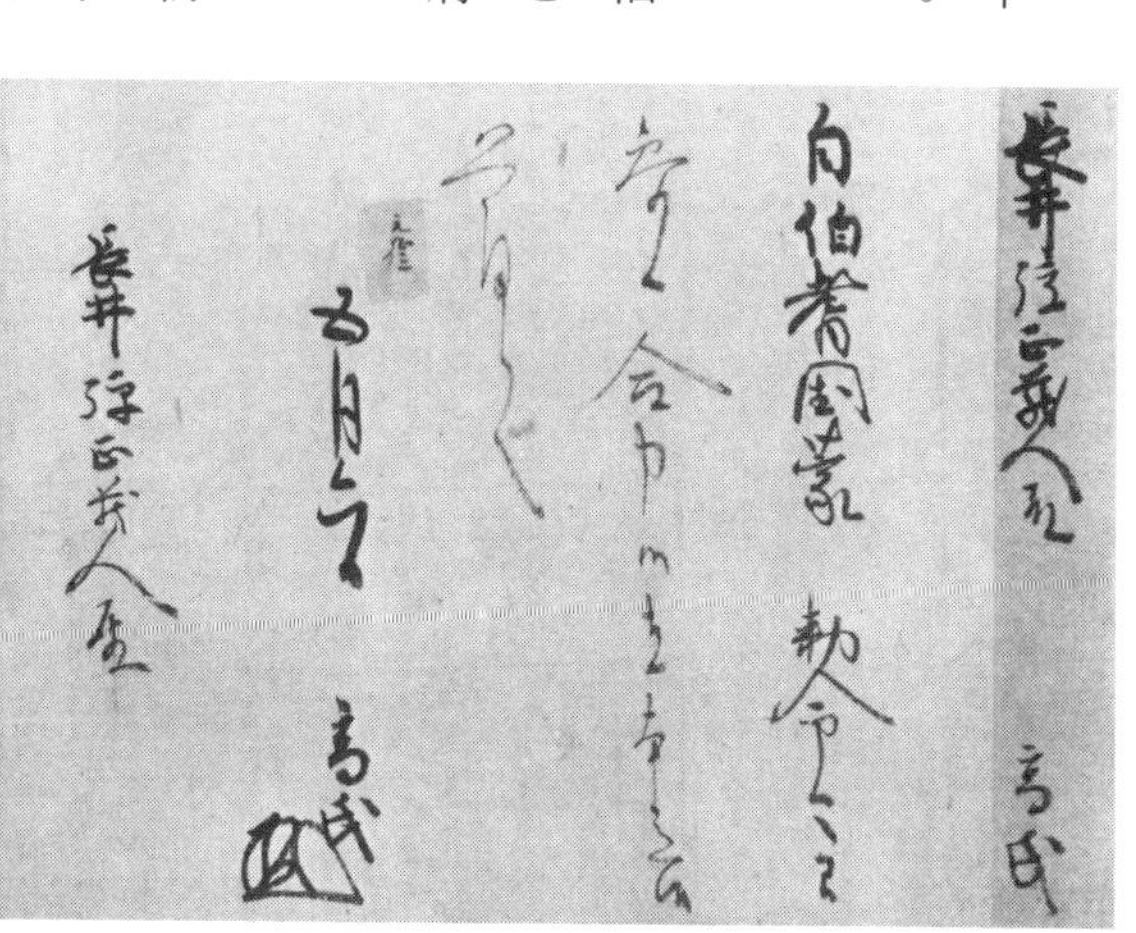

図46　元弘3年（1333）5月6日付足利高氏軍勢催促状（「毛利家文書」）　（毛利博物館所蔵）

元弘三年五月、京都へ入った足利高氏がこの六波羅を攻めたため、二人の探題北条仲時（北方）と時益（南方）は再起を図るため数百人の兵とともに脱出しますが、近江国番場（ばんば）（滋賀県米原市）で追い詰められ、全員自刃してしまいました（図47）。そしてこの二人に従った数百人の兵たちこそ、探題直属の被官たちであり、在京御家人の多くは高氏に従ったものと考えられているのです。したがって彼らは、建武政権の職員となる以前に足利氏の被官となっていた可能性があり、その崩壊後に室町幕府の事務官僚と、それから足利氏直属の軍事力を担う存在（奉公衆）になっていきました。[*1]

このあたりを研究した中世史家の五味文彦氏は、「（御家人制の観点からみれば）室町幕府は六波羅（探題）の発展である」と指摘しています。

＊1　実際にはこれに足利氏の一門、譜代被官などが加わる。

図47　北条仲時以下432名墓所（蓮華寺・滋賀県米原市）

江戸幕府の直臣から明治政府の官僚へ

明治政府は倒幕派の人々だけで構成されているのか

慶応三年(一八六七)十月、江戸幕府十五代将軍徳川慶喜は、倒幕をめざす薩長勢力の機先を制して政権を朝廷に返還し(大政奉還)、新政権においても徳川家が主導権を握ろうとしました。しかし、それでは徹底した政治・社会改革ができないと見た倒幕派は、戦を起こして慶喜を追い込み(戊辰戦争)、ついには政治的に無力にすることに成功したのです。すなわち明治新政府は、徳川政権を完全に否定することによって成立した、と一応見なされるわけですが、実際のところはどのような状況だったのでしょうか。これまで検討してきたのと同様の視点から、江戸幕府の直臣だったにもかかわらず、明治政府にも引き続き仕え、業績をあげた人はいなかったのか、以下見ていくことにしましょう。

図48　明治期の勝海舟

幕府全権代表として

【勝海舟】(文政六・一八二三〜明治三十二・一八九九年、図48)

まず最も有名な人物として、勝海舟をあげることができます。幕臣にしては珍しく開明的な考えをもち、西郷隆盛に倒幕の示唆を与える一方、幕府最末期には事実上、その全権代表として官軍との交渉にあたりました。そして西郷と会談して江戸城の無血開城を実現させ、さらには当初は死罪になると見られていた慶喜の助命にも貢献したことが広く知られています。

一時新政府の高官となるも

慶応四年(一八六八)閏五月、徳川家の駿府七〇万石への移封(いほう)が決まり(藩主は田安家出身の徳川家達(いえさと))、七月に慶喜、八月には家達が駿府(静岡市)に移ると、海舟も十月に後を追いました。駿府藩(翌年には静岡藩と改称)の藩政には携わらず、引き続き幹事役として新政府との連絡役をつとめていましたが、明治二年(一八六九)七月には新政府の外務大丞(たいじょう)、十一月には兵部大丞(いずれも省内のナンバー4)に任命されました。しかし海舟はこれらをいずれも辞退し、初めて仕官したのは同五年五月、海軍大輔(たいふ)(海軍省次官)としてでした(この時、長官にあたる海軍卿は不在のため事実上海軍のトップ)。さらに翌年十月、いわゆる征韓論にともなう明治六年の政変により西郷らが下野すると、海舟は参議兼海軍卿となり、明治政府の中枢部に入りました。ところが翌明治七年(一八七四)に起こった台湾出兵[*1]に反対し、同年八月以降閣議を欠席、その後は名誉職的な地位に就いたこともありましたが、基本的には在野の人として過ごしたのです。

このように勝海舟の歴史的役割は、やはり維新期に幕府から新政府への政権移譲を比較的円滑に実現させたことがほぼすべてであり、維新後は一時高官となったこともありましたが、建設的な意見を述べることはほとんどありませんでした。

*1 台湾に漂着した琉球島民が土着民に殺され、明治政府は抗議したが清はこれを拒否したため、日本軍が出兵。イギリスの調停で清が賠償金を支払うことで決着した。

【榎本武揚】（天保七・一八三六～明治四十一・一九〇八年、図49）

幕府最大の敵

こうした勝とは異なり、榎本武揚は旧幕臣ながら明治政府の高官にのぼり、しかも実質的に近代国家の基礎づくりに大きく貢献した人物といえましょう。高校日本史の教科書では、戊辰戦争の最末期に旧幕府海軍を率いて蝦夷地（北海道）に赴き、最後の抵抗を行ったことが紹介されている程度ですが、維新後の業績はもっと知られてよいと思います。そもそも新政府にとって最大の敵だったはずの榎本が結局は許され、ついには「明治最良の官僚（後述）」と評されるまでになるのは、それなりの理由があったはずです。そのあたりに視点をおいて、榎本の人となりや事績を紹介しましょう。

図49　晩年の榎本武揚

幕府海軍に入る

榎本は天保七年（一八三六）、江戸下谷三味線堀（東京都台東区）に榎本武規の次男として生まれました。榎本家は御徒士（下級士官で江戸城内の護衛や行政職をつとめる）として代々幕府に仕えてきた直参でした。備後（広島県東部）の郷士出身で、同家の株を買い取って入籍した父武規は文政六年（一八二三）、天文方に出仕して暦法研究に従事し、またあの伊能忠敬に測量術を学んで、その全国調査にも同行していました。こうした父武規の科学者としての資質は、後述するように武揚にも継承されていきます。

武揚の少年期は不明な部分が多いのですが、弘化四年（一八四七）に幕府直轄の昌平坂学問所に入り、その後、国難に際して海軍に身を投じようと、米国帰りの中浜万次郎[*1]に英語を学びました。そして箱館奉行堀織部正利熙に従い、十七歳の時に樺太探検に出た、といわれています。武揚は幼少期に父から北辺の守りの重要性について示唆を受けており、蝦夷地との因縁は当初から深いものがあった、といえるかもしれません。

安政三年(一八五六)四月、長崎の海軍伝習所に入所して勝海舟の指導を受けると、たちまち頭角を現し、同五年六月には築地の海軍操練所の教授となりました。

＊1 土佐の漁民だったが、難破して米国船に救われ、十年余り同国で教育を受ける。帰国後、土佐藩や幕府に用いられ、翻訳・通訳に従事。維新後は開成学校(東大の前身)の教授となる。

大きな意味をもったオランダ留学

文久二年(一八六二)六月、榎本はオランダへ留学し、以後四年九カ月も滞在して航海術や砲術、造船術、機関学、さらには海戦時に必要となる国際法規などを学びました。幕末期に幕臣や藩士で海外へ留学した人々の中でも、これほど長期間にわたって留学を続けた人物はおそらく他にはおらず、ここで得た知識や経験が、後に榎本が仇敵であるはずの新政府に重用される大きな根拠となったのです(後述)。

蝦夷地で新政府軍と戦う

慶応二年(一八六六)に帰国すると、軍艦頭・和泉守に任ぜられるとともに、オランダから廻送してきた軍艦開陽丸の船将となりました。以後戊辰戦争に参加し、江戸開城後の翌年八月、品川沖に停泊していた軍艦八隻を率いて蝦夷地に向かい、十月には箱館に蝦夷島政府を樹立、榎本はそのトップである総裁に選出されます。しかし翌年四月、政府軍の攻撃を受けて次第に劣勢となり、五月には降伏を勧誘されるに至りました。榎本は降伏を認めたものの、自らは死罪を免れないと判断し、五稜郭内で自決を図りますが、側近たちによって止められています。

黒田清隆による助命運動

五月十八日に五稜郭は開城となり、榎本や陸軍奉行大鳥圭介（後述）など六名は東京に護送されました。彼らの処分をめぐって、新政府内では当然ながら死罪にすべきという意見が少なくありませんでしたが、榎本軍を攻めた新政府軍を統率した黒田清隆（薩摩藩出身）は、これを許すべきと強く主張しました。黒田は降伏の際、榎本から今後の海軍にとって重要な『海律全書』（海洋法に関する本）を託されており、幅広く深い知識をもち、さらには敵ながら最後まで幕臣として戦った人物として、榎本に深い敬意を抱いていました。一方、在野ではあの福沢諭吉が、あるきっかけから獄中の榎本とつながりをもつようになり、やはり榎本の気骨を評価して減刑や赦免のために動いています。黒田はついに榎本の減刑を求めるために丸坊主となり、政府の会議では「榎本が蝦夷地に行ったのは国のために尽くそうと思ったからで、減刑こそ望ましい。もし斬るなら、まず自分を斬れ」とまでいって極刑論者たちに詰め寄りました。そして西郷隆盛もこれに強く同意したため、榎本らの赦免が決まったのです。

新政府官僚として三度北海道へ

明治五年（一八七二）、約三年ぶりに出獄した榎本は、当時その次官をつとめていた黒田から開拓使（北海道及び樺太の開拓を主任務とする官庁）への出仕を求められました。はじめ榎本は、これに応じる気になれませんでしたが、黒田は榎本のもつ鉱物知識や産業技術を工夫する能力を何としても役立てたいと考えていたためあきらめず、さらに大島圭介の説得もあって、ついに榎本は任官に応じたのです。やはり北海道は、榎本にとっていろいろな意味で因縁のある地だったといえましょう。この後、榎本は北海道各地を廻り、石油や石炭、[*1]金属資源などの調査を行ったり、函館に気象観測所を設置したりしています。

*1　このうち榎本が発見した幌内（ほろない）炭坑（三笠市）は、やがて道内第一の炭田へと発展する。

外交で活躍

また日露両国民が雑居し、その境界画定が懸案となっていた樺太問題について、黒田はオランダ留学で国際法を学んでいた榎本を対露交渉の全権公使に推薦し、明治六年末に内定、さらに政府は榎本の肩書きに重みをつけるため、翌年一月、日本初の海軍中将に任じています。交渉の結果、ロシアは目論みどおり樺太全島を領有し（本来南樺太は日本が領有権をもっていた）、その見返りとして北千島を日本に譲渡することと定まりましたが、榎本は正々堂々とした態度で交渉に臨んだため、ロシア側から非常に優遇されたそうです。

「明治最良の官僚」

明治十二年（一八七九）二月、榎本は条約改正取調掛（がかり）となり、同年九月には井上馨外務卿のもとで次官にあたる外務大輔（たいふ）をつとめ、さらに翌年二月から一年余り海軍卿も兼任しています。

壬午（じんご）事変[*1]後の明治十五年八月、榎本は駐清特命全権公使として赴任、清国の実力者李鴻章（りこうしょう）と会談して、その信頼を得ました。同十八年、甲午事変[*2]後の日清の交渉は伊藤博文と李が行って妥結しました（天津条約）が、実際には榎本が両者を取り持つ形で尽力していたのです。同年十二月、榎本は第一次伊藤内閣で逓信大臣となり、電信技術の移入を進めるなど、技術者としての本領を発揮、その誠実な働きぶりから一般の官僚たちは榎本を「明治最良の官僚」と評しました。

その後も文部大臣や外務大臣、農商務大臣などを歴任、退任後も殖産興業をめざして精力的に活動しました。なおこの間、明治二十年（一八八七）五月には子爵に叙せられていますが、これは非藩閥出身者としては異例のことであり、それまでの外交面での業績を評価した黒田や伊藤らの推薦によるものと推測されています（七十三歳で没）。

以上見てきたように、榎本武揚は幕臣の中でも最後まで新政府軍に抵抗した人物だったにもかかわらず、黒田清隆にその多方面にわたる高い能力を評価され、死罪を免じられたばかりでなく、新政府に登用されてその高官となり、近代日本の産業技術の発展や外交面で大いに貢献した人物だったのです。福沢は後に明治政府下における勝や榎本の立身出世ぶりを批判する文章を発表していますが、榎本は当初から出世欲はなく、いずれの藩閥勢力にも自分から近づくことを避けていました。ただ黒田は、榎本の高い能力を常に評価してこれを推薦し続け、榎本もこれに応えて与えられた仕事を誠実にこなしただけだったのです。したがって政府の高官となってからも榎本は庶民的であり続け、旧幕府関係の困窮者たちには、損得抜きに支援の手を差し伸べることを惜しまなかった、ということです。

*1　朝鮮国王の外戚閔氏一族に対し軍が反乱を起こすも失敗。日清両国も出兵したが、日本の勢力が後退した。
*2　明治十七年（一八八四）、朝鮮独立党が日本の支持を得てクーデターを起こすも失敗。以後清の朝鮮進出はさらに強化された。

図50　晩年の大鳥圭介

【大鳥圭介】（天保四・一八三三〜明治四十四・一九一一年、図50）

洋学を学ぶ

榎本と同様、最後まで新政府軍に抗戦し、赦免後新政府の高官となって功績をあげたのが、大鳥圭介でした。ただし大鳥の家は榎本と異なり代々幕臣の家ではなく、圭介は赤穂藩領だった播磨国赤穂郡細念村（兵庫県上郡町）に医者の子として生まれます。弘化二年（一八四五）、岡山藩の閑谷学校（庶民子弟の教育機関）に入学して漢学を修め、その後洋学にふれて嘉永五年（一八五二）、大坂の緒方洪庵の適塾へ入門して蘭学を学びました。同七年には江戸へ出て蘭方医坪井忠益の塾に入り、さらに安政四年（一八五七）、日本屈指の兵学者だった江川英龍の後継者、英敏（韮山代官兼鉄砲方）について兵学を修めました。江川のもとには、後に倒幕軍の中心人物となる薩摩藩の西郷隆盛や大山巌、伊東祐亨なども砲術を学びに来ています。なお大鳥も中浜万次郎に英語を学んでおり、このころ榎本武揚と知り合ったようです。

新政府軍と戦う

大鳥は、いったん尼崎藩に召し抱えられますが、安政六年には蕃所調所（幕府の洋学研究教育機関、東大のルーツの一つ）へ出仕し、以後江川英敏の推薦によりオランダ兵学書などの翻訳に携わります。そして慶応二年（一八六六）、大鳥は初めて正式な幕臣となって西洋式の伝習歩兵の訓練を任せられ、同四年二月には幕府陸軍のナンバー3である歩兵奉行にまで昇進し、三〇〇〇石という破格の待遇を受けました。いかに当時最先端の西洋式兵学を身につけていたとはいえ、一介の村医者の子がここまでの地位に就けたのは、動乱に巻き込まれた幕府が門閥や身分にとらわれず、人材を登用せざるをえない状況に追い込まれていたため、といえましょう。

同年四月の江戸開城後、大鳥は同志とともに脱走し、宇都宮、日光、会津で新政府軍と戦いました。さらに仙台に走り、ここで榎本武揚と合流して蝦夷地に向かいますが、以後の経過は既に述べたとおりです。

新政府の官僚へ

榎本と同様、明治五年（一八七二）に出獄した後は、黒田清隆の命により開拓使に出仕し、大蔵大丞（省内ナンバー4）も兼ねました。同年二月、大鳥は大蔵少輔吉田清成（薩摩藩出身）の随行で外国債券を募るために（殖産興業のための資金獲得が目的）アメリカに出発、以後二年余り、きわめて真摯な態度で同国やイギリス国内を視察したり、化学を学んだり、人脈を築いたりしました。

帰国後、陸軍省を経て明治八年、伊藤博文の取り立てにより工部省へ出仕し、同十年には工部大学校（東大工学部の前身の一つ）の書記官に任ぜられました。これは皆が驚くほどの抜擢人事でした。なおこのころ、大鳥はアメリカ産業視察の報告書を開拓使に提出し、石炭、石油、鉄の開発の重要性を提起しています。同十五年（一八八二）に工部大学校校長となり、さらに同十九年には学習院（華族の教育機関で学習院大学の起源）院長に就任しました。

外交官として

明治二十二年(一八八九)、大島は伊藤や大隈重信外相の推薦で、清国在勤特命全権公使に任命されました。藩閥政治家たちの権力闘争の中で大島は巧妙に動き、伊藤も藩閥とは無関係だった彼の方が、かえって使いやすかったと見られています。同二十六年には朝鮮国駐箚公使も兼任、翌年甲午農民戦争*1が起こり、清が朝鮮から鎮圧のための出兵を求められると、休暇帰国中だった大島は、陸戦隊約四五〇人とともに朝鮮に戻りました。そして清国軍の撤兵と内政改革の実行を朝鮮に要求しましたが、その後も日清両軍の増派が続き、結局はそれが開戦へとつながりました(日清戦争)。なお、日本側で開戦の口実をつくったのは、陸奥宗光外相と陸軍参謀本部次長川上操六だとする説と、現地の大島と派遣軍の大島義昌旅団長だとする説があります。

同年大島は枢密顧問官となり、明治三十三年(一九〇〇)には男爵を授けられています。同四十一年、盟友榎本武揚の死にショックを受け、その三年後に七十九歳で死去しました。

*1 民間信仰から発展した宗教のもとに、困窮した朝鮮農民が結束して起こした反乱。

【前島密】(天保六・一八三五〜大正八・一九一九年、図51)

学問の修得と日本各地の視察

一般には「郵便の父」として知られている前島密も、この大島と同じく幕末期に幕臣となって活躍し、維新後は政府の官僚として業績をあげた人物です。越後国頸城郡下池部村(新潟県上越市)の豪農上野家に生まれた前島は弘化四年

図51 前島密(幕末期)

（一八四七）、江戸へ出て蘭学、医学、兵術、航海術など、さまざまな学問を習得します。この間、九州や四国、関西各地を巡歴して海岸線を視察したり、航海術の実習のため船で日本沿海を一周したりしています。

幕臣から新政府の官僚へ

慶応元年（一八六五）には薩摩藩に招かれて英学の教授となりますが、翌年江戸へ戻り、幕臣前島家を相続し、幕府に殉じようと決意します。そしていったん開成所（東大の起源の一つ）に出仕した後、同三年には開港した兵庫の奉行所に自ら志願して赴任し、開港事務にあたりました。

翌年一月、鳥羽・伏見の戦いが起こると江戸へ戻り、新政府軍の応接を命じられますが、これに失敗しました。浪人となった前島は七月、駿府藩から招かれ、藩の経営事務を担当しますが、明治二年（一八六九）十二月、新政府から民部省への出仕を命じられました。そして租税制度の改革にあたる傍ら、鉄道敷設を建議しますが、これがもととなって同五年に京浜間の鉄道建設が実現します。

同三年四月には大抜擢人事により租税権正（ごんのかみ）となり、五月には交通・通信を担当する駅逓（えきてい）権正を兼任します。これは幕末期に日本各地を走破し、途中の地形や民情を熟知していた前島にとって、まことにふさわしい仕事でした。それまでの飛脚に代わる新式の郵便制度を立案し、それが開始されたのは前島がイギリス出張中の明治四年（一八七一）三月一日のことでした。*1 そして八月一日に帰国した後も、駅逓の責任者として運輸・通信事業の基礎づくりのために奔走しました。例えば、従来郵便業務を担ってきた飛脚業者に対しては、これからは貨物の通運を専業とするよう説得しました。これをうけて明治五年六月、飛脚業者たちが集まって設立した会社が、現在の日本通運につながります。

また前島は、全国各地の郵便取扱所に国の役人を配置すると莫大な人件費がかかるため、イギリスの制度にならって主に地方の名望家[*2]に業務を委託し（居宅の一角を割いて取扱所とする）、収入に比例して報酬を与えることにしました。明治五年、全国で千余りの取扱所が開かれ、同十八年には三等郵便局に再編成されますが、これらの大多数は郵政民営化前の特定郵便局として続いていくことになります。明治六年、郵便の政府独占が確定すると、同八年には郵便為替及び貯金業務を開始し、同十年には万国郵便連合に加入して国際社会への進出を果たしました。

＊1　太陽暦で四月二十日にあたるこの日は、現在郵政記念日となっている。
＊2　名声や人望を兼ね備えた人。江戸時代には村の名主、明治時代に入ると戸長や地方議員などをつとめた人が多い。

教育界への貢献

この他前島は、三菱商会を支援して海運の振興にもつとめ、また大隈重信に接近して明治二十年（一八八七）、東京専門学校（後の早稲田大学）の校長となり、その経営にあたりました。これらの業績が評価されて同三十五年（一九〇二）には男爵を授けられています。

以上見てきたように、前島は幕末期に苦学して修めた幅広い学問や、全国各地を踏査した経験をいかし、明治時代に入って郵便のみならず、鉄道や海運、教育の分野で大きな業績をあげた人物だったのです。

料金受取人払郵便

牛込局承認

9258

差出有効期間
2025年11月5日
まで

(切手不要)

郵便はがき

162-8790

東京都新宿区
岩戸町12レベッカビル
ベレ出版

読者カード係　行

お名前			年齢
ご住所　〒			
電話番号	性別	ご職業	
メールアドレス			

個人情報は小社の読者サービス向上のために活用させていただきます。

ご購読ありがとうございました。ご意見、ご感想をお聞かせください。

● ご購入された書籍

● ご意見、ご感想

● 図書目録の送付を　□ 希望する　□ 希望しない

ご協力ありがとうございました。
小社の新刊などの情報が届くメールマガジンをご希望される方は、
小社ホームページ（https://www.beret.co.jp/）からご登録くださいませ。

図52　渋沢栄一

【渋沢栄一】（天保十一・一八四〇～昭和六・一九三一年、図52）
尊王の志士

渋沢栄一といえば、「日本近代資本主義の父」と称される実業界の指導者としてのイメージが圧倒的に強い人物ですが、その渋沢が二十五歳で幕臣となり、維新後の一時期は政府の官僚であったことは、令和三年（二〇二一）の大河ドラマ『青天を衝け』でようやく知られるようになりました。

渋沢は岡部藩領の武蔵国榛沢郡血洗島村（埼玉県深谷市）で生まれましたが、生家は裕福な農家で、なおかつ収入の多い武州藍の製造・販売にも力を入れていました。

当時の北武蔵地方には、若い農民たちが進んで文武に励み、天下国家を論じあうような独特な気風があり、渋沢もそうした中で尊王攘夷思想をもつようになります。文久二年（一八六二）には江戸へ出て儒学を学び、また千葉道場へ通ったりしながら志士たちとも交わりました。翌年、ついに同志たちと攘夷を決行しようと、まず高崎城（群馬県高崎市）の攻略を図りますが、寸前のところで従兄の尾高長七郎に説得され、中止します。

そしてこの計画が幕府に知られ、身の危険を感じた渋沢は、従兄の渋沢喜作とともに京都へ行き、江戸滞在中に面識を得ていた一橋家の側用人平岡円四郎を頼ります。倒幕を唱えていた渋沢が、こともあろうに徳川一門の家に助けを求めるとは不思議な話ですが、当主慶喜は尊王攘夷を主張する水戸学を生んだ水戸藩の出身であり、この点では渋沢にとっては最も親近感をもつことができたと見られています。

一橋家の家臣となる

元治元年（一八六四）二月、渋沢は平岡の推薦で一橋家の家臣となり、三月の天狗党蜂起*1や七月の禁門の変*2に際しては、討伐軍の一員としてこれに参加しました。翌年三月、西国の一橋領へ赴くと、本務である募兵の傍ら、領内の米や特産物などの販売方法、流通経路などを調べ、藩札を兌換紙幣（金貨・銀貨と交換できる）として流通させるなどの改革を実行、一橋家の財政充実に貢献しました。こうしたことは、渋沢が十代のころから生家での藍の売買を経験していたからこそ可能だった、といえましょう。慶応二年（一八六六）三月末には勘定頭に抜擢され、無駄が多かった勘定所の改革に着手しますが、そうした過程で渋沢は、当時流通の中心地だった大坂の商人たちから、日本の物流や金融制度について実地で学んでいったのです。

*1　水戸藩内の尊王攘夷派である天狗党が筑波山で挙兵、各地で戦ったが、十二月に越前で投降した。
*2　前年の政変で失脚した長州藩が勢力回復のため京都に攻め上り、薩摩・会津両藩と戦ったが、再び敗れた。

そのまま幕臣へ

同年八月、一橋慶喜が第十五代将軍になると、渋沢は自動的に幕臣となりました。翌年正月、パリ万国博覧会に参加する徳川昭武（慶喜の弟）に従って外遊、ヨーロッパ諸国を視察しますが、渋沢は特にパリにおいて宮殿や美術館などの有名施設だけではなく、近代都市として必要な生活基盤である病院や福祉施設、下水道まで調査しています。さらに同地の銀行家から銀行のしくみ、業務内容、株式会社の設立要件、組織、貨幣制度、株式、債券、為替などについて学びました。これらのことが、その後の渋沢の活躍に大いに資するものとなったのは、いうまでもありません。

新政府の官僚となる

渋沢が帰国したのは、幕府倒壊後の明治元年（一八六八）十一月のことでした。静岡へ移り、官民出資の合本組織（株式会社）による「商法会所」を設立して、静岡藩の殖産興業に貢献しました。ところが、その能力や仕事ぶりを伝え聞いた新政府は翌年十一月、渋沢を呼び出し、出仕するよう命じたのです。渋沢は当初、静岡での仕事を続けたいとしてこれを辞退しましたが、藩からの説得もあってこれを受けました。そして民部省で租税正（局長クラス）となって、それまで誰もやったことのない税の金納化、貨幣制度や郵便制度の検討、鉄道敷設などの膨大な業務を超人的な仕事ぶりでこなしていきました。なお、もうお気づきだと思いますが、前項で紹介した前島密の直接の上司が、この渋沢栄一だったのです。

新しい諸政策を推進

渋沢はさらに、民部省の業務があまりに混乱し停滞していることに気づき、民部大輔だった大隈重信に建議して「改正掛」と呼ばれる、業務効率化を進めるためのチームを設け、自ら掛長となりました。メンバーには前島をはじめとした十二、三名ほどの若手の俊才が集められたのです。この「改正掛」は、近代日本の基礎となる廃藩置県や地租改正、国立銀行条例、富岡製糸場などの諸政策を進めるための企画・立案を行っていきました。

官僚を辞め産業人へ

しかし明治四年（一八七一）八月、大久保利通が大蔵卿になると、この「改正掛」は廃止され（渋沢は組織改正に伴い大蔵大丞〈だいじょう〉となる）、同六年五月には予算を際限なく要求してくる各省の態度に腹を立てた大蔵大輔井上馨とともに渋沢は大蔵省を辞めてしまいました。以後は第一国立銀行の総監役、次いで頭取となって、数多くの新たな株式会社の創立と発展に寄与しました。渋沢の特筆すべき点は、自らが財閥を形成して富を得るのではなく、産業界全体の発展をめざしたことでした。それは、労働団体の活動を支持するなど、経営者側ばかりではなく労働者の利益にも気を配っていたことによく示されています。さらには福祉、医療、教育、国際親善などの広範な事業にも力を尽くした、極めてスケールの大きな人物だったのです。

図53　林董

順天堂との関わり

【林董】（嘉永三・一八五〇〜大正二・一九一三年、図53）

さて、これまでとりあげてきた人々と比べると、一般的にはほとんど知られていませんが、林董〈ただす〉という人物も、幕臣でありながら後に明治政府に出仕し、外交官として業績をあげています。林は下総国佐倉（千葉県佐倉市）に蘭方医佐藤泰然の五男として生まれました（幼名信五郎）。この佐藤が天保十四年（一八四三）、佐倉に開いた塾兼診療所「順天堂」は、やがて大坂の適塾（緒方洪庵）と並び称されるようになり、これが今日の順天堂大学及び附属の順天堂医院につながっていきます。

文久二年（一八六二）、佐藤は順天堂を養子の尚中〈たかなか〉に任せて横浜に移住、信五郎を格上の奥医師（幕府の医官）林洞海の養子に出し、董三郎と名乗らせ（後に董）、今後必要になると見て英語教育を託しました。

傑出した英語の才能

林は三年間、有名なヘボン[*1]の夫人に英語及び西洋事情について学ぶと、慶応二年（一八六六）、幕府の留学生試験に合格し、翌年イギリスへ渡ります。なお出発時、実際に英語を話せたのは、十四名の留学生のうち林ただ一人だったそうです。

林はイギリスでは勉学の傍ら、武器庫や造船所、軍港、新聞社など、さまざまな施設を見学しました。しかし、当初五年滞在の予定でしたが、戊辰戦争が起こったため一年で切りあげざるをえなくなり、慶応四年六月に帰国しています。林はこの後、躊躇なく榎本軍に加わり（榎本は林の義兄だった）、箱館戦争に参加しましたが、その後の経過はご存知のとおりです。黒田清隆は、榎本が作成した『徳川家臣大挙告文』（品川沖からの脱出に際して出した檄文）の林による英訳文を見たイギリス公使パークスが、その見事さに驚いたという噂を聞いており、その高い能力を新政府にいかしたいと考えたようです。

＊1　幕末に来日したアメリカ人宣教師・医師で、初の和英・英和辞典を編纂した他、いわゆるヘボン式ローマ字をつくった。

新政府の官僚へ

出獄後、林は翻訳の仕事をしていましたが、明治四年（一八七一）五月、陸奥宗光を紹介され、以後陸奥のもとで働くことになりました。十月、岩倉使節団の話を聞き、伊藤博文に直訴して外務省二等書記官として同行を認められますが、視察中も並外れた英語能力を発揮したそうです。

帰国後、林は外務省在籍のまま工部大学校設立のための仕事を行いました。明治十五年(一八八二)には工部大書記官と宮内大書記官を兼任し、有栖川宮熾仁親王(ありすがわのみやたるひと)のロシア訪問に随行して、約半年間欧米を視察しています。

外交官として活躍

同二十四年(一八九一)、第一次松方正義内閣の外務大臣となった榎本武揚の要請で外務次官となり、続く第二次伊藤内閣の陸奥外相のもとでも留任します。そして日清戦争後の下関条約締結に関わり、その後の三国干渉[*1]では病気の陸奥に代わって林が交渉にあたりました。

ところで林は早くからイギリスとの同盟の必要性を説いていましたが、明治三十三年(一九〇〇)駐英国公使になると、同盟交渉を積極的に進め、二年後には締結へと導きました。アジアの新興国にすぎなかった日本と、ヨーロッパの強国イギリスの対等な条件での同盟締結は、画期的なことでした。これによって日露戦争をはじめとした日本の国際政治・軍事上の立場が大いに有利になったことを考えると、林の功績はまことに大きかったといわなければなりません。

日露戦争後の明治三十八年、在英日本公使館は大使館に昇格し、林は日本初の大使となったのです。翌年、第一次西園寺公望内閣では外相、明治四十四年(一九一一)の第二次西園寺内閣では逓信大臣(一時外相も兼任)をつとめ、六十二歳で死去しました。

*1　明治二十八年(一八九五)、ロシア・ドイツ・フランスが、下関条約にもとづく日本の遼東半島領有に干渉し、清国に返還させた事件。以後、日本国内ではロシアへの敵対心が高まった。

明治政府を支えた旧幕臣たち

以上、旧幕臣にして明治政府でも活躍した有名な人物を紹介してきましたが、実はこの他にも多くの旧幕臣たちが新政府を支えていたのです。

例えば明治四年(一八七一)十一月に欧米へ出発した岩倉使節団ですが、全部で五〇名の団員のうち、少なくとも一四名は旧幕臣系の人物でした。もちろん大使、副使などのトップは、公家である岩倉具視以外は薩長及び肥前藩出身の要人たちでしたが、彼らを支える書記官クラスには、既に紹介した林董など多くの旧幕臣たちがいたのです。彼らの多くは、既に外国留学の経験者や洋学を学んだ人たちでした。

この旧幕臣たちは、多くがこれまでも何回かとりあげてきた静岡藩の出身でした。同藩は、いうまでもなく徳川家が四〇〇万石からわずか七〇万石に減封されて成立したもので、二六〇〇〇人ほどいた旧幕臣たちも、その半数に減らされました(それでも本来受容可能だった約五〇〇〇人を大きく上回る)。既に幕末期の段階で他藩を圧倒する多くの人材が育っており、こうした人々を教師に採用して静岡藩は静岡学問所と沼津兵学校(その制度や教授内容はきわめて先進的なもので、諸藩や新政府も注目していた)を設立し、後に続く若者たちを指導しました。そして彼らの中から、やがて幅広い分野にわたって国家・社会の実務を主導した多くの人材が輩出したのです。

ちなみに明治十年(一八七七)における政府の役人五二一五人のうち、静岡出身者は五八〇人(一一・一%)ですが、これは薩摩藩の四四五人(八・七%)、長州藩の二九〇人(五・六%)を上回っており、これに多くが旧幕府関係者と見られる東京出身者を加えると、実に一七五〇人(三三・六%)になりました。

こうして見てくると、明治政府は確かに表面的には藩閥色が濃かったといえるでしょうが、その裾野の部分は、多くの旧幕臣たちが中・下級の実務官僚として支えていたことがわかります。明治日本の驚異的な発展には、彼らの活躍が必要不可欠だったのです。

国家は続く

さて、これまで見てきたように、近代以前における政権交代の場合でも、少なくとも中下級の実務者レベルの役人たちの多くは、そのまま新政権にも登用されたようです。当時は法律や財政などの各専門分野の業務を、特定の家が代々担当していたので、たとえ政治路線の異なる政権であっても、実務面はそうした家の出身者たちに引き続き頼らざるをえませんでした。

そしてさらに彼らの中には、ごく一部ながら新政権において高官となり、その人並み外れた才能を十分に発揮する人物もいたことは注目されます。新政権としても、たとえかつての敵方であっても、あまりにも優れた能力や豊かな経験をもつ人物は、憎しみを超えて登用し、成果をあげればこれに報いたのでした。

2 日清・日露戦争は幕末の志士たちが指揮官だった？

写真は語る

図54はこれから紹介する、ある有名な人物の若いころの写真ですが、いったい誰かおわかりでしょうか。この答えは後でご紹介しますが、それはさておき、近代日本が初めて本格的に外国と戦った日清戦争（明治二十七・一八九四～明治二十八・一八九五年）と、その十年後に起こった日露戦争（明治三十七・一九〇四～明治三十八・一九〇五年）において軍を率いた将官たちには、ある共通点が存在します。それがいったい何であり、またそれが意味するのはどのようなことなのか、以下比較的有名な七人の軍人たちをとりあげて、見ていくことにしましょう。

図54　この人は誰でしょうか？

七人の軍人たち

ここでは本論に入る前に、まずはその七人の日清・日露戦争における事績を紹介しておきましょう。

【山県有朋】（天保九・一八三八～大正十一・一九二二年、図55）

日清戦争時は枢密院[*1]の議長をつとめていたが、自ら出征を望み、第一軍[*2]の司令官となって第三・第

図55　山県有朋

五師団などを率いた。両師団間の意思疎通の悪さに苦しみながらも、平壌や九連城を攻略、さらに暴走に近い独断により海城を攻撃した。しかしここで病が重くなったため司令官を解任され（後任は奥保鞏陸軍中将）、帰国した。日露戦争時は参謀総長として全軍を統轄。なお明治二十二年（一八八九）～同二十四年（一八九一）と三十一年（一八九八）～三十三年（一九〇〇）の間、二度にわたって首相をつとめ、明治四十二年（一九〇九）に伊藤博文が死去した後は、元老の第一人者として政官界や軍部に強い影響力を及ぼした。

＊1　旧憲法下における天皇の最高諮問機関。藩閥官僚の本拠として政党・議会政治をおさえ、内閣にも影響を及ぼした。
＊2　ここで旧軍の部隊編制単位について説明しておく。一正面の作戦を遂行する能力をもつ最大部隊が師団であり、歩兵や騎兵、工兵、輜重兵（武器や食糧などの運搬にあたる）など諸種の連隊から構成される。その一つ下の単位が旅団、その下が連隊である。また、いくつかの師団や旅団がまとめられて編制されたのが、軍である。

【大山巌】（天保十三・一八四二～大正五・一九一六年、図56）

日清戦争時は第二軍司令官（陸軍大将）として第一・第二・第六師団などを率い、遼東半島の金州や旅順を攻略、さらに連合艦隊の支援を得て山東半島の威海衛をおさえた。また日露戦争では、当初は参謀総長として東京にあったが、戦局が必ずしも良くないと判断し、満州軍総司令官（陸軍元帥）となって戦地に赴き、全陸軍を統轄した。そして苦戦しながらも遼陽、沙河、旅順などで勝利し、明治三十八年（一九〇五）三月、奉天における決戦

図56　日露戦争時の大山巌

でロシア軍を撤退させた。

図57　立見尚文

【立見尚文】（弘化二・一八四五～明治四十・一九〇七年、図57）

日清戦争時は第五師団所属の歩兵第十旅団長（陸軍少将）として平壌、九連城を攻略、さらに主力軍の海城攻撃のための陽動作戦として樊家台を攻め、その後は鳳凰城を守備した。また日露戦争では、第八師団長（陸軍中将）として出征、黒溝台の会戦では大きな犠牲をともなったがロシア軍を退却させた。そして続く奉天会戦においても、苦戦しながらその勝利に貢献した。

【桂太郎】（弘化四・一八四七～大正二・一九一三年）

日清戦争の際は第三師団長（陸軍中将）として出征し、鴨緑江渡河作戦に参加して虎山を占領した。その後の進軍の中で第五師団の後方に位置することとなったため、功名心にはやる桂は、軍の命令をあえて無視して進路を変更、安東県に向かった。そして大本営の冬営方針を拒否して交通の要衝である海城を攻略、これを占領したが、清側の反撃も激しく、以後七十日余りも同地での籠城を余儀なくされた。その後、第五師団とともに軍を進め、牛荘城や田庄台などを占領した。日露戦争時は首相をつとめ、計三度にわたって政権を担当した。

図58　東郷平八郎

【東郷平八郎】（弘化四・一八四七～昭和九・一九三四年、図58）

日清戦争時は巡洋艦「浪速」の艦長（海軍大佐）として豊島沖海戦に参加、その際英船を装った輸送船（一一〇〇名の清兵や兵器を積んでいた）「高陞号」が臨検を拒否したため、国際法にもとづき撃沈（英国船員は救助）した。またこれに続く黄海や威海衛での海戦、澎湖諸島攻略戦にも加わった。

日露戦争では連合艦隊司令長官（海軍中将）として黄海海戦に勝利、旅順港を閉塞してロシア最新鋭の旅順艦隊を閉じこめることには失敗したが、陸軍の旅順攻撃によって同艦隊が壊滅したため、いったん艦隊を休め、バルチック艦隊の来襲に備えた。そして明治三十八年（一九〇五）五月二十七～二十八日の日本海海戦で同艦隊をほぼ全滅させる大勝利を得、講和への道筋をつくった。

【乃木希典】（嘉永二・一八四九～大正元・一九一二年、図59）

日清戦争の際は、第一師団所属の歩兵第一旅団長（陸軍少将）として第一師団の船での輸送を担当、遼東半島上陸後は金州城を占領した。その後、乃木旅団は海城で苦戦していた第三師団を救援するため蓋平城を占領、大平山付近でも清国軍を大いに撃破した。

日露戦争では第三軍司令官（陸軍中将、出征中に大将に昇進）として第一・第十一師団などを率い、旅順攻撃を担当した。ロシア側の要塞はきわめて堅牢であり、日本軍は多くの犠牲を払い、三回

図59　乃木希典

目の総攻撃でようやくこれを陥とした。その後第三軍は黒溝台、奉天会戦に加わり、その勝利に貢献している。

【児玉源太郎】（嘉永五・一八五二〜明治三十九・一九〇六年、図60）

図60　児玉源太郎

日清戦争時は、陸軍次官（陸軍少将）として兵員や物資の戦地への輸送・補給を担当した。日露戦争の際は、第一次桂太郎内閣の内務大臣（陸軍中将）だったが、当時最高の作戦立案能力をもっていた点が評価され、降格にはなるが参謀本部次長に転任（参謀総長は大山巌）、さらに満州軍総参謀長となって総司令官大山とともに出征し、戦地での指揮にあたった（この間、大将に昇進）。なかなか陥ちない旅順への攻撃を督励し、一時的に第三軍の指揮権を握って二十八センチ榴弾砲を急ぎ移動させ、二〇三高地の占領を実現、旅順艦隊の撃滅にも成功した。さらに黒溝台、奉天での会戦に辛くも勝利し、帰国後すぐに終戦工作を進めるよう桂首相以下要人たちに説いてまわった、という。

幕末・維新期における七人

さて、以上紹介してきた日清・日露戦争時の将官たちは、遡って幕末・維新期にはどのような活動をしていたのでしょうか。以下、個々に見ていきましょう。

【山県有朋】（図61）

長州藩士として下級役人から出発して順調に昇進し、二十代前半には既に他藩との連絡役を任せられるまでになっています。文久三年（一八六三）、高杉晋作が編成した奇兵隊*1の軍監（総督に次ぐ地位）となり、翌年八月の四国連合艦隊の来襲*2時には壇ノ浦砲台を統轄しました。慶応二年（一八六六）の第二次長州征伐*3に際しては小倉藩を攻撃、大政奉還後の同四年四月には北陸道鎮撫総督兼会津征討越後口総督の参謀となり、薩摩藩の黒田了介（後の清隆）とともに、この方面の官軍全体の実権を握りました。閏四月に越後高田城下（上越市）に到着した山県は、柏崎（柏崎市）、出雲崎（出雲崎町）と越後の海岸沿いを北東方向へ進撃した後、南東方面へ向きを変えて内陸部に入り、五月後半には激戦の末、長岡城を陥落させます。こうして八月中に越後を制圧、その後は会津攻めにも加わり、会津藩の降伏にも立ち会いました。

図61　奇兵隊軍監時代の山県有朋

*1　長州藩が実力中心主義にもとづき、武士のみでなく百姓・町人の有志も募って組織した非正規軍。これを機に諸隊と総称される同様の組織ができた。
*2　前年五月の長州藩による攘夷決行（下関海峡通過の外国船を砲撃）の報復として、英・仏・米・蘭の連合艦隊が同地域の砲台を攻撃・占領して同藩を屈服させた。
*3　幕府が再び不穏な動きを見せた長州藩に対し、二度目の征伐を決定したが、薩摩など諸藩の反対も多く、戦況も不利となり、将軍家茂の病死を機に休戦となった。

【大山巌】

薩摩藩士で、あの西郷隆盛の従弟でもあった大山は文久二年（一八六二）、国父（藩主の父で藩政の実権を握る）島津久光が幕政改革を促すために上洛した際、隆盛の弟信吾（後の従道〈つぐみち〉）らとともにその軍勢に加わります。そして彼らの一部が京都で暴走して起こした寺田屋事件[*1]に参加しましたが、両名とも若年ということで謹慎処分にとどめられました。翌年七月の薩英戦争[*2]では、やはり従道とともに第二番組として大波戸（おおはと）砲台に配属され、従道や黒田清隆、伊東祐亨（すけゆき）（日清戦争時の連合艦隊司令長官、日露戦争時には軍令部長）らとともに停泊中の英船へ西瓜売りに身をやつして切り込む決死隊に参加しましたが、失敗に終わりました。実際の戦闘では砲撃を担当しましたが大敗し、このことが契機となって大山は大砲の研究を志します。元治元年（一八六四）の第一次長州征伐、[*3] 慶応四年（一八六八）一月の鳥羽・伏見の戦い、その後東進して宇都宮や白河の戦いなどに参加、保成峠（ほなり）（福島県郡山市・猪苗代町）の戦いでは日本初の砲兵団の指揮官をつとめました。そして会津攻めでは砲撃の最中に銃撃を受けて右股を負傷、約一ヵ月入院しています。

＊1　討幕を志した一部の薩摩藩士が関白と京都所司代の殺害を企て、伏見の船宿寺田屋に集結したところを、島津久光の命をうけた同じ薩摩藩士たちにより鎮圧された。
＊2　前年八月、島津久光一行が江戸から帰る途中、横浜付近でイギリス人を殺傷したこと（生麦事件）の報復で、イギリス艦隊七隻が鹿児島を砲撃、十一月に和議を結んだ。これにより薩摩藩は、軍備の近代化を図る。
＊3　元治元年（一八六四）八月、幕府は前月の禁門の変を理由に長州藩征討軍を起こしたが、保守派が実権を握った長州藩は戦わずして屈服した。

【立見尚文】

立見は他の六人に比べて最も知名度が低いでしょうが、ここであえてとりあげたのは、最後まで幕府に忠実だった桑名藩出身だったにもかかわらず、その圧倒的な能力が新政府に評価され、軍人として昇進し、ついには日清・日露戦争で大活躍するに至ったためです。幼くして武芸や学問に秀でていた立見は、藩主松平定敬（さだあき）の小姓となり、元治元年（一八六四）に定敬が京都所司代になると、これに従って上洛し、藩の外交官として桂小五郎(後の木戸孝允)、西郷隆盛、大久保利通らと交流しています。同年七月の禁門の変[*1]に参加して長州軍を破りましたが、鳥羽・伏見の戦いでは後続軍にいたため力を発揮できず、大坂から海路で江戸に向かいました。そして大鳥圭介(幕府歩兵奉行で、後に明治政府で外交官などとして活躍)の軍に加わり、土方歳三らとともに宇都宮城を攻略します。しかし、その直後に同城が官軍に奪還されたため日光へ向かい、そこで大鳥軍と別れて藩主定敬がいた越後柏崎(桑名藩の飛び地がある)をめざしました。ここで軍を整えた際、既にその軍事的な才能を高く評価されていた立見は、桑名藩軍(総勢約二四〇人)の一番隊(後の雷神隊)の隊長兼軍事奉行に選ばれています。これに会津、水戸などの兵をあわせても六〇〇人足らずではありましたが、長岡周辺の各地で、北陸道を東進してきた約二五〇〇人の官軍と激闘を繰り返しました。特に慶応四年(一八六八)五月に行われた朝日山(小千谷市)の戦いでは、立見隊は北陸道鎮撫軍参謀山県有朋の側近時山直八(ときやまなおはち)を銃撃により戦死させるなど、大きな戦果をあげています。なお山県は、これによって立見に強い印象をもったようで、後に不遇な時期を過ごした立見が陸軍に採用される際、特別に佐官級(少佐)での出仕を認めています。

さて、立見らはこの後も越後国内で官軍と戦いましたが、次第に劣勢となり、藩主定敬を追い米沢、福島を経て庄内藩領へ入りました。ここで会津落城の知らせを聞き、ついに桑名藩軍も降伏したのでした。

*1 前年八月十八日の政変で京都での地位を失った長州藩が勢力挽回を図り京都へ進発、会津・薩摩・桑名藩の兵により退けられた。

【桂太郎】

長州藩士だった桂は、叔父で吉田松陰の親友にして第一の弟子でもあった中谷正亮(しょうすけ)の強い影響を受け、幼いころから西洋への関心を抱いていました。そして文久三年（一八六三）、奇兵隊をはじめとした諸隊の結成に刺激されて、改革派の藩士で組織された大組(おおぐみ)隊の発起人に名を連ねます。同年末に下関への出張を命じられた桂は、翌年に入って足軽以下の下士卒で編成された第二番小隊の司令となり、十七歳で初めて隊長としての任務を経験しました。その後、藩主父子に近侍、藩内保守派の排除を画策し、第二次長州征伐に際しては装条銃第二番中隊の補助長官として石州口の戦いに参加しています。

戊辰戦争が始まると、桂ははじめ後方任務に従事していましたが、慶応四年三月、長州藩第四大隊二番隊司令に任ぜられ、藩兵一〇六人、雑兵三〇人を率いて大坂を船で出発、松島を経て仙台に入りました。そして清川（山形県庄内町）方面で庄内藩兵と戦いましたが退却し、五月に奥羽越列藩同盟が結成されると、官軍は仙台と桂のいる新庄に分断され、それぞれ孤立する苦境に陥りました。桂らは活路を求めて大館、能代と移動し、七月に両軍は秋田でようやく合流（総兵力一七〇〇人）、再び庄内藩追討に出発しました。桂は一個中隊を率い、羽前国鏡沢（山形県真室川(まむろがわ)町）で列藩同盟軍と戦ってこれを退けますが、その後は苦戦が続きます。九月初め、自ら使者となって越後の松ヶ崎（新潟市）に滞陣中の西郷隆盛と会見、援軍を要請しますが、このころから戦局は好転し始め、同盟軍側の諸藩は次々と降伏、庄内藩兵も退却して終戦を迎えました。この東北における戊辰戦争での苦難は、日清戦争の際の海城での長期籠城とともに桂に戦いの難しさ、厳しさを自覚させるものとなった、とされています。

【東郷平八郎】（図62）

薩摩藩士だった東郷が体験した初めての戦(いくさ)は、文久三年の薩英戦争でした。この時、東郷はまだ十代半ば

図62　留学時の東郷平八郎

でしたが、鶴丸城二の丸を守備し、また弾丸を必死に運びました。

戊辰戦争が始まると、明治二年（一八六九）三月、官軍の軍艦「春日」の三等士官として、榎本武揚（たけあき）（幕府の海軍副総裁。維新後は明治政府の高官となる）率いる艦隊を追って東京品川を出帆します。途中、宮古湾で敵艦「回天」の襲撃を受けますが、その後北進して松前城を攻め、さらに五月、箱館戦争に参加しています。

なお東郷はこの後、自分は軍人には向いていないと思い、鉄道技師になるため海外留学を志して、幼いころから可愛がられていた西郷隆盛に相談しました。しかし西郷は、東郷に海軍士官となるための留学を勧めたため、明治四年から同十一年まで英国に赴くことにしました。結果としては、この時に学んだ知識と技術が、海軍軍人としての東郷の、その後の活躍に大きく資することとなったのです。

【乃木希典】

長州藩の支藩、長府藩の藩士だった乃木は、他の藩士たちと報国隊を組織し、第二次長州征伐の際、十六歳で山砲一門を有する部隊の長として小倉口の戦いに参加します。そして山県有朋の指揮下で小倉城一番乗りの武功をあげたとされていますが、その後の戊辰戦争への参加は、藩から許されませんでした。

【児玉源太郎】

やはり長州藩の支藩、徳山藩の藩士だった児玉は、第二次長州征伐の際、芸州口の戦いに参加しましたが、ここでは小競り合いに終始し、華々しい決戦はありませんでした。

戊辰戦争が起きると、徳山藩で討幕のために結成された献功隊の半隊司令(小隊長)に任命され(当時十七歳)、長州藩の整武隊・山崎隊などとともに会津藩・庄内藩を攻めるため、明治元年(一八六八)十月に秋田へ向けて出征します。しかし両藩は既に官軍に降伏していたため、児玉らは秋田から青森へ進み、さらに翌年四月には北海道江差へ入りました。五稜郭周辺の戦いでは、土方歳三率いる榎本軍の夜襲を受けますが、これを撃退しています。これが、実質的に児玉が兵を指揮した最初の経験でした。五月十八日に榎本軍は全面降伏し、児玉らは六月一日に品川へ凱旋しています。

西南戦争における七人

明治維新により新政権が誕生し、しばらくの間大きな戦争はありませんでした。しかし、それまでの権益を大きく奪い取られた士族たちの不満が高まり、各地で内乱が起きるようになりました。その最後にして最大の内戦が西南戦争でした。次にこの戦争における七人の軍人たちの働きぶりを見ていきましょう。

明治十年(一八七七)二月十五日、鹿児島県の不平士族ら一万三〇〇〇人は、西郷隆盛を擁して政府を尋問するため鹿児島を出発、鎮台[*1]のある熊本城に向かいました。「西郷立つ」の知らせを聞いた政府の要人たちは、当時孝明天皇十周年祭のため天皇の供をして滞在していた京都で会議を開き、同月十八日に討伐の方針を決定します。山県有朋(陸軍中将)は、陸軍の実質的な作戦指導にあたる参軍に就任(海軍は川村純忠中将)、二十四日に大阪を船で出発し、翌日には下関を経て博多に到着しました。

一方、西郷軍が迫る熊本城を守る政府軍の中には、当時熊本鎮台準参謀となっていた児玉源太郎(陸軍少佐）の姿がありました。彼はこの前年、神風連の乱（太田黒伴雄ら旧熊本藩士による反乱）で鎮台司令長官と参謀長が殺されたにもかかわらず、機敏に対応してその鎮圧に大功をあげていました。児玉らは征討軍の来援を待って籠城することとし、簡単に占領できるだろうと高を括っていた西郷軍に対して、頑強な抵抗を続けたのです。このため西郷軍は方針を変更、城を攻める全軍の一部を割いて北上させました。この動きを止めたのが、歩兵第十四連隊（本拠地は小倉、一部は既に熊本城に入っていた）を率いて南下してきた同連隊長心得の乃木希典（陸軍少佐）でした。乃木は二月二十二日、熊本の北方、植木（熊本市）付近で西郷軍と激闘の末後退しますが、その際連隊旗手が戦死して軍旗を敵に奪われるという失態を演じてしまいます。*2 しかし、その後まもなく征討軍が来援し、乃木の連隊も戦い続けて西郷軍に圧力を加えていきました。三月四日からは有名な田原坂をめぐる攻防となり、山県が指揮する征討軍は、同月二十日には西郷軍の守備を突破しました。なお二月二十七日の戦闘で負傷し、久留米の軍団病院に入院していた乃木も、三月十九日、まだ傷が治りきらないうちに病院を脱走、戦線に復帰しています。

一方、熊本城では持久戦が続いていましたが、山県は黒田清隆に一旅団を率いて長崎から海路で八代南方に上陸し、西郷軍の背後をつくよう命じました。そして四月十二日に総攻撃が行われた結果、籠城軍と征討軍の連絡がつき、戦局は征討軍の優勢へと動いていきました。この後も六〜八月にかけて西郷軍は人吉、宮崎、延岡などで征討軍を苦しめますが、八月十五日に延岡の北方、和田越での決戦に敗れ、大勢は決しました。

なお、このころようやく戦線に加わったのが立見尚文でした。高知裁判所の所長代理（徳島支庁）をつとめていた三月、立見は突然政府から一軍（新撰旅団）を指揮して西郷軍を討つように命じられたのです。そこで故郷である桑名をはじめとした各地からの志願兵四二〇〇人余りとともに旅団の参謀副長（陸軍少佐）として七月、船で東京を出発、神戸を経て同月二十日に鹿児島へ上陸しました。そして敵軍を求め都城、宮崎へと進み、八月一日にようやく前線へ到着します。しかし和田越の決戦に際して、立見の旅団は敵の正面ではなく、迂回して退路を塞ぐ役割を命じられたため、めだつ活躍はできませんでした。敗走する西郷軍を追って鹿児島に戻った立見らは、ついに城山に籠もった西郷勢を攻撃する機会を得ました。九月二十四日に総攻撃が行われ、立見の旅団は敵の本営に突撃しましたが、それを上回る功績をあげたのは曾我祐準（すけのり）少将率いる第四旅団だったようです（図63）。

大山巌（陸軍少将）は、当初別働第一旅団長として九州入りしましたが、この旅団は他の旅団に兵を補充するために解散となりました。そのため自身は山県のもとで本営にあって作戦指導にあたる一方で前線指揮も行うなど、忙しく立ち回ったのです。そして最後の城山総攻撃は、大山が指揮した砲撃によって開始されたのでした。

なお、当時桂太郎はドイツ、東郷平八郎はイギリスにそれぞれ留学ないし在勤中であり、西南戦争には参加していません。

図63　西南戦争錦絵（城山の戦い）

＊1　治安維持・外敵防御のためにおかれた陸軍司令部で、当時は熊本のほか東京、仙台、名古屋、大阪、広島にあった。明治二十一年（一八八八）に廃止、師団となった。

＊2　軍旗は天皇が連隊に親授するきわめて神聖なものとされたため、この時は仕方ないことと罪には問われなかったが、乃木は生涯自責の念をもち続けた。

「ラスト サムライ」たちによる明治期の戦争

　以上見てきたように、日清・日露戦争において軍を率いた人々は、十代後半〜二十代後半の時に幕末・維新期の実戦を経験した武士、いわば「ラスト・サムライ」たちだったのです。ここで図54の種明かしをしますと、これは既に本論で紹介した桂太郎（図64）の幕末期の写真でした。いかに幕末・維新期から明治末期までの日本が激変したのか、ということがよく示されている写真だとお思いになりませんか。これに対し佐官クラス以下の人々は、当然ながらそうした実戦経験は、ほとんどありませんでした。戦争に際して、実戦経験のある軍人がいた方が圧倒的に有利であることは、私たちでも容易に想像できます。現に大山巖は日清戦争の際、第二軍司令官という全体を統轄する立場にありながら、実戦部隊の長である師団長のように、作戦会議でも積極的に発言し指示を与えました。これは一つには大山自身のこの戦争に対する覚悟を示していましたが、もう一つ、参謀として作戦立案にあたる佐官級の人々が実戦を経験していなかったことに配慮したため、とも見られているのです。

図64　桂太郎

　西南戦争が起こった時、「ラスト・サムライ」たちのほとんどは、軍の中級将校として再び戦いました。ここで既に紹介した人々の他にも、野津道貫（みちつら）や奥保鞏（おくやすかた）（立見尚文と同様、旧幕府側の小倉藩出身）、黒木為（ため）

槙、川上操六などの、やはり日清・日露戦争において軍司令官や師団長、大本営参謀兼兵站総監など高級将校として活躍した軍人たちが従軍しています。しかし征討軍の一般兵たちの多くは、徴兵令によって集められた平民（農民や商工業者）たちでした。そのため指揮官が先頭に立って進軍を命じても、おびえて続くことができない兵たちもいたそうです。そこで政府側も全国各地から警視庁巡査として徴募した士族たち（中心は西郷には従わなかった旧薩摩藩士）を別働第三旅団や立見の新撰旅団などに編入し、激戦地に投入したのでした。会津など東北地方から志願してきた者も多く、彼らは幕末・維新期に自分たちにひどい仕打ちをした薩摩人に復讐するのだと、高い戦意をもって戦場に臨んだようです。そしてもちろん征討軍には、軍備を含む物量面で圧倒的なアドバンテージがありました。そうした意味で西南戦争は、武士どうしが激突した日本史上最後の戦いであったのと同時に、国民皆兵の原則にもとづく徴兵軍が、初めて本格的な実戦を経験したできごとでもあったのです。

そして日清・日露戦争は、そうした豊富な実戦経験をもつ軍指導者たちが、その後一層の近代化が進められた徴兵軍を率いて戦ったため、一定の軍事的成果をあげたといえましょう。彼らは、いずれの戦争も日本にとって大変厳しい状況の中で開戦せざるをえなかったことをよく自覚しており、それゆえ講和の潮時というものを絶えず意識しながら戦っていました。そのため、軍事的に圧倒的勝利を収めていなかった（特に日露戦争はぎりぎりのところで講和にもちこんでいる）にもかかわらず、一定の外交的成果を得ることができたのです。

これに対し、アジア・太平洋戦争を戦った昭和の軍人たちはどうだったでしょうか。彼らにはこれといった大きな実戦経験はなく、あったのは途中の困難やぎりぎりの状態でのせめぎあい、という実情が忘れ去られ、結果としての「大勝利」という美名のもとに残された、過去の栄光に寄りかかった傲慢な自信だけでした。その結果がどのようなものになったかは、皆さん御存じのとおりです。

◇

政権トップの交替があり、また国家体制が大きく変わったとしても、実際に国家を運営していく上で必要不可欠な行政・軍事面などでの専門知識や経験、技能をもつ人々の少なくとも一部は、新たな時代にも引き続き重用され、活躍していたことがおわかりになったと思います。私たちは時代が変わると、国家・社会の何もかもが変化したような印象をもちがちですが、これまで見てきたように、変化した部分のみに注目するのではなく、一貫した部分について、つながりを意識しながら考えていくことも重要といえるのではないでしょうか。一人の人間と考えた場合、時代を超えて生き続けていくことの方が、むしろ普通なのですから。

《参考文献》

〈1　政権スタッフのつながり〉

・五味文彦『武士と文士の中世史』(東京大学出版会、一九九二年)
・目崎徳衛「鎌倉幕府草創期の吏僚について」(同『貴族社会と古典文化』吉川弘文館、一九九五年、初出一九七四年)
・上杉和彦『大江広元』(吉川弘文館、二〇〇五年)
・五味文彦「在京人とその位置」(『史学雑誌』八三―八、一九七四年)
・森茂暁「建武政権の構成と機能」(同『南北朝期公武関係史の研究』文献出版、一九八四年、初出一九七九年)
・佐藤進一「室町幕府開創期の官制体系」(同『日本中世史論集』岩波書店、一九九〇年、初出一九六〇年)
・　同　「鎌倉幕府職員表復原の試み」(同『鎌倉幕府訴訟制度の研究』岩波書店、一九九三年、初出一九八三～一九八七年)

・細川重男『鎌倉政権得宗専制論』（吉川弘文館、二〇〇〇年）
・森幸夫『六波羅探題の研究』（続群書類従刊行会、二〇〇五年）
・松浦玲『勝海舟』（中央公論社、一九六八年）
・石井孝『勝海舟』（吉川弘文館、一九七四年）
・加茂儀一『榎本武揚』（中央公論社、一九六〇年）
・星亮一『大鳥圭介』（中央公論新社、二〇一一年）
・山口修『前島密』（吉川弘文館、一九九〇年）
・今井博昭『渋沢栄一』（幻冬舎、二〇一九年）
・岩崎洋三「林董」（米欧亜回覧の会・泉三郎編『岩倉使節団の群像』ミネルヴァ書房、二〇一九年）
・樋口雄彦『旧幕臣の明治維新』（吉川弘文館、二〇〇五年）
・田中彰「大久保政権論」（遠山茂樹編『近代天皇制の成立』岩波書店、一九八七年）
〔2　日清・日露戦争は幕末の志士たちが指揮官だった？〕
・井上清『日本の歴史20　明治維新』（中央公論社、一九六六年）
・三戸岡道夫『大山巌』（ＰＨＰ研究所、二〇〇〇年）
・星亮一『沈黙の提督』（光人社、二〇〇一年）
・神川武利『伊東祐亨』（ＰＨＰ研究所、二〇〇二年）
・　同　『児玉源太郎』（ＰＨＰ研究所、二〇〇四年）
・宇野俊一『桂太郎』（吉川弘文館、二〇〇六年）
・柘植久慶『常勝将軍立見尚文』上・下（ＰＨＰ研究所、二〇〇八年）
・　同　『黒木為楨』（ＰＨＰ研究所、二〇一〇年）
・伊藤之雄『山県有朋』（文藝春秋社、二〇〇九年）
・桑原嶽『乃木希典と日露戦争の真実』（ＰＨＰ研究所、二〇一六年）

第3章

夷を以て夷を制す(付、悪を以て悪を制す)

つながりの視点

反抗する勢力を討つ際に、
それらと本質的には変わらない別の勢力の力を用いることが、
日本の歴史上でも何度かありました。
具体的にはどのようなことだったのでしょうか。
これと似たようなこととして、やはり時代を超えて用いられた、
悪を以て悪を制するやりかたの具体例とあわせて、
以下見ていきたいと思います。

1 夷を以て夷を制す

平将門の乱と藤原秀郷

群党の蜂起と押領使の活躍

九世紀末から十世紀初めにかけて、坂東諸国(関東地方)では群党の蜂起が続きました。この群党とは、律令制にもとづく土地や税の制度が変質していく中で、農地を開発し、農民たちを雇って大土地経営を行って、「富豪之輩」と呼ばれるようになった人々をさします。彼らは税を徴収したり、税や調庸などを京都へ運搬したりするために国司から用いられるようになって、社会的地位を高める一方で、税の未納分を補塡(ほてん)させられるなどして、その経営は圧迫されていきました。これにより彼らは、徒党を組んで地方に国司が立ち入れない荘園をもつ中央の貴族や大寺社とつながって、輸送中の税を略奪したり、国司の属僚化が進み、政治的地位が低下していた郡司などと結んで国司や国府を襲撃するようになったのです(「僦馬(しゅうば)の党」)。

政府は、こうした群党を鎮圧するため、受領(ずりょう)(国司の長)の軍事動員権を強化した他、この命令下で兵士たちを指揮して、実際に反乱鎮圧にあたる押領使(おうりょうし)を国ごとに任命しました。そして、この押領使となったと見られているのが、高望王(たかもちおう)(平高望、桓武平氏の祖)や藤原北家魚名(うおな)流の藤原秀郷などといった人たちでした。

彼らはそのまま坂東の地に土着し、在地の豪族たちと姻戚関係を結んで勢力を拡大させ、自らの軍事力や経済力を用いて受領に任ぜられるなど、その政治的地位を向上させることをめざしていったのです。

将門の乱の勃発

その高望王の孫にあたる平将門（図65）も、下総国猿島郡石井（茨城県坂東市）を拠点とする一方、若いころから藤原忠平（人臣初の関白となった基経の子）に仕えていました。しかし、父良持の死を機に坂東へ下向し、やがて伯父平良兼と対立、承平元年（九三一）に合戦を起こします。そして同五年二月には、常陸西部に勢力をもつ源護と平真樹との争いに巻き込まれ、護と結んでいた伯父平国香や護の子息たちを討ってしまいました。これにより、さらに叔父良兼や平良正（兄弟説もある）、国香の子で将門とは従兄にあたる貞盛（後に清盛を輩出する伊勢平氏の祖）との戦闘に拡大していきます。

翌承平六年（九三六）十月、将門は護の訴えにより京都へ呼び出され、裁判を受けますが、国香らに父良持の遺領を奪うねらいがあった、などと訴えたことが認められたためか軽い罪で済み、翌年には許されて帰国できました。

これにより坂東での争いが再燃しますが、将門軍は優位を保ちました。そうした中、貞盛は天慶元年（九三八）二月、こうした一族間の争いに関わることは自らの出世に不利とみて、密かに東山道を通って上

図65　平将門　（築土神社所蔵）

洛を図ったのです。ところが将門は、この貞盛の行動を政府に自分のことを訴えるためのものと疑い、兵を率いて信濃国の千曲川（長野県上田市）まで追撃しましたが、取り逃がしてしまいました。結局貞盛は、これもあって政府に将門のことを訴え出たのです。

同年、武蔵で権守興世王や介源経基（清和源氏の祖）らの国司側と、足立郡司武芝との対立が起こったため、同年末か翌年春に将門が介入し、一度は両者を和解させることに成功しました。しかしその後、経基が武芝の軍勢によって囲まれたため、これを将門と興世王の企みと誤解して上京し、「将門に謀叛の意思あり」と訴え出てしまうのです。同じころ、貞盛の訴えにもとづく政府の対応が始まっていましたが、この時点では政府内には将門を擁護する意見もあり、方針はなかなか定まりませんでした。

ところが天慶二年（九三九）十一月、今度は貞盛と結ぶ常陸の土豪藤原玄明が、国守藤原維幾と対立して国庁（現在の県庁にあたる）の倉庫から官物（税や貢納物）を奪って逃走し、将門を頼るという事件が起こりました。将門は玄明に同情して出兵し、常陸国庁を占拠してしまいました。さらに次々と坂東諸国をおさえ、十二月十九日には上野国庁において自ら「新皇」と称し、除目（人事異動）を行って、将門の兄弟や有力な郎等たちを坂東各国の国司に任じます。このうち常陸・上総・上野では国司二等官である介としたのは、一等官の守は親王が任ぜられるきまりがあったためです。このことから、将門は坂東の独立をめざしていたわけではなく、坂東の占領という事実を背景に政府と交渉し、自らの要求（おそらくは自らとその配下の坂東における治安維持の功績を認めて、位階や官職を授かることなど）が受け入れられれば、占領をやめるつもりだったのではないか、との見方もなされています。

同じ坂東武士に鎮圧させる

一方政府は、将門が坂東諸国の国庁を襲撃したとの知らせを聞いて、それまでの宥和的な態度を一変させました。なぜなら、それまでの行動が坂東平氏の一族間の争いという私闘であったのに対し、政府の出先機関ともいうべき国庁を襲撃したのは、明らかに反乱の意思ありと見なされたからです。

政府は、時を同じくして起こった藤原純友の乱(後述)ともあわせて、すぐさま対応策をとりました。翌天慶三年一月、藤原忠舒・小野好古らを追捕使に任じて出兵させ、ついで東海・東山両道諸国に将門追討の官符(政府命令)を下します。さらに将門に荷担していない坂東武士八人を各国の掾(三等官)に任じ、押領使も兼帯させ、恩賞を約して政府軍への参加を呼びかけました。

結局将門は、こうして強大化した政府軍と二月十四日に猿島の原野で戦い、敗死しますが、この時大きな功績をあげたのが、掾と押領使に任ぜられた平貞盛と藤原秀郷でした(将門は貞盛によって射落とされ、秀郷がその首をとったという)。

罪人だった藤原秀郷

ところが、この藤原秀郷(図66)という人物は、これ以前においては政府にとってかなり厄介な存在だったのです。秀郷の曾祖父にあたる藤成が下野の在地豪族と姻戚になり、その子豊沢は押領使となって、同国の軍事・警察権を握りました。ところが『日本紀略』という歴史書によると、延喜十六年(九一六)

図66　藤原秀郷「龍宮城蜈蚣射るの図」(月岡芳年『新形三十六怪撰』より)

八月十二日にその孫にあたる秀郷を罪人として他の十七名とともに、配流するよう重ねて政府が命じているのです。ここで気になるのは、「重ねて」とあることで、既にこれ以前に配流命令が出されていたにもかかわらず、それが実行されていなかったと判断できるのです。さらに延長七年（九二九）五月にも、下野国衙（こくが）が政府に秀郷の「濫行（らんぎょう）」（乱暴なふるまい）を報告し、それをうけた政府がその糾明のために、下野ばかりでなく近隣諸国からも兵を差し向けるよう指示したことが、『扶桑略記』という歴史書に記されています。これより、この時の秀郷の行動は、下野一国を越えた相当大規模なものだったことがうかがえます。つまり秀郷は、一面では国衙に従ってその強大な軍事力により地域の治安維持に尽力する一方で、何らかの事情で国衙と対立し、その結果政府や国衙から「罪人」と見なされるような「濫行」をする場合もあるという、かなり独立性の高い存在だったのです。しかも彼は一四二頁で紹介した「富豪之輩」を従えており、その点では平将門と何ら変わるところはないのです。*1 京都女子大学の野口実氏は、「ひょっとして何かのきっかけがあれば、秀郷と将門は歴史的評価の上でその立場を入れ替えていたかもしれない」と指摘しています。

危険きわまりない秀郷たちに頼らなければ、この将門の乱を鎮圧することはできなかった、ということになります。

*1　したがって、これ以前に秀郷が押領使として群党を鎮圧したというのも、実態は彼らとの妥協によるものであった可能性が高い。

藤原純友の乱

純友は海賊だったのか

この将門の乱と同時期に乱を起こしたのが、藤原純友です。この純友の立場をどのように考えるかによって、乱のとらえ方も異なってくるのですが、この点をめぐっては説が分かれているのが現状です。

まず純友の出自について、以前は伊予（愛媛県）の豪族出身とする考え方が主流でしたが、近年では藤原北家長良流、良範（よしのり）（忠平の従兄弟）の子とする説が有力になっているようです。この良範の従兄弟にあたる伊予守元名（もとな）が、純友に当時問題となっていた海賊の追捕をさせるべく、伊予掾（じょう）に任じたと思われます。

そもそも西国では、これ以前の九世紀半ば以降に海賊の動きが活発化していました（この背景は、平将門の乱のところで説明したことと同様に、西国富豪層の反発と見られている）。これに対し、例えば備前（岡山県南東部）では元慶七年（八八三）、勇敢な浪人二二四人に武器や舟、糧食を支給して要害の地に住まわせ、警備させています。中世史家の福田豊彦氏は、この「勇敢な浪人」とは海賊に他ならず、この時期政府は「夷を以て夷を制す」の方針をとっていた、と指摘しています。

その後、いったん海賊の活動は沈静化しますが、承平元年（九三一）には半世紀ぶりに瀬戸内海に海賊が出現しました。そして同六年、海賊たちは追捕南海道使にして伊予守と左衛門権佐（さえもんごんのすけ）を兼ねた紀淑人（きのよしと）に従いましたが、この際、実際に追捕にあたった藤原純友の立場は「海賊」、あるいは「前掾」というように、史料によって大きく異なっているのです。仮に前者が正しいとすると、ここでも政府は海賊を以て海賊を抑えさせている、ということになります。この点について愛媛大学の松原弘宣氏は、純友自身が、というより彼が組織した集団の中に海賊が存在したと考えるべきではないか、と主張しています。確かに承平六年（九三六）三月に海賊追捕の命令を受けた純友が、翌四月に海賊の根拠地となっていた伊予に到着すると、六月には海賊たちは投降していて、その間大きな抵抗を示さなかったと見られることから、本来彼らとの関係が深い純友との妥協という形で投降が実現したと見る方が自然かもしれません。

純友の乱の勃発

この後、純友をはじめとした海賊平定に尽力した政府の下級武官や掾クラスの人々は、伊予など瀬戸内海沿岸諸国に土着します。しかし彼らへの政府からの恩賞はなく、かえって国司による厳しい圧迫を受けました。天慶二年（九三九）十二月、純友の仲間である藤原文元が摂津国須坂駅（兵庫県芦屋市か）において備前介藤原子高と播磨介島田惟幹らを襲撃したのは、こうした背景があってのことと考えられています。この事件に純友が関与しているかどうかは微妙ですが、翌年四月になると、瀬戸内海全域での海賊集団の動きを統括できなくなり、六月ついに政府は純友の追捕を決定します。純友軍は次第に追い詰められ、天慶四年五月に博多津での戦いに敗れた純友は、六月に伊予で処刑され、乱は終結しました。

将門追討軍を投入

ところで、その前年三月の一ヵ月間、政府軍が出兵したものの反乱軍側とにらみあいの状態を続けた理由について、広島大学の下向井龍彦氏は、将門追討に投入された軍勢を再投入するための時間稼ぎだった、と指摘しています（将門の乱は同年二月に鎮圧）。したがって、ここで編制された純友追討軍のなかみは、政府の下級武官と東国から転戦した（藤原秀郷と同じような立場の）有力武士たちであり、その配下は将門の乱や純友の乱に参加したのと同じ「富豪之輩」と呼ばれる人々でした。つまり同じ階層の人々でも、一方は国司の収奪に反発して乱に加わり、もう一方は政府軍に従って恩賞や出世を求めていた、ということになるのです。

前九年合戦と安倍・清原氏

蝦夷を移住させる

律令国家がその領域を拡大させていく中で、東北地方に住む蝦夷（えみし）と呼ばれた人々への対応が大きな問題となりました。このことについて、主に下向井氏の研究にもとづき、見ていきます。

政府は七世紀半ば以降、柵（城柵、軍事・行政施設）を設けて経営の拠点とし、その中心を陸奥では多賀城（宮城県多賀城市、**図67**）、出羽方面では秋田城（秋田市）と定めました。しかし八世紀末になると、いったん帰順した蝦夷の豪族らが反乱を起こし、以後政府は三十数年にわたってこれを平定するための戦争を続けます。[*1] その際に多くの蝦夷

図67　多賀城正殿跡

たちが帰服してきましたが、政府は彼らを俘囚（律令国家に服属した蝦夷に対する呼び名）として国内各地に強制移住させました。移住先は、わかっているだけでも四十四ヵ国で、実際にはほぼ全国に及んだものと推測されています。これは、俘囚をそのまま住まわせていると、再び反乱を起こすかもしれず、現地での管理・支配が困難なので、律令国家内の地に移すことにより、一般の公民と同化させようとしたため、と考えられています。

移住先の国司（以下受領とする）は、政府の指示により俘囚たちの調・庸を免除した上で食糧や燃料を支給するなど、寛大な姿勢で彼らを教化しようとしました。さらには役所に招いて饗応などもしたため、俘囚の中には次第に受領への忠誠心を深め、その傭兵となる人たちも現れたのです。彼らは受領のいわば手先として、郡司や「富豪之輩」から未進分の税の取り立てなどに用いられました。

しかしその一方で、一部の俘囚は馬を奪って彼らの習俗である狩猟にあけくれるなどして、一般の人々の生業を妨害しました。一般の人々はこうしたことに加え、俘囚たちへ与える糧食などの負担を課せられていたので、彼らに対し反感や敵意を抱いたようです。さらに差別は続いていたので、弘仁年間後半（八二〇年ごろ）になると、公民となって調・庸を負担したいと申請する俘囚も現れました。

やがて九世紀半ば以降、政府は従来行ってきた俘囚に対する厚遇をやめたため、不満を抱いた俘囚は各地で反乱を起こしました。これを「富豪之輩」とともに鎮圧したのは、反乱に加担せず動員された俘囚たち自身でした。つまり同じ仲間が、反乱軍と政府軍に分かれて戦ったのです。しかし、それでも俘囚の群党化が続いたため、政府は九世紀末に政策を転換し、各地に移住させていた俘囚たちを陸奥に戻すこととしました。彼らは辺境の防衛と、荒田の再開発に用いられたのです。

＊1 なおこの間に、蝦夷の兵士たちが駆使していた騎馬戦術が中央政府の武士たちに伝わった、とされる。

東北を俘囚に委任統治させる

さて、話は少し戻りますが、征夷大将軍坂上田村麻呂は、延暦二十年（八〇一）に蝦夷の本拠地であった胆沢（岩手県奥州市）を制圧（実際には蝦夷勢力との妥協によるものだった）、翌年同地に城を築き、鎮守府（蝦夷追討のため陸奥におかれた軍政府。長官は鎮守府将軍）は蝦夷社会内部の支配関係を利用して、これらの地域の統治を俘囚のリーダーたちに委ねています。

やがて鎮守府将軍には、軍事的に俘囚を統括できる有力武士（坂東で群党を抑えた平高望や藤原秀郷などの子孫）が任ぜられるようになり、その支配は略奪的なものに変わりました。これに手を焼いた陸奥国司は十一世紀前半、政府に将軍人事の停止を求め、かわりに有力な俘囚のリーダーである安倍忠良に奥六郡[＊1]を支配させます。すると忠良の子頼良は、六郡内の俘囚たちを従えて強大化し、ついには国司が行う検田（土地調査）や税の納入まで拒むようになりました。

＊1 十世紀、陸奥国中部におかれた胆沢・江刺・和賀・紫波・稗貫・岩手の六つの郡の総称。

前九年合戦の勃発

永承六年（一〇五一）、時の陸奥守藤原登任は安部頼良を攻めましたが、逆に敗れて逃げ帰ってしまいました。そこで政府は同年、武門としての名声を高めていた河内源氏の嫡流である源頼義を陸奥守に任命（後に鎮守府将軍も兼任）、頼義は翌年陸奥国府に着任しました。このころ、検注妨害の罪に問われていた安倍頼良は上東門院藤原彰子（道長の娘で一条天皇中宮、後一条・後朱雀天皇の母）の病気による大赦で許されたため、これを喜んで、頼義に臣従し、さらに名前の音が「よりよし」と同じであるため、これを憚って頼時に改めました。

こうして頼義の陸奥守任期中の四年間は、安倍氏がその支配に従って検注や税の納入にも応じたため無難に経過し、最終年（天喜三・一〇五五年）を迎えました。ところが頼義が最後の徴税のため管内を巡検していたところ、配下（藤原光貞ら）の従者や馬が何者かに殺傷されるという事件が起こります。光貞は、これを頼時の子、貞任の仕業だ（光貞の妹を貞任から妻に迎えたいと求められたのを断ったため、これを恨んでいたと判断した）と頼義に訴えました。そこで頼義は貞任を呼び出そうとしますが、頼時はこれを拒み、衣川関を封鎖してしまいます。＊1

頼義からの報告を受けた政府は翌年八月、頼時追討宣旨を下しました。これにより追討軍が編制されましたが、途中トラブルが起きていったん解散します。そして再び十二月に陸奥守に任ぜられた頼義は翌天喜五年（一〇五七）七月、（坂東武士を帰国させていたため）奥六郡の北側に勢力をもつ夷狄（政府の力が及ばない東北の勢力）である、安倍富忠に協力を求めました。これを思いとどまらせようと富忠のもとへ赴いた頼時は、途中で富忠の兵に討たれてしまいますが、子の貞任らは、なお抗戦を続けました。十一月、再び政府から追討官符を得た頼義は、坂東武士を動員して出兵しますが、貞任軍に敗れて国府に退きます。逆に安倍氏は衣川以南の諸郡に進出し、納税は国府（頼義）にではなく、わが方にせよと命じるほどの勢威を示したため、頼義はなすすべもなく四年の任期を終えてしまいました。

＊1　なお、このできごとは従来、陸奥守の重任（ちょうにん）（収益をあげるため、引き続き同じ官職につくこと）を望んで頼義がしかけた謀略によるものとされてきた（合戦をわざと起こし、それを鎮めれば昇進のチャンスとなる）。しかし近年、中世史家の元木泰雄氏は、頼義はこのまま任を終えても相応の恩賞を与えられたはずで、わざわざ自ら戦闘にもちこんだとは考えにくく、これはむしろ頼義離任後に安倍氏が再び力をふるうことを恐れた国府の役人たちの策動によるものである、と主張している。

清原氏対安倍氏の構図へ

康平五年（一〇六二）になっても政府は対応策を打ち出せなかったため、ついに頼義はこれを無視して貞任を追討すべく、今度は出羽（山形・秋田県）の俘囚の主であった清原氏に協力を求めました。その際、頼義は清原氏に対し財宝を贈ったばかりか、主君と仰ぐほどの低姿勢をとったそうです。清原氏はこれに応じ、同年七月、追討軍が編制されますが、そのほとんどは清原氏の勢力で占められていました。九月の決戦に敗れた安倍軍は北へ退き、厨川柵（くりやがわの）（盛岡市）での戦いで貞任が討たれたため、安倍氏一族は次々と投降、ここにようやく戦乱は終結しました（前九年合戦）。

この戦いは表面上、源頼義が俘囚のリーダー安倍氏の反乱を鎮圧したという形に見えますが、これまで述べてきたように、実質的には同じ俘囚である清原氏による安倍氏攻撃といえるものでした。そしてその結果は、第一の勲功をあげて清原氏の嫡流となった清原武則が鎮守府将軍に任ぜられ、それまでの出羽山北三郡（山本・平鹿（ひらか）・雄勝（おがち））に加えて、安倍氏が握っていた奥六郡をも治めるようになったことでもわかるように、中央政府の支配が及んだというより、陸奥・出羽の実質的支配者が同じ俘囚である安倍氏から清原氏へ交代したことを意味しているのです。

そもそも安部氏・清原氏は俘囚なのか

このように、安倍氏も清原氏も同じ俘囚と見ると、正に「夷を以て夷を制す」というやり方にあてはまるのですが、近年岩手大学の樋口知志氏は、この考え方に疑問を呈しています。すなわち氏は、まず蝦夷系の豪族が「安倍」や「清原」の姓を名乗れるとは考えにくいこと、そもそも奥六郡の主になっていたり、また秀郷流藤原氏や桓武平氏と婚姻関係を結んでいる点でも、純粋な蝦夷系の豪族とは思えないこと、などを指摘しています。そしてその上で、これら二氏は、九世紀末期に鎮守府将軍（鎮守府将軍の正式な呼称）や秋田城司（北辺の防備を担う秋田城介の代行者）として政府から派遣された安倍・清原氏を始祖とし、その後、現地の蝦夷系有力者一族の女性と婚姻し土着していった者たちではないか、と推測しています。説得力のある考え方ですが、仮にこれが正しいとしても、十一世紀後半における両氏は、かなり土着性の高い豪族になっていたと思われ、やはりその場合でも前九年合戦が「夷を以て夷を制す」のやり方で終結した、と見てよいのではないでしょうか。

後三年合戦と奥州藤原氏の成立

なお、この後、清原氏に内紛が起こり、これに永保三年（一〇八三）九月、陸奥守兼鎮守府将軍として赴任した源義家（頼義の子）が介入し、翌年から数年間戦闘が続きました（後三年合戦）。最終的には武則の孫、家衡が討たれ、義家の支持を得た家衡の異父兄弟、清原清衡が安倍・清原両氏の所領を支配し、実父の姓に復して藤原清衡を名乗ります（奥州藤原氏の始祖）。

義家は、これを清原氏一族の謀叛として政府に追討官符を出すよう求めますが、政府はこれを私合戦として応じませんでした。一般には、このため義家が私兵を率いて戦った結果、源氏と東国武士との私的関係が強まった、といわれています。しかし、この点についても元木氏は、実際には参戦した東国武士は少なく、兵力の大半は反家衡方の清原一族であったことを指摘した上で、従来説を否定しています。

2 悪を以て悪を制す

鎌倉幕府の判決の実行者

はじめは当事者が行った

「一所懸命」という言葉があるように、中世武士によって最も大切だったのは、生活し、家を存続させていくための基礎となる所領を維持・拡大させていくことでした。そのために主君に従い、軍務を果たしたりして奉公に励むわけですが、近隣の武士や寺社、公家などと土地の領有をめぐって相論が起きることも珍しくありませんでした。訴えを受けた幕府はそれを裁定し、勝訴した者へその旨を伝えますが、鎌倉時代の後期くらいまでは、その判決を実行させるために幕府が役人や兵を出す、ということはありませんでした。各国の責任者である守護も、当時は原則として軍事・警察権しか行使することはできなかったので、本人自身が(おそらく他の近隣武士や一族の力を借りて)実行しなければならなかったのです。

難しかった判決の実行

それが鎌倉末期に至って、ようやく守護がこれを担当するようになり、現地には守護代ともう一人の武士(あるいは二名の武士)を派遣して(実際には彼らの従者たちも同行したものと思われるが、全体で何人くらいだったのかを示す史料は残っていない）、土地の敗訴者から勝訴者への引き渡しを行いました。

しかし、それでも判決内容の実行は、なかなかスムースにはなされませんでした。例えば建武五年（一三三八）二月九日、肥前（佐賀県）の深堀政綱という武士は、鎮西管領（室町幕府が九州を統括するため博多に設置した役所とその長をさす）一色範氏から、軍功に対する恩賞として肥前国伊佐早荘（佐賀県諫早市・長崎市）内の地を与えられました。範氏は、部下二名に現地へ赴いて、政綱への土地の引き渡しを行うよう命じますが、元の所有者が抗議したため実行できません。そこで二年後の暦応三年（一三四〇）五月四日に、再び二名の部下に土地引き渡しの実行を命じました。ところが二名がその後提出した復命書によると、元の所有者は、その問題の土地に城郭を構えて二人の立ち入りを妨害した、というのです。この場合は裁判ではなく、幕府方として戦った武士に対する恩賞給付ですが、その対象地の所有を主張している人物が敵方なのか、直接関係がないのかはわかりません。そもそも敵方ではない者が所有していたとすれば、幕府はそれを承知していなかったことになります（こうしたことも決して珍しいことではなかった）が、敵方の土地だったとしても、戦いに敗れたからといって、本人が生きている限り、自らの所領を素直に相手に引き渡すことはありませんでした。

抵抗者が執行者に

そこで問われてくるのが、この引き渡しを実行する二名の使節（両使という）の実力、ということになります。ここからは前著『史料で解き明かす日本史』でも紹介したことですが、元亨四年（一三二四）から延文三年（一三五八）までの伊賀国（三重県西部）における幕府の判決を実行する使節を何度もつとめている柘植げ・服部はっとりといった人たちは、一面では他人の土地を不法に支配しているとして、しばしば訴えられている立場にもありました。つまり、幕府としては、抵抗されることの多い判決を実行するためには、そうした地域の実力者に委ねざるをえなかった、ということなのでしょう。

江戸時代の目明しの実態

時代劇ではヒーローだが

代表的な時代劇の一つ、『銭形平次』(原作は野村胡堂の小説『銭形平次捕物控』)の主人公平次親分は、正義のヒーローとして描かれています。犯人を捕らえる決め技は投げ銭で、確か寛永通宝を相手に投げつける、というものでした(一文ないし四文、現在の二五円ないし百円。「あの投げた後の銭を、親分は後で拾ったのでしょうか?」とは、私の授業の時の小ネタだった)。

では実際に目明しや岡っ引きと呼ばれるような人々は、江戸時代の警察機構において、どのように位置づけられていたのでしょうか。それに、本当に銭形平次のように、勧善懲悪の権化のような庶民の味方だったのでしょうか、以下見ていくことにしましょう。

江戸の警察機構

まずこれらのことを述べる前に、江戸の警察機構について説明しておきます。ご存知の方も多いでしょうが、江戸市中の治安維持に関する最高責任者は、江戸町奉行（正しくは町奉行）でした。もっとも町奉行は、今でいう警視総監の他に、都知事、最高裁と東京地裁判事、国務大臣、消防総監などを兼ねる大変な激職で、基本的に二名制（ごく一時期のみ三名制）でそれぞれ北町奉行・南町奉行（図68）[*1]と呼ばれましたが、地域を分担していたわけではなく、月番制で双方が町全体を管轄していました。

この大変忙しい奉行を補佐していたのが与力で、人数は二組計五十騎、給与は二百石以下、多くは百五十石程度（米価換算で約一千百万円、ちなみに町奉行は役高三千石、約二億二千五百万円）でした。

しかし、この与力の任務は裁判を担当することであり、実際に捜索・逮捕にあたったのは、その配下である同心（どうしん）たちでした。定員は時期により変動がありましたが、享保四年（一七一九）に二組計二百人となります（給与は三十俵二人扶持、約百二十万円が標準）。彼らは与力の職務分掌ごとに各二名ほど配属されましたが、同心のみで行う任務に、廻り方と呼ばれている江戸市中の見廻りがありました。この廻り方には隠密廻り（奉行の耳目となって市中の風聞等を探る）、定町（じょうまち）廻り（毎日午前十時と午後四時、二組に分かれて芝筋・本郷筋・麹町（こうじまち）筋を巡見、主に火元の監察にあたる）、臨時廻り（多忙な定町廻りを補佐したと見られる）の三

図68　南町奉行所跡

つがありました（これらを総称して三廻りという）が、これらは一グループが同心六人（後に増員されて十二人）により組織されていました。

なお、この他に奉行所の警察機能を補うものとして、「鬼平」こと長谷川平蔵[*2]で有名な、火附盗賊改（ひつけとうぞくあらため）がおかれ、与力十騎、同心五十人を用いました。

しかし、江戸時代中期には人口が町人だけで約五十万人、これに武士やその他の人々をあわせると百万人を超え、現在のおおよそＪＲ山手線の内側と、その東側の隅田川両岸地域を範囲とする江戸市中の警察業務を、そもそもたった二百人の同心（しかも実際には二百人全員が担当したわけではない）で担うことには、土台無理があったといわざるをえません。[*3]

なお、江戸は自治組織が完備されていて、町ごとに無法者を取り締まる自身番屋という現在の交番に似た機能をもつ場所があり、そこには町で雇った番人がいて、警察機能の一端を担ってはいました。しかし、その責任者であるはずの町役人の対応は、明確な善悪の基準が示されていなかったことも一因でしたが、不十分である場合が多く、人口が増加して治安が悪化する実情についていけず、さらには後難を恐れて面倒な事案に関わることを嫌ったため、十分に機能しませんでした。

＊1　奉行所は役所と奉行の住居を兼ね、何度か移転があったが、文化三年（一八〇六）以後は、北町が呉服橋門内（ＪＲ東京駅日本橋口付近）、南町が数寄屋橋門外（ＪＲ有楽町駅中央口前広場付近）に定まった。両所は直線距離にして一キロ足らずのところに位置している。

＊2　天明七年（一七八七）に火附盗賊改となり、利益をむさぼる山師との評判もあったが、盗賊逮捕に実績をあげた他、江戸の無宿人対策のため、石川島（東京都中央区）への人足寄場建設を提案したことでも知られる。

＊3　現在と比べて圧倒的に「小さな政府」であった幕府には、そもそも現在のように一般市民の安全を守るために手厚く対応するという考え方がなかったので、単純に比較はできないが、仮に人口百万人とすると、同心一人で四千人を担当したことになる。ちなみに令和二年（二〇二〇）時点で、東京都全体を見ると、警察官一人で三二六人の都民を担当する計算になるので、同心の負担量はその約十二倍となる。

目明かしの登場

そこで、これらを補う役目を果たしたのが、目明し・岡っ引きと呼ばれる存在でした（図69）。既にお気づきかと思いますが、目明しは奉行所の正式な職員ではなかったのです。では、どのようないきさつで成立したかというと、最初は犯人として捕らえられた者や入牢中の者が、自らの首をかけて仲間の犯罪者の所在を奉行所に知らせることにより、減刑されたり特赦を受けていたのです（そこでこうした人々を「首代」とも呼んだ）。*1

それがやがて犯罪捜査を行う同心に同行して、これに協力するようになり（はじめは編笠をかぶらされ腰縄でつながれていたが、やがてそれらもなくなる）、ついには同心からも独立し、目明しだけで警察業務を行うようになりました。何しろその多くは犯罪者あがりである彼らは、その仲間たちの動静に詳しかったため、捜査には大変有益な面があったのです。

図69　十手　©Samuraiantiqueworld

例えば近世史研究者の南和男氏は、幕末期における江戸の岡っ引きについて、次のような話を紹介しています。有名な儒学者であった佐藤一斎が、ある大名から漢詩の添削を頼まれたので、朱を入れて直したものを紙入れ（財布）に入れて外出したところ、途中で掏られてしまいました。一斎は知人である南町奉行所の与力のところに駆け込んで事情を話し、何とか取り戻せないかと相談したのです。するとその与力が、同心を通じて岡っ引きの親分に話をしたところ、一斎が与力に酒肴のもてなしを受けている間に、なかみの金も漢詩の原稿もそのままの紙入れが戻ってきて、これには一斎も喜び、かつ大いに驚いた、というのです。

*1 なお目明しは「目証（めあかし）」からきており、仲間を犯人と証明する役目に由来する。また岡っ引きの岡は傍らを意味し、本来の役人ではない脇の者が逮捕することからつけられた（いずれも諸説あり）。

地方の目明かし

なお、こうした人々は江戸ばかりではなく、地方にも存在していました。近世史研究者の阿部善雄氏は、奥州守山藩（福島県郡山市）領にいた目明し金十郎について詳しく紹介しています。例えば元文三年（一七三八）六月、金十郎はある犯人を領内で逮捕していますが、この犯人とは守山から南西に約六キロ離れた須賀川町（同須賀川市）において七両二分の大金を盗み取った猿回しで、金十郎は同町にいる仲間から探索を依頼されていたのでした。その際、「こうしたことはお互い様だ」と金十郎が話していたことからもわかるように、犯人が他領へ逃亡した場合、[*1]目明かし仲間がそのネットワークを使いお互いに協力しあって探索していたのです。こうした際に藩どうしが前面に出ると手続きが複雑になり、第一犯人を他領に逃がしてしまった藩としては、甚だ体面が悪くなるため、領域を超えて活動しているこうした人々を用いることは、問題を内々に処理する上で有益でした。

*1 地方でも生産性の高い地域では、一つの村が幕府直轄領、寺社領、公家領、大名領など複数の領主に分割されている場合が多かった（相給（あいきゅう））。したがって容疑者たちは、ほんの僅かな距離を逃げただけで他領へ移ることができたのである。

奉行所のジレンマ

しかし、彼らの多くがもともとは犯罪人ということもあり、目明かしの不法行為は後を絶ちませんでした。

例えば賭場を見つけたら奉行所に報告し、そこにいた者たちを捕らえるのが本来の役目なのに、金をもらって見逃したり、あるいは新規開店の商人に祝儀を強要したりしていたのです。

江戸の町民らが、こうした悪行を行う目明かしの存在を迷惑として訴え出たこともあって、幕府や奉行所はたびたび禁止令を出していました。しかし、彼らを用いている奉行所は、建前上はいないことになっているのに、現実にはその存在が必要不可欠であることを認識していた(その証拠に、奉行所は幕府上層部へ「岡っ引きを廃止すると、犯罪者の探索・逮捕に支障が生じるので、そのまま差しおきたい」などと上申していた)ので、「にせ目明かし」などと表現してその不法行為を禁じる触れを出していたのです。

目明かしの給与は?

さて、こうした奉行所の正式な職員ではない目明かしたちの給与は、どうなっていたのでしょうか。前述したように、南北両奉行所と火附盗賊改の同心が二百五十人おり、その下に目明かしがいたわけですが、やがてその目明かし自身が子分を使うことも一般的になっていきました。幕末期の江戸には、目明かしとその子分たちをあわせると、千五百人かそれ以上存在したと推測されています。こうした人々は、違法な手口でも収入を得てはいましたが、もちろんそれだけでは足りず、実際には奉行所から手当をもらっていました。その費用には、奉行所が毎年徴収している過料銭(罰金)や、没収した土地の地代などが充てられています。なお前述の金十郎のような地方の目明しの場合は、他者には容易に許されなかった芝居の興行主になることが認められたり、所有する田畑・屋敷のうちの相当な部分(金十郎の場合はおよそ四分の三)が課税控除となりました。

目明しは多くの問題を抱えながらも、いわば「必要悪」として幕末まで存続し続けたのです。

平安時代にもいた「目明し」

ところで、こうした「悪を以て悪を制す」のやり方を採用したのは、何も江戸幕府だけではありませんでした。これよりはるか以前の平安時代前期、京都の治安維持にあたった検非違使（けびいし）（図70）という職がありました。九世紀初めに成立し、次第に制度が整えられていきましたが、完成した九世紀後半の組織は、別当と呼ばれた長官以下、さまざまな役職から構成されていました。その末端に位置した放免は、もともと罪を犯して許された者（職名の由来はここにある）や刑期を終えた者が、犯人の捜索や追捕、獄舎の警備、罪人の護送などを担当したのです。まさに今まで見てきた江戸時代の目明しと同じような存在だったことにお気づきでしょう。しかも、ふだんは彼ら自身が罪人から袖の下を要求したり、女性に暴行したり、さらには強盗などを行ったりしていた点も、そっくりです。

『太陽にほえろ！』の中でも

犯罪者を捕らえるためには、建前だけではうまくいかず、やはり彼らの社会を熟知した人たちの力を借りなければならなかった、

図70『法然上人絵伝』に描かれた検非違使と放免（中央の顎髭（あごひげ）を蓄えた２人が放免）

というのは古代でも近世でも、そして現代でも同じなのでしょう。中・高生のころよく見ていた刑事ドラマ『太陽にほえろ！』の中で、刑事たちが事件捜査をする際、いかにも前科者のような人からこっそりと情報提供を受ける場面がたびたびありました。元警察官でジャーナリストの小川泰平氏は、実際にこうした協力者（情報屋。スパイの頭文字「S」と呼ぶ）は存在し、以前自身が被疑者として取り調べた人などが多い、としています。

◇

以上のように、いつの時代も（そしておそらく日本に限らず）暴力や犯罪を抑えるために、そうしたことに関わってきた同じような出自・立場の人々を用いていたことがわかります。なかなかきれいごとだけでは世の中は立ちゆかず、暗澹たる気持ちにもなりますが、それが現実ととらえて冷静に見ていくしかないようです。

《参考文献》
〔1　夷を以て夷を制す〕
・福田豊彦『平将門の乱』（岩波書店、一九八一年）
・松原弘宣『藤原純友』（吉川弘文館、一九九九年）
・下向井龍彦『日本の歴史07　武士の成長と院政』（講談社、二〇〇一年）
・野口実『藤原秀郷』（吉川弘文館、二〇〇一年）
・高橋崇『蝦夷』（中央公論社、一九八六年）

・　同　『蝦夷の末裔』（中央公論社、一九九一年）
・元木泰雄『河内源氏』（中央公論新社、二〇一一年）
〔2　悪を以て悪を制す〕
・外岡慎一郎「使節遵行と在地社会」（『歴史学研究』六九〇、一九九六年）
・松本一夫『中世武士の勤務評定』（戎光祥出版、二〇一九年）
・　同　『史料で解き明かす日本史』（ベレ出版、二〇二一年）
・阿部善雄『目明し金十郎の生涯』（中央公論社、一九八一年）
・南和男『江戸の町奉行』（吉川弘文館、二〇〇五年）
・増川宏一『江戸の目明し』（平凡社、二〇一八年）
・喜田貞吉「放免考」（『喜田貞吉著作集10』平凡社、一九八二年）
・小川泰平『警察の裏側』（イースト・プレス、二〇一三年）

第4章

地名と人の移動

つながりの視点

ここでは、地名がもともとのところから別の場所に移った事例を見ていきます。
地名やその移動の由来について、
特に近代以前に関しては確たる証拠はほとんど残っておらず、
「諸説あります」とするのが一般的ですが、ここでは状況証拠的ながら、
かなり確からしいと思われるものをとりあげました。
なお、この地名の移動には、
地名と同じ名字をもつ人間の移動が関わっている場合があります。

1 地名の移動

福岡

備前国から筑前国へ

福岡は、九州北部に位置する県、及びその県庁所在地である市の名前として誰もが知っている地名です。しかし、もともとはまったく別の土地の名前で、それがある事情によって当地にも命名された、といわれています。

これには、平成二十六年（二〇一四）のNHK大河ドラマでとりあげられた黒田氏の歴史が大きく関わっているのです。ドラマの主人公黒田官兵衛孝高（よしたか）は、播磨（兵庫県南西部）の小寺（こでら）氏に仕えていましたが、やがて織田信長と小寺氏を結びつけ、さらには信長の家臣羽柴秀吉の配下となります。以後、その参謀となって統一事業を輔佐し、天正十五年（一五八七）には豊前（福岡県東部、大分県北部）のうち六郡を与えられました。

同十七年にその孝高から家督を譲られた嫡男長政は、秀吉の死後、家康に接近し、慶長五年（一六〇〇）関ヶ原の戦いに際しては小早川秀秋の内応に尽力するなどの大功をあげたため、筑前一国（福岡県北西部）

五十二万石を与えられます。

　翌年同国に入部した長政は、はじめ前領主小早川秀秋の居城であった名島城（福岡市東区）を本拠としました。しかしこの城は城下町をつくるには不向きだったので、四つの候補地のうち、九州一の商業地博多から近い福崎の地（同中央区）を選び、築城を始めたのです。その際長政は、城の名前を黒田氏ゆかりの地である備前国邑久郡福岡（岡山県瀬戸内市、なお福岡の地名は現在も同市長船町内に残る）にちなんで、福岡城（図71）としたといわれています。

　この備前国福岡は、既に鎌倉初期から荘園の名前として『吾妻鏡』に記されています。そして鎌倉末期、この福岡に立った市の様子が、『一遍上人絵伝』の中で描かれています（中学や高校の教科書にも載っている有名な場面）。通りをはさんだ両側に草葺きや板葺きの屋根と柱だけの仮小屋がいくつもあり、そこには米や鳥、魚の他、布や履物、備前焼の大甕など所狭しと並べられており、銭を用いた活発な販売が行われていたことがわかります（図72）。

図71　福岡城多門櫓　（福岡市提供）

通説への疑問

　さて、ここまでのことは少し調べれば、すぐにわかる内容なのですが、近年歴史研究家の渡邊大門氏は、この通説に対して疑問を提起しています。というのは、黒田氏はもともと姫路城（兵庫県姫路市）を本拠としていた武士であり、この備前国福岡を故地とするのはおかしい、というのです。すなわち『黒田家譜』という書物に、孝高の曾祖父にあたる黒田高政が、ある戦いで軍令に背いたため、発祥の地である近江国伊香郡黒田（滋賀県長浜市）から、同族である佐々木源氏の加地氏や飽浦氏などがいた備前国福岡の地に移ったということが記されており、通説はこれを根拠としていました。しかし渡邊氏は、この書物は江戸前期にまとめられたもので信憑性に欠ける部分があり、また加地氏や飽浦氏の動向は不明であるから、この話は成り立ちがたい、というのです。そもそも黒田氏発祥の地については、この近江国黒田の他に、播磨国黒田（兵庫県西脇市）とする説もあり、定まっていないのが現状なのです。

　結局渡邊氏も、今後の検討課題であるとして結論を避けていますが、私は「備前国福岡→筑前国福岡城」というのは、可能性の一つとしては残るのではないか、と考えています。なぜなら、まず一つに、備前国福岡に現存する妙興寺（応永十・一四〇三年開基）に黒田高政・重隆父子の墓がある、という点があげられます。もちろん、これらが江戸時代以前のものかどうかに関わってきますが、もし以前のものであるとすれば、やはりこの地が黒田家にとって所縁が深かった場所ということになります。また黒田家の主家であった小寺氏が、播磨の他に備前や美作（岡山県北部）でも活躍していたので、その関係で黒田家に備前福岡の地が与えられたのかもしれません。

図72　『一遍上人絵伝』に描かれた備前福岡の市　（国立国会図書館）

相馬

下総から陸奥へ

相馬というと、「野馬追」で有名な福島県相馬（南相馬市）を思い浮かべる人が多いでしょうが、この地名はもともと千葉県にあったのです。では、なぜ相馬という地名が福島県に移ったのか、以下説明していきましょう。

現在の千葉県北部と茨城県南西部にあたる下総国にあった十一郡の一つが相馬郡でした。十世紀前半に成立した辞書『倭名類聚鈔』では、「佐宇万」と表記されています。

平安中期の武将で、平将門の叔父にあたる良文が、この相馬郡内の地域一帯を獲得し、以後その子孫がこれを継承していきました。大治五年（一一三〇）、下総国権介平経繁（頼朝の創業を支えた千葉常胤の父）が、この地を伊勢神宮（内宮）に寄進したことで、相馬御厨（御厨とは伊勢神宮や上下賀茂社が領有する荘園のこと）と呼ばれるようになります。時代的な変遷もありますが、その範囲は現在の千葉県我孫子市、茨城県取手市・守谷市・利根町と千葉県柏市や野田市の一部に比定されています。

千葉常胤は、その後この相馬御厨を常陸の佐竹氏に奪われますが、頼朝に従い、治承四年（一一八〇）十一月佐竹氏を破って、これを奪還することに成功しました。そして常胤の次男師常（図73）がこの地を継承し、遅くとも文治五年（一一八九）八月以前の段階で相馬氏を称しています。師常は同年、奥州合戦に参加して軍功をあげ、陸奥国行方郡を与えられました。

その後、相馬氏はしばらくの間、下総国相馬御厨を本拠としていましたが、鎌倉末期の元亨二年（一三二二）までには、師常の六代後とみられる当主だった重胤が奥州へ下向したようです。東北福祉大学の岡田清一氏によれば、これは相馬御厨内での分割相続が進んで惣領家の領地が減少したこと、またこれにともなって一族間や他氏族（特に北条家被官）と所領支配をめぐって争いが激化したために、奥州所領の経営に活路を見出そうとしたことのあらわれである、とのことです。

これにより相馬という地名も、陸奥国へ移ることとなりました（下総国相馬郡も形を変えながらも現在まで存続、後述）。ただし、陸奥国において地名としての相馬が確認できる文献は、最も古いものでも戦国時代、天文九年（一五四〇）の古文書になります。

図73　伝相馬師常墓所（鎌倉市）

南奥における相馬氏の動向

なお奥州移住後の相馬氏は、小高城（福島県南相馬市）を拠点として南北朝・室町時代を生き抜き、浜通り（福島県の太平洋岸地域）北部の行方郡を中心に、その北側の宇多郡、南側の標葉郡にも勢力をひろげました。戦国後期、奥州では伊達氏が大勢力となりますが、相馬氏はこれに対抗する姿勢をとり続けました。天正十八年（一五九〇）、相馬義胤は豊臣秀吉から前記三郡、四万八千石余りの所領を安堵されました。そして秀吉の死後、関ヶ原の戦いに遅参したため、徳川家康からいったん改易されてしまいますが、後に許され、中村藩（相馬藩）として明治四年（一八七一）の廃藩置県まで存続していったのです。

野馬追も陸奥へ

ところで、はじめに紹介した「野馬追」（図74）という祭礼は、前述した平将門が下総国小金原（千葉県北西部）に放した野馬を敵兵に見立てて軍事演習に応用したことに由来する、といわれています。鎌倉後期に相馬重胤が南奥州の地に移ってからも、この行事を継承しましたが、同時に千葉一族の弓矢の武神である妙見菩薩を祀る妙見宮を、下総から勧請（神仏の分霊を他の場所に移し祀ること）しています。すなわち相馬氏は、南奥州を支配するに際しても、父祖の地と同様に妙見信仰をその精神のよりどころにしようとしたのであり、「野馬追」はその一環として行われたのです。

江戸時代に入り、十七世紀後半に藩政改革を行い、第三代藩主相馬忠胤は、その中で「野馬追」の神事に武田流軍学を加味し、武芸訓練の色彩を強めさせました（その後、忠胤の次男で第五代藩主の昌胤が祭典化）。

なお現在は、三つの妙見社（中村・太田・小高神社）の馬を追

図74　相馬野馬追　

う野馬懸、甲冑競馬、神旗争奪戦、お行列（騎馬武者行列）などから構成される合同祭礼として、毎年七月末に行われており、昭和二十七年（一九五二）には国の重要無形民俗文化財に指定されています。

地名としての相馬の現状

さて地名の方ですが、明治二十九年（一八九六）四月、福島県宇多郡と行方郡が合併して相馬郡が成立しましたが、これは中世以来当地方を治めてきた相馬氏に由来すると見られています。そして昭和二十九年、相馬市と原町市が誕生し、以後も町村合併などが続いたため、現在（令和五・二〇二三年）の相馬郡は新地町と飯舘村のみとなってしまいました。

なお、もともとの地名があった下総国相馬郡の方は、明治十一年（一八七八）に茨城・千葉の県境が利根川に定められたために、茨城県北相馬郡と千葉県南相馬郡という形で分割され、このうち後者は同三十年（一八九七）に東葛飾郡に吸収合併される形で消滅しました。

土佐の小京都

地形と地名の共通点

高知県四万十(しまんと)市中村は、「土佐の小京都」ともいわれています。全国に「小京都」と呼ばれる地は少なくありませんが、中村は歴史的にも京都の影響を色濃く受けて成立した町といえます。

地形上、東西と北の三方が山で囲まれ、南が開けている点や、町の西側に四万十川、東側に後川（うしろがわ）が流れていて、桂川と鴨川の位置関係に似ていることも、京都と共通します。実際に後川上流には「奥鴨川」「中鴨川」「口鴨川」の地名が残っていますが、これらは天正十八年（一五九〇）の古文書には記されています。また、後川の東に沿って連なる山々は、京都の東山に見立てられ、やはり「東山」という地名が現存しています。

中村の町中は、碁盤の目状に区画されていて寺社も多く、その中心部を南北に貫く京町通は、朱雀大路とも呼ばれたそうです。

契機となった公家一条氏の土佐下向

では、四国の西端に位置する中村の地が、なぜ「小京都」と呼ばれるようになったかというと、室町時代末期の応仁二年（一四六八）に、京都の公家一条教房（のりふさ）がこの地に下向したことが契機となっているのです。

一条家は藤原北家で、鎌倉前期に摂政・関白をつとめた九条道家の子、実経（さねつね）から始まる家ですが、この前年にいわゆる応仁の乱*1が勃発したため、教房はいったん奈良へ逃れ、さらに一条家の領地である土佐国幡多荘（はたのしょう）（高知県四万十市・宿毛（すくも）市・土佐清水市・大月町・三原村・黒潮町・四万十町と中土佐町の一部）に向かいました。これには、遠隔地の公家領にありがちなことですが、在地土豪の押領などにより難しくなってきた同荘の経営を立て直す目的もありました。

教房は中村に居館（きょかん）を定め（中村御所、現在の一条神社付近）、細川氏や長宗我部（ちょうそかべ）氏など周辺の戦国大名とも結んで家領回復を進めます。

この後、中村は教房とその子房家の時に京都を模した町づくりを行いました。例えば教房は、中村御所

（図75）の南南東約一・五キロの地に石清水八幡宮を勧請して不破八幡宮を創建していますし、その子房家は、後川の東岸の石清水山を比叡山に見立て、その中腹にある石見寺を延暦寺になぞらえ（中村御所の北東、鬼門に位置する）、一条家の守護寺としました。

　日本史の教科書に「応仁の乱がきっかけとなって京都の公家たちが地方の戦国大名を頼って続々と地方へ下った結果、中央の文化が地方へ波及した」という記述がありますが、土佐一条家の場合も、（公家自身が戦国大名化した、という点では特殊ですが）その一例といえましょう。

　なお、その後一条家代々の当主は武装化して公家大名として活躍しましたが、天正二年（一五七四）に素行の悪かった当主の一条兼定は家臣たちによって豊後（大分県の大部分）に追放され、その後、長宗我部元親により滅ぼされてしまいました。

＊1　応仁元（一四六七）～文明九（一四七七）年。将軍継嗣争いと畠山・斯波氏の家督争いに細川勝元と山名持豊（宗全）が介入して起こる。以後、将軍の権威は失墜し、戦国の動乱が続く。

図75　一条神社（中村御所跡）

北海道に他の県名などが多いわけ

北海道には他の県名や旧国名、市町村字名と同じ地名をもつところが比較的多くあります。これは、だいたい想像がつくと思いますが、明治以降に他県の人々が集団で道内各地に入植し、その多くは同じところにまとまって住んだため、故郷を思ってその地名をつけたからなのです(図76)。

【北広島市】

例えば、札幌市から東南東へ約二〇キロのところに北広島市があります。ここには明治十七年(一八八四)、広島県人の実業家和田郁次郎をはじめとした二十五戸・一〇三人が入植し、開拓を始めました。同二十七年、月寒(つきさっぷ)村のうち大曲・島松が分離して広島村が成立(当時の北海道長官北垣国道が命名)、戦後の昭和四十三年(一九六八)には町制を施行しています。その後も札幌市に近いこともあって急速な発展を続け、平成八年(一九九六)に北広島市となりま

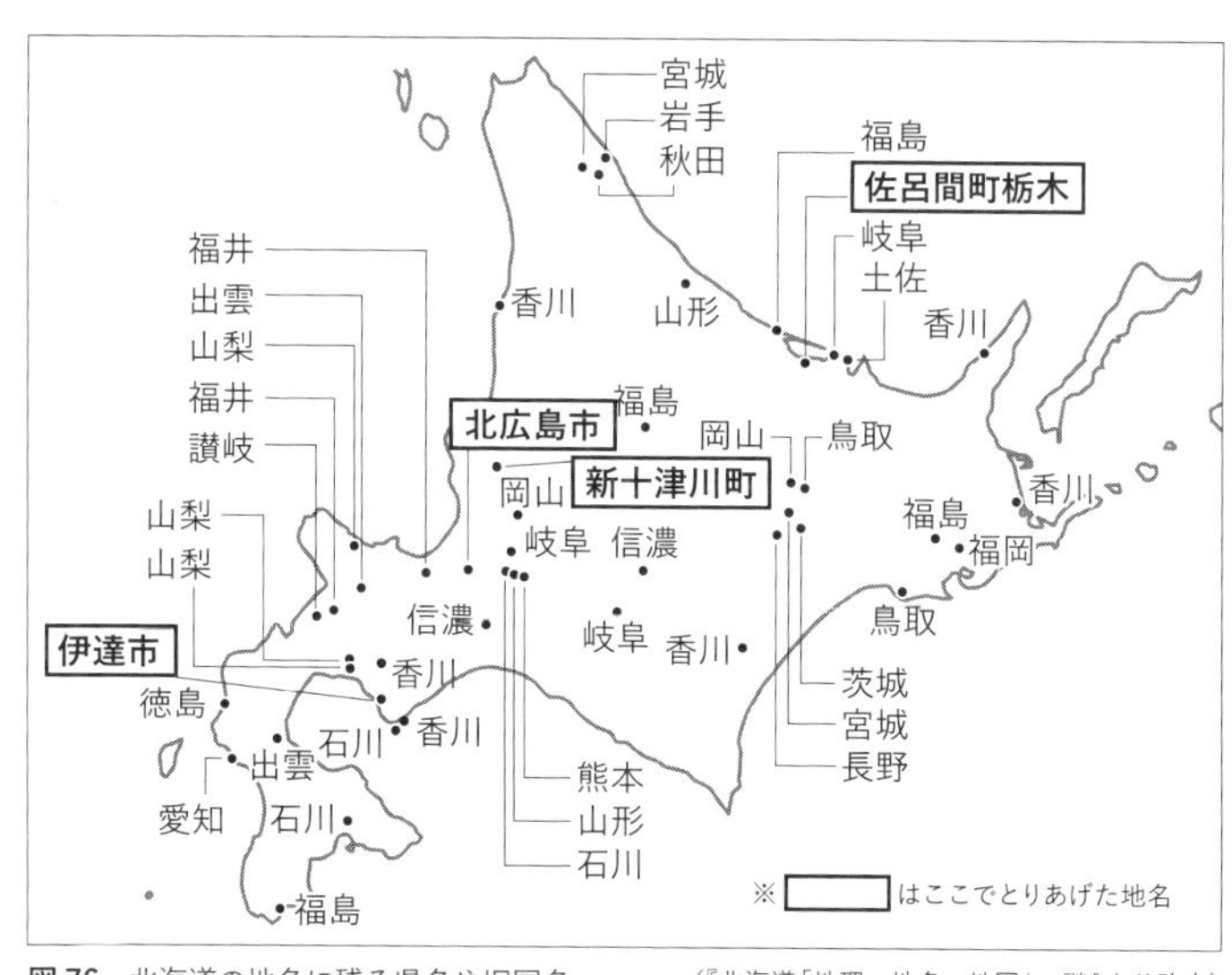

図76 北海道の地名に残る県名や旧国名 (『北海道「地理・地名・地図」の謎』より改変)

した。この「北」というのは、どこかから見て北に位置するためにつけたというわけではなく、「北海道の広島」という意味合いでの命名だそうです。

【新十津川町】

その北広島市から北北東へ約七〇キロのところに、新十津川町があります。この十津川とは、奈良県の最南端に位置する村の名前が由来となっています。この奈良県十津川村は、以前十津川郷といわれ、鎌倉時代最末期には後醍醐天皇の皇子である護良親王が、討幕運動発覚後、幕府の追及の手を逃れ、元弘元年（一三三一）十一月末に同郷に入った、とされています。正平四年（一三四九）には、護良の弟にあたる後村上天皇（南朝）が十津川の十二村宛てに綸旨（天皇の命令書）を出しており、同郷は天皇家との結びつきを強めました。

くだって江戸時代末の文久三年（一八六三）、十津川郷士たち（農民ながら武士的身分を与えられた人々）は、天誅組の乱[*1]に参加しますが、途中で離反し、その後は新政府側について戊辰戦争に従軍しています。明治二十二年（一八八九）、その十津川郷で大水害が起きたため、甚大な被害を受けた六〇〇戸・二六九〇人が新天地を北海道に求めました。翌年には戸長役場が設置され、同三十五年（一九〇二）、村名を故郷にちなんで新十津川と定めたのでした（町制施行は昭和三十二・一九五七年）。

なお、この新十津川町のように、もとの地名に「新」をつける事例は他にもいくつか見られますが、こうしたことは、ちょうどアメリカ大陸に移住したイギリス人が、入植地を「ニューイングランド」や「ニューヨーク」などと名づけた事情と同じではないかと考えられています。

＊1 尊攘討幕派の志士たちによる最初の挙兵事件。大和国五条の代官所を襲撃したが、京都で八月十八日の政変が起こって形勢が悪化し、結局諸藩兵により鎮圧された。

【佐呂間町栃木】

次に網走市の西約四〇キロのところに位置する佐呂間町には、栃木という字名をもつ地区があります。明治期に起こった足尾鉱毒事件[＊1]において、政府は事件の原因を洪水に求め、谷中村(栃木県栃木市)を廃村にして遊水池をつくることを決めました。田中正造らは反対運動を続けますが、その一方で村民たちの多くは、明治三十八年(一九〇五)から近隣の町や村へ移っていきました。

明治四十三年(一九一〇)にも大洪水の被害を受け、その直後に北海道の関係者が来県して移住を勧誘したこともあって、同地への移住の機運が高まりました。そして翌年四月、六十六戸・二一〇名による移住が実現したため、以後その移住先一帯を栃木と称するようになり、栃木神社も建立されました。その後昭和二十九年(一九五四)、栃木は佐呂間町の字名となっています。

なお現在(令和五・二〇二三年四月)、この地区には二十二世帯六十五人が暮らしており、このうち栃木県入植者の子孫の家族は四世帯であるとのことです。

＊1 明治中期、栃木県の足尾銅山から鉱毒が流出し、渡良瀬川沿岸の田畑に大きな被害を与えた。農民たちは鉱毒除去を訴え、代議士田中正造も国会で追及したが、政府の対応策は効果がなく、過激な反対運動は弾圧された。正造は明治三十四年(一九〇一)、天皇に直訴するに至った。同四十年、谷中村の廃村と遊水池化が決まり、反対運動は衰えていった。

【伊達市】

ところで室蘭市の北北西約二〇キロのところに伊達市がありますが、これはもちろん県名や市町名ではなく、東北の大名伊達氏からとられたものです。もっとも、この伊達氏は仙台藩主の伊達本家ではなく、亘理（宮城県亘理町）を本拠とした分家をさします。戊辰戦争に際して仙台藩は、奥羽越列藩同盟の盟主となりますが、新政府軍に敗れたため、六十二万石から二十八万石に減封されてしまいました。これにともない、亘理伊達家はほぼすべての所領（約二万四千石）をとりあげられたため、当主伊達邦成は明治三年（一八七〇）、亘理旧臣とその家族をともなって北海道に移住したのです。その後、同三十三年（一九〇〇）に伊達村が成立し、大正十四年（一九二五）伊達町を経て昭和四十七年（一九七二）伊達市が誕生しました。

なお福島県には、もともとあった伊達郡にちなんで昭和十五年（一九四〇）に伊達町ができ、これが平成十八年（二〇〇六）に伊達市となっています。全国で同じ名前の市は、この伊達市と府中市（広島県と東京都）の二例のみです。

2 人と地名の移動――宇都宮氏の場合

「宇都宮さん」が愛媛に多いわけ

宇都宮といえば、栃木県の県庁所在地の市名として知られていますが、古代からの地名であり、平安末期に藤原氏の一族がこの地を本拠とし、宇都宮氏を称しました。したがって現在も宇都宮を姓とする人が一番多いのは栃木県だと思われるかもしれませんが、実はそうではなく、人口に対する比率が一番高いのが愛媛県、次は大分県となっており、栃木県は平均よりはるかに下位なのです。

なぜ栃木県内に宇都宮さんが少ないかというと、宇都宮氏が慶長二年(一五九七)に豊臣秀吉から改易処分を受けて城地を失ってしまったからです。

では愛媛県や大分県に宇都宮さんが多い理由は何なのか、以下見ていくことにしましょう。宇都宮氏は源頼朝に従って鎌倉幕府の御家人となり、やがて十三世紀前半に当主であった宇都宮頼綱(よりつな)が、伊予国(愛媛県)の守護に任ぜられます(ちなみに本国である下野国の守護は、一貫して小山氏だった)。そしてこの後も宇都宮氏の庶子家が長く同国守護をつとめ、また遅くとも鎌倉末期には同国喜多(きた)郡(愛媛県大洲(おおず)市とその周辺)の地頭職を得ていたこともわかっています。

こうした経緯で宇都宮氏と伊予国の結びつきが強まっていきました。このことをよく示す事例を二つあげましょう。

まず一つめは、この喜多郡内には祖母井(うばがい)城、水沼城、信尾(のぶお)城などがあったのですが、これらの城名と同じ地名が下野国内で宇都宮氏が支配する地域にも見られる、ということです（祖母井と水沼は栃木県芳賀町内に残る。信尾も延生が変化したものとすれば同じ）。すなわち、これらの地名を名乗った武士は宇都宮氏の家臣だったので、おそらくはその家臣一族の一部が宇都宮氏（庶子家）の伊予への移住に随行し、そのまま現地に根づいていったものと推測されます。また二つめは、喜多郡内には現在でも七ヶ所に宇都宮神社が存在する、ということです（図77）。宇都宮氏は、もともと下野国宇都宮社（現在の二荒山神社）の神官でもありましたから、これを分社する形で同郡内にも次々と建てて、宗教面からも支配を強めようとしたのでしょう。なお伊予宇都宮氏は室町・戦国時代にも大洲城（大洲市）を本拠として一定の勢力を維持しましたが、戦国後期に毛利氏と対立して敗れ、断絶してしまいました。

図77　伊予大洲・宇都宮神社（愛媛県大洲市）
（市村高男編『中世宇都宮氏の世界』彩流社より）

大分県と「宇都宮さん」

さて二番目に「宇都宮さん」が多いのが大分県である理由は何かというと、実は下野で繁栄した宇都宮氏とは一応別系統と見られている（ただし同じ下野国宇都宮を本拠としていた時期があり、両者には姻戚関係もあった可能性もある）宇都宮信房という人物がいたのです。この信房も頼朝に従い、文治四年（一一八八）に命令を受けて鬼界ヶ島（薩南諸島。北は種子島から南は与論島までを含む）を平定したため、その恩賞として豊前国（福岡県東部・大分県北部）内に所領を与えられました。ここに豊前宇都宮氏が成立し、鎌倉中期にはその本拠を伝法寺荘内の城井谷（福岡県みやこ町）に定めた、とされています。南北朝時代には宇都宮冬綱が豊前や筑後（福岡県南部）の守護として強盛となりますが、室町・戦国期に入ると中国地方の大内氏や豊後大友氏という二大勢力に挟まれて劣勢となり、天正十六年（一五八八）には豊臣秀吉から城井谷を含む築城郡など豊前六郡を与えられた黒田氏により、城井を称していた宇都宮鎮房が滅ぼされてしまいました。

以上見てきたように、宇都宮氏は本国である下野の他、伊予や豊前でも活動しましたが、いずれも中世末期に改易されたり、あるいは断絶してしまったのですが、本国以外では生き残った一族によって宇都宮の名が受け継がれ、今日に至ったと考えられるのです。

城下町ごとの移転

ところで、宇都宮領の内部でも地名の移動が見られるので、紹介しておきましょう。戦国末期、後北条氏の勢力が北関東にまで及んできたため、ほぼ一貫してこれと対決する姿勢をとり続けてきた下野宇都宮氏も、平城である宇都宮城では防衛が困難と判断し、天正十三年（一五八五）八月には、同城から西北西に約八・八キロ離れたところにある多気城（宇都宮市。築城自体は天正四・一五七六年とされる）に本拠を移しました（なお、この直後の同年十二月には、後北条軍が宇都宮中心部に攻め込み、城下一帯を放火している）。しかも移転後の多気城の周囲には、「下河原」や「粉河寺」、「清願寺」、「裏町」、「扇町」、「塙田」、「源石町」など、宇都宮城下にあったのと同じ町名がつけられたところがたくさん確認されているのです（図78）。これは宇都宮氏が、単に城郭だけではなく城下町ごと多気山とその周辺に移転させようとしていたことを示しています。しかし天正十八年（一五九〇）、豊臣秀吉が後北条氏を滅ぼすと、宇都宮氏はもとの宇都宮城に戻ったようです。そして同氏改易後も、宇都宮城は歴代の大名たちによって受け継がれていきました。

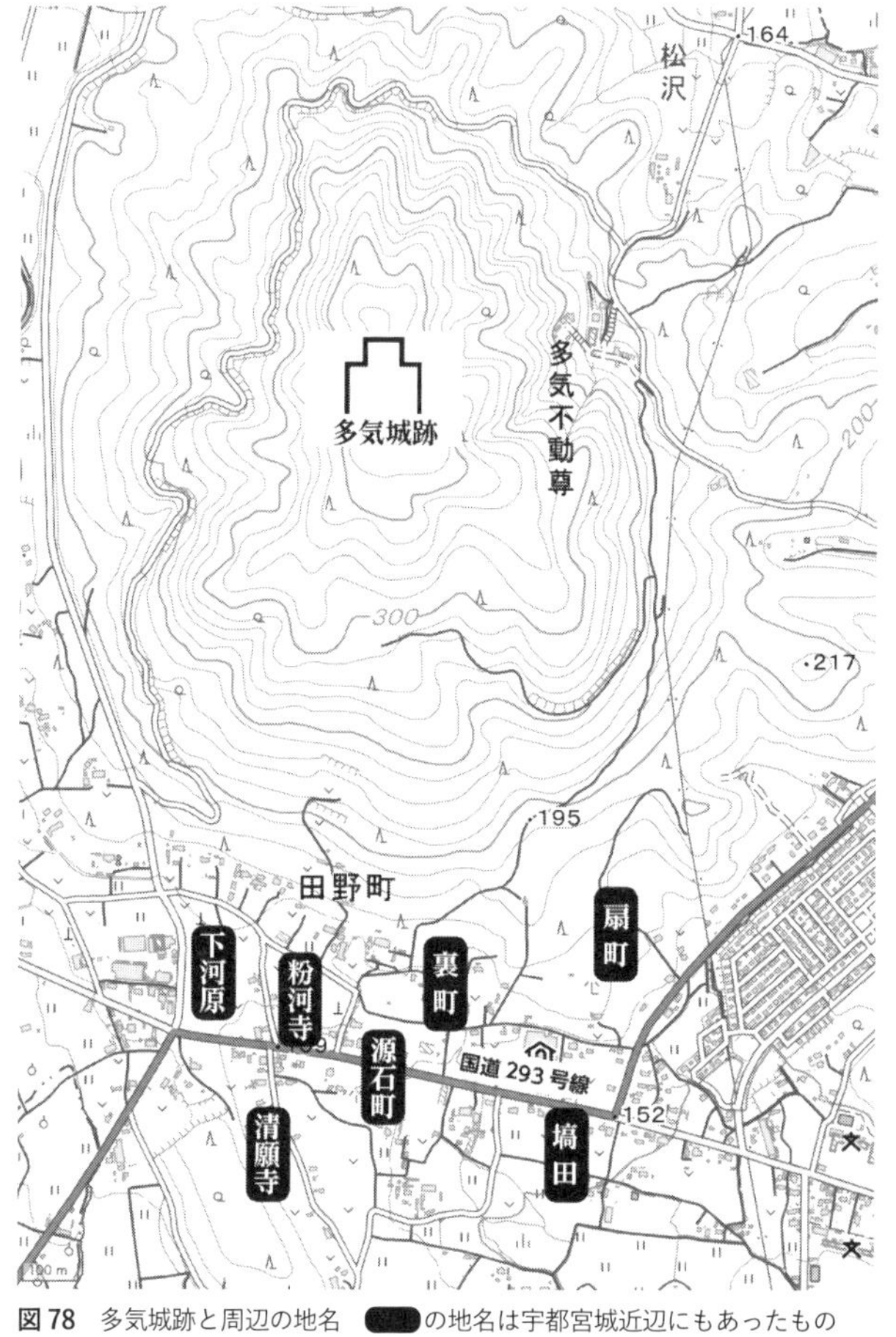

図78　多気城跡と周辺の地名　■の地名は宇都宮城近辺にもあったもの
（地理院地図をもとに作成）

企業名が地名に

企業城下町

ひとつの自治体において、特定の企業の事業所や工場の他、関連工場や下請け子会社などが集中して存在し、それらが自治体の産業の大部分を占めているところを企業城下町といいます。全国各地にたくさん見られますが、ここではそれらの中でその企業の名前が自治体名となった事例を二つ紹介しましょう。

愛知県豊田市

これはもちろん、あのトヨタ自動車株式会社からとられたものです。明治時代に動力織機を発明した豊田佐吉の子、喜一郎は、父を助けて大正十五年（一九二六）に自動織機を完成させました。そして、その特許権を譲渡して得た資金をもとに、自動車製造を開始したのです。昭和十一年（一九三六）に初めて乗用車を発売し、翌年にはトヨタ自動車工業株式会社が誕生しました。翌昭和十三年、当時の愛知県挙母町下市場に広がる論地ヶ原というところに近代的な自動車生産工場が完成、戦争を経て昭和三十年代になると、自動車産業はさかんになってきました。こうした情勢をうけて昭和三十三年（一九五八）、挙母市（挙母町は昭和二十六・一九五一年に市制施行）の商工会議所が、市に対し豊田への市名変更を請願したのです。

この変更には賛否両論が起こりました。「挙母」という地名は、奈良時代の歴史書『古事記』にも登場する歴史的伝統をもつものだったのです。しかし、結局は翌昭和三十四年に、挙母市から豊田市への改称が決まりました。

平成二十六年（二〇一四）には、市内の製造業で働く人々の約八十五％が自動車関連産業に従事しているという、まさに自動車の町なのです。

茨城県日立市

こちらも、あの国内有数の総合電機メーカーである株式会社日立製作所からとられたと、すぐにお気づきのことでしょう。しかし、実はそれほど単純な話ではないようなのです。

市制・町村制が施行された明治二十二年（一八八九）、茨城県は多賀郡宮田村と滑川村の合併を指示します。これをうけ、新たな村名をどうするかで議論は難航しますが、結局村の長老たちの意見が通り、日立村と決まったそうです。彼らは、江戸前期の元禄八年（一六九五）、水戸藩主徳川光圀が神峰山の山頂にある神峰神社に参詣した際、朝日が昇る様子を見て感激し、「朝日の立ち昇る光景は秀麗にして偉大なること領内一」と述べた、という伝承を聞いていた、とのことです。

この日立村には赤沢鉱山があり、既に戦国期には採掘が始まっていましたが、江戸時代には何度か採掘が試みられながらも、ほとんどうまくいきませんでした。

その後明治三十四年（一九〇一）に横浜のボイエス商会が電動機械などを導入して近代的な採掘を始め、同三十八年には実業家・政治家の久原房之助が

図79　1930年ごろの日立鉱山

この鉱山を買収し、村名からとって日立鉱山（図79）と改称したのです。

そして以後急速な発展を遂げますが、その一方で銅の精錬の際に発生する亜硫酸ガスが周辺の農作物に被害をもたらしました。

この久原工業所日立鉱山に勤めていた小平浪平という人物が、所内に電気機械製作工場をつくり、やがてここが大正九年（一九二〇）に分離独立して株式会社日立製作所となるのです。

さて日立村の方は大正十三年、町制を施行して日立町となり、昭和十四年（一九三九）には助川町と合併し、市制が施行されました。しかし対等合併だったため、はじめは「日立」・「助川」いずれの町名も新市名とすることは控えられました。そこで日立鉱山が「常陸市」を提案しましたがまとまらず、ついに茨城県に一任されることとなりました。その結果「日立市」に決められたのですが、これはそれまでの経緯もあって、日立町からとったということではなく、日立鉱山及び日立製作所が全国的に有名だから、というのが理由とされたのです。

このように日立市の場合は、もともとの地名（日立村）があって、それがそこにつくられた鉱業所の名前となり、さらに昭和十四年に市となった際に、今度はその鉱業所・製作所の名前から市名が決められた、という複雑な経緯をたどったことになります。

◇

なお、例えば豊田市トヨタ町のような市に属する企業名のついた町となると、全国各地に多数見られます。

以上見てきたように、時代はさまざまですが、近代以前は支配者が何らかの事情で本拠地を移した際に、もとの地名をつける（あるいは一般にそのように呼ばれるようになる）ケースがありました。それが近代になると、一般の人々がもともと住んでいた故郷の地名を移住先の地にもつける、という事例が見られるようになります。さらに、社会や生活の上でも大きな意味をもつようになった、企業名が地名となるケースも少なくありません。こうした視点から歴史をとらえていくことも、大切ではないかと思います。

《参考文献》
〈1　地名の移動〉
・『日本地名大辞典40　福岡県』（角川書店、一九八八年）
・『日本地名大辞典33　岡山県』（角川書店、一九八九年）
・渡邊大門『黒田官兵衛・長政の野望』（角川書店、二〇一三年）
・『日本地名大辞典12　千葉県』（角川書店、一九八四年）
・『日本地名大辞典7　福島県』（角川書店、一九九一年）
・岡田清一『相馬氏の成立と発展』（戎光祥出版、二〇一五年）
・千葉氏サミット実行委編『千葉一族入門事典』（啓文社書房、二〇一六年）
・宅間一之『高知「地理・地名・地図」の謎』（実業之日本社、二〇一五年）
・山本大・小和田哲男編『戦国大名系譜人名事典　西国編』（新人物往来社、一九八六年）
・『日本地名大辞典39　高知県』（角川書店、一九八六年）
・北村崇教他『北海道「地理・地名・地図」の謎』（実業之日本社、二〇一三年）
・本多貢『雑学北海道地名の旅』（北海道教育社、一九八二年）
・『日本地名大辞典1―1　北海道』上巻（角川書店、一九八七年）
・合田一道『北海道　地名の謎と歴史を訪ねて』（ＫＫベストセラーズ、二〇一〇年）
・二〇二三年五月二十三日下野新聞特集記事「『もう一つの栃木』は今」（下野新聞社）
〈2　人と地名の移動〉
・宇都宮市教育委員会『多気城跡』（一九九七年）

・市村高男編著『中世宇都宮氏の世界』(彩流社、二〇一三年)
〔3 企業名が地名に〕
・『日本地名大辞典23 愛知県』(角川書店、一九八九年)
・『日本地名大辞典8 茨城県』(角川書店、一九八三年)
・小野寺淳『茨城「地理・地名・地図」の謎』(実業之日本社、二〇一四年)

第5章

企業の系譜

つながりの視点

現在、誰もが知っている大企業の中には、その創業が明治、さらには江戸時代にまで遡るところもあります。

それらはその間、めまぐるしく変化する社会の中で、事業内容や形態などを転換させることによって懸命に生き抜いてきました。

そうしたことは、これまでの社名の変遷にもよく示されており、中には現在の社名ではうかがい知ることのできない企業の歩みもありました。

ここでは、具体例として三つの企業をとりあげて見ていきたいと思います。

1 呉服屋から百貨店へ——三越の歩み

起源は江戸時代にあり

三越百貨店は、日本を代表する百貨店の一つといってよいでしょう。ではその起源が、江戸時代の越後屋呉服店に求められることをご存知でしょうか。幕末の動乱から明治へ社会が激しく変化していく中で、どのような経緯をたどって百貨店へと発展を遂げていったのか、また明治末期以降、この三越をはじめとしていくつもの百貨店が次々に開業していった背景には何があったのか、などの点について見ていきましょう。

越後屋呉服店の誕生

江戸前期の豪商三井高利は寛文十三年（一六七三）八月、江戸の本町（現在の日本銀行所在地付近）に越後屋呉服店を開きました（その十年後に大火に遭い、駿河町〔現在の三越本店付近〕に移転）。この屋号は、三井家（伊勢国松坂〔三重県松阪市〕

図 80　駿河町の越後屋呉服店（奥村政信『駿河町越後屋呉服店大浮絵』より）
（株式会社三越伊勢丹ホールディングス提供）

で商家を営む）が祖父の時代までは「越後守」を名乗る武士であったことに由来する、とされています。

高利は開店にあたり、他とは異なる新しい経営方針を示しました。一つは日本史の教科書にもよく掲載されている越後屋呉服店内の様子を描いた絵（図80）にもありますが、「店前現銀掛け値なし」、つまり正札（上乗せのない売値）どおりの商売を行ったことです。

それまでの大きな呉服店では、「見世物商い」（見本をもって得意先を回り、注文を取る）か「屋敷売り」（品物を直接得意先に持参して売る）が売り上げの大半で、支払いは掛売りといって盆・暮れの年二回しかしてもらえませんでした。このやり方は、得意先が大名や上級武士、裕福な商家などに限られていたため可能だったのですが、手間もかかるし金利もかさみ（その分、商品の値段は高くなる）、資金繰りが不安定となるなど、大きな欠点を抱えていたのです。そこで高利は、客に来店してもらい、その場で現金で支払ってもらうことにより、出張や集金の手間を省き、その分経費を節減しようとしました。

また商品の値段についても、従来は番頭が値切ってくる個々の客の様子を見て、それに応じた値段を告げるというやり方でした。しかし高利は、これでは公正な取引とはいえないし、また商品に対する店側の責任という点でも問題があると考え、当時根強かった商人に対する不安や懐疑を一掃する意味でも、正札販売に踏み切ったのです。

さらに「小裂いかほどにても売ります」とうたい、それまで反物単位（一反は約十一メートル）でしか販売しなかったのを、客の求めに応じて切り売りすることとしました。これは一般庶民には大好評となり、井原西鶴の『日本永代蔵』の中でも「ビロウド一寸（約三センチ×三センチ）でも売っている——一寸四方も商売の種」と描写されています。

幕末・維新期の苦難

さて、こうした新しいやり方を採用した越後屋は、その後全国各地に支店をおくなど、おおむね順調に商売を続けていましたが、幕末動乱期に入ると、他の呉服商と同様に多くの困難に直面していきます。

例えば、政情不安によって高騰した物価を抑えるため、幕府は天保十二年(一八四一)に奢侈(しゃし)禁止令(ぜいたく品の売買を禁止)を出し、翌年には江戸の呉服商に対し、二〇%以上の売値引下げを命じています。その結果、呉服商には多額の損失が生まれ、不良債権化して後々まで残りました。

また幕府は財政の窮乏を補うべく、商家に対したびたび御用金*1を課し、これも大きな負担となりました。さらには火災に見舞われることも多かったのです。

こうした要因から、越後屋をはじめとした幕末期の呉服商の経営は苦しくなっていきました。そしてこのような状況は明治維新後も変わらなかったばかりか、一層深刻なものとなっていきます。これには幕藩体制の崩壊にともなう旧来の得意先の没落や、明治初期の急激な物価高騰などが大きく関わっていました。

*1 江戸時代、幕府・諸藩が財政不足を補うため、御用商人などから半ば強制的に徴収した金銭。

銀行業からの分離

では経営不振に陥っていた越後屋呉服店は、どのような経緯で百貨店になっていったのでしょうか。

実は同店は、開業後まもない天和三年(一六八三)に両替商も始めていました。当時、大きな呉服店は遠方の支店などへの為替送金が多く、またそもそも江戸時代は貨幣として金・銀・銭がそれぞれ流通しており、あたかも外国為替のようにそれらの相場が日々変動していたため、両替業務は必須のものだったのです。やがて越後屋の両替店は幕府御用を務めるようになり、維新後も新政府の為替方として銀行業務を担いました。そこで三井家は正式に銀行業を始めようとしたのですが、新政府から、それを認可するためには経営不振の呉服業を分離することが必要、と勧告されました。このため三井家は明治五年（一八七二）三月、三井の「三」と越後屋の「越」をとり、一族の人物に三越姓を名乗らせて呉服店を継がせ、三井家としては先祖伝来の事業である呉服店を守るために、その所有権を維持しつつ、一方で三越家の損失が銀行経営に影響しないように取り計らったのです。

なお三井銀行は明治九年、日本初の民間銀行として開業します（同年、三井物産会社も設立）。

「出向組」による経営改革

さて、越後屋呉服店は明治二十六年（一八九三）に合名会社となり、「三井呉服店」と改称しましたが、相変わらず利益の少ない状態が続いていました。経営陣の中には廃業も視野に入れるべきだ、との意見もありましたが、結局経営方法を近代化させて存続させることに決まりました。その改革断行のため同二十八年、三井銀行から呉服店に理事として送りこまれたのが、高橋義雄（図81）という人物でした。

幕末の文久元年（一八六一）、水戸藩士の四男として生まれた高橋は、慶應義塾などで学んだ後、福沢諭吉が関わった時事新報社に入り、記者となります。そして明治二十年（一八八七）に渡米し、ニューヨーク

図81　高橋義雄

郊外にあるイーストマン商業学校などで学びました。すると帰国後に出版した『商政一新』という本が藩閥政治家である井上馨（かおる）の目にとまり、その推薦を得て三井銀行に入ったのです。

高橋は、留学中に研究したアメリカ・フィラデルフィアの百貨店「ワナメーカー」の経営組織などを参考に、①大福帳式の勘定から洋式簿記への変更、②座売り方式を改め陳列販売方式を採用、③婦人晴着の模様で自ら流行を創出、④高等教育を受けた新人の採用、⑤諸規定を制定し店の規則を厳格化、⑥活発な広告・宣伝活動の展開、などの経営改革方針を打ち出しました。

このうち例えば②に関して、従来は座売りといって客が下履きを脱いで畳にあがり、番頭に希望を伝え、それに合う品物を店の奥からいくつかもってきてもらって、それらの中から選ぶ、という販売方法をとっていました。しかし高橋はこのやり方を、無用な時間や労力を費やす時代遅れなものと考えました。そこで、それをショーケースを並べた陳列販売方式に改めさせることにより、入店前まで購入予定のなかった客も、陳列された商品を自由に見て回ることで、販売意欲が高まることを期待したのです。

もちろん、こうした改革には古参の店員たちは反対でした。そこで高橋は明治二十八年（一八九五）に、まず店内の一部のみを陳列販売方式に変え、客の反応がよいことを彼らに認識させた上で、同三十五年に本店内における座売り式を全廃したのでした。

しかし、それでも古参の店員たちには、こうした高橋の改革は性急なものと感じられたようで、前記④とも関係しますが、彼らと高等教育を受けてきた新入店員たちとの間に軋轢（あつれき）が生じ、明治三十一年（一八九八）には古参の店員数十人が、向島にある三囲（みめぐり）神社（東京都墨田区）にたて籠もる事件を起こしています。*1

＊1 同様のできごとは大丸や白木屋（後の東急）、そごう（十合）などでも起こっていた。

百貨店化へのスタート

さて、この高橋の経営方針は、明治三十一年に三井銀行本店副支配人から三井呉服店本店副支配人に転任してきた日比翁助（またしても「出向組」）によって継承されていきました。

同三十八年（一九〇五）一月二日の全国主要新聞各紙に、前年十二月に設立された株式会社三越呉服店（図82）が三井呉服店の営業を引き継ぐこととともに、次のようなデパートメント・ストア宣言が掲載されました。

> 当店販売の商品は、今後一層その種類を増やし、およそ衣服・装飾に関する商品は、当店ですべてこと足りるように準備致し、結局アメリカのデパートメント・ストアの一部を実現いたします。
>
> （意訳、一部）

図82 三越のフロアカウンター（明治時代）

一般に、この宣言こそが日本における百貨店の始まりを告げるものとされていますが、ここには「一部を実現」とあるように、この段階での品揃えはあくまでも呉服中心であり、また店舗規模も小さいので、結局これは百貨店化へ向けてスタートすることを宣言したものである、との評価もあります。

翌年、日比は七ヵ月にわたってヨーロッパのデパートメント・ストアを視察し、その中で深い感銘を受けたイギリスの「ハロッズ」の経営を模範として、「三越は東洋のハロッズをめざす」と決意したのです。そして帰国後、日比は次のようなことに取り組みました。

・国内外の皇族や政治家、軍人など上流階級の人々を店に招待することによって三越の名をブランド化し、その商品は高級かつ優良である、というイメージをつくりあげた。

・「学俗協同」（俗はビジネスをさす）の考え方に立ち、各界の学者、著名人、文化人らを集め、月一回テーマを決めて「流行会」を開き、彼らの意見を参考に新たな商品をつくり出した。

・大正三年（一九一四）、四年の歳月をかけて鉄筋コンクリート地下一階、地上五階、当時まだ珍しかったエレベーター四基と日本初のエスカレーター一基を導入し、近代的なルネッサンス式の三越屋呉服店本店新館（日本橋）[*1]を完成させた（当時の新聞に「スエズ以東第一の商店」などと称えられている）。

さらに昭和三年（一九二八）には商号から「呉服店」の三文字を削って「株式会社三越」に改め、ここに名実ともに近代的百貨店[*2]への移行を成し遂げました。

＊1　その後昭和十年（一九三五）に増築されて現在まで使用されており、平成二十八年（二〇一六）には国指定の重要文化財となっている。
＊2　「デパートメント・ストア」は、初めから「百貨店」と訳されていたわけではなく、明治後・末期には「雑貨陳列販売所」や「小売大商店」などと表現されていた。なお「デパート」は和製英語であり、外国では通じない。

遅くまで残った下足問題

ところで、このように近代化が進められた百貨店ではありますが、現在の感覚からすると、意外なほど昔ながらの習慣が続いていたのは、下足での入店が禁止されていた、という点です。三越の場合も前記新館はすべて畳敷きで、そのため靴の客はカバーをつけてもらい、下駄や草履の客（こちらの方がずっと多かった）は玄関口で預かり出口で渡す、という方法がとられていたのです。

大正時代に入ると、来店客数が大幅に増えたため、その下足を預かるための人手も多くかかり、玄関や出口での混雑もひどくなりました。数万人もの下足を預かるので、時間がかかって客を待たせただけでなく、数百のまちがいが生じ、また多少傷や汚れがつくこともあって、苦情が多かったそうです。

もちろん簡単に下足入店にはできない事情もありました。それは、当時まだ舗装道路が少なかった（昭和元年〈一九二六〉の東京市内の普及率は約一五％）ため、履物についた泥で店内、特に商品が汚れてしまう、ということです。

三越では大正十三年（一九二四）、新聞にどちらがよいか尋ねる広告を出したり、二千名の顧客にアンケート調査を行ったりして（賛否は半々であった）慎重に検討を進めましたが、最終的に下足入店に踏み切ったのは、翌年九月の本店西館修繕工事完成の時点でした（他の百貨店も大正末～昭和初期に下足預かりを廃止している）。

なお、心配されていた店内の汚れについては、修繕の際に床を木製、あるいは大理石、タイル張りとしたり、ゴムを用いたり、さらには木材の床には重油を塗って（ワックスのことか）塵（ちり）や埃（ほこり）を吸収し、さらに掃除に力を入れたため、問題はありませんでした。このことに関し、昭和初期に三越の取締役をつとめた林幸平は、その回顧録の中で「今（昭和七・一九三二年）では下足を預かる百貨店など一軒もなく、昔の夢となってしまった」と述べています。

呉服店からの転身が多かったわけ

ところで、この三越をはじめとした日本の多くの百貨店は、江戸時代に創業した呉服店から転身しています(表2)。この要因について経済史研究者の濱名伸氏は、大手呉服店には土地や商品、資金、人材などの大きな資本力があったため、大規模小売業への転換が容易であった(しかも例えば三越は同じグループの三井銀行、松坂屋は伊藤銀行〈後に東海銀行、現在は東京三菱UFJ銀行〉から人事・金融面での支援が得られた)こと、江戸時代に公家や大名、大商人などの上流階級の人々を顧客とし、「見世物商い」や「屋敷売り」など、後の外商販売につながる積極的な営業活動を行っていたこと、呉服のみならず服飾雑貨、美術工芸品や家具、陶器類などの各種高級商品を広く販売するしくみをもっていたこと、などをあげています。

そしてその後、鉄道会社が駅を拠点とした、いわゆるターミナル・デパートが開業していきました(この点に関しては前著『史料で解き明かす日本史』の「35 今日の大衆文化の原点は大正時代にあり――阪急の販売戦略」を参照)。

表2 呉服店を前身とする百貨店

百貨店名	創業年	呉服店名	創業地
松坂屋	慶長 16年(1611)	伊藤屋	名古屋
三　越	延宝 元年(1673)	越後屋	江　戸
白木屋 *	寛文 2年(1662)	白木屋	江　戸
大　丸	享保 2年(1717)	大文字屋	京　都
そごう	天保 元年(1830)	大和屋	大　坂
高島屋	天保 2年(1831)	高島屋	京　都

* 現在の東急百貨店

(濱名伸論文所掲表を改変)

百貨店誕生の背景

明治後期以降、日本における産業革命が実現し、いろいろな製品が大量に生産できるようになりました。しかし、それらを人々に届ける小売業分野だけは進歩から取り残され、旧態依然とした保守的で非効率な商いに終始していたのです。この間産業構造の転換により、多くの人口が都市へ集中し、それらの中の一定部分は官吏や軍人、会社員などとして比較的豊かな生活を送れるようになっていました。高橋や日比は、欧米のデパートメント・ストアの経営手法を参考としつつ、こうした状況に対応した近代的な小売業の形態をつくりあげていった、といえましょう。そしてそうした改革は、呉服商からのたたきあげではなく、ともに三井銀行からの「出向組」であった二人だったからこそ可能だったのかもしれません。これに関して後に日比も、小売業だけが遅れていたとした上で、「これを大いに開拓しなければならず、こうした広々とした草原のようなところを開拓することは、自らの仕事として実に愉快だと目をつけた」と述べています。

余話として——勧工場のこと

なお実は、百貨店誕生以前に、日本には勧工場（勧業場）と呼ばれる似たような集合店舗ができていました。明治十年（一八七七）

図83　京橋勧業場　明治15年(1882)（井上安治『京橋勧業場之景』より）
（国立国会図書館）

に行われた内国勧業博覧会[*1]の残品処分のため、翌年東京府永楽町辰ノ口（千代田区丸の内一丁目）に開場したのが始まりです（図83）。同じ施設の中に、通路をはさんで経営者の異なるさまざまな店が並び、日用品から文房具、室内装飾品、呉服など多くの商品が定価で販売され、それも座売りではなく陳列方式、しかも土足のまま入店できるなど、後の百貨店のやり方を一部先取りするような形で経営されていました。明治三十五年（一九〇二）には東京府内で二十七ヵ所も設けられていましたが、やがて商品の品質が低下し、加えて百貨店の誕生もあって、それと交代するように姿を消していきました。勧工場が百貨店に発展した、などという直接的なつながりはありませんが、ある程度百貨店の参考にされた可能性は高いと思われます。

＊1　明治政府が殖産興業のため開いたもので、各種機械・美術工芸品などを展示して優秀品を表彰し、即売も行われた。明治三十六年（一九〇三）まで計五回開催された。

2 鐘紡からカネボウへ

紡績会社として出発

「カネボウ」と聞くと、多くの皆さんは化粧品会社の名前として認識しているのではないでしょうか。私などはお菓子をつくっていたメーカーというイメージが残っています。

しかし、この「カネボウ」は、明治中期に「鐘淵紡績会社」として出発したことからもわかるように、もともとは紡績会社だったのです。では、どのような経緯をたどって現在のような形になったのか、以下見ていくことにしましょう。

明治中期に創業

東京の繰綿（精製していない綿）業者のうち、中国綿の取り扱いに積極的な三越・大丸・白木屋など五店のグループは、明治十九年（一八八六）十一月に東京綿商社を設立し（初代社長は三越得右衛門が就任、前項の話とつながってくる）、翌年には東京府南葛飾郡隅田村鐘ヶ淵（東京都墨田区）に紡績工場をつくることを決めました。そして同二十一年、社名をその地名にちなんで「鐘淵紡績会

図84　創業当時の鐘淵紡績（『新撰東京名所図会 第十三編』より）
（法政大学江戸東京研究センター所蔵）

社」に変更したのです（図84）。

そもそも幕末の開国以来、それまである程度発展していた日本の綿糸・綿織物業は、イギリス製綿製品におされて一時衰退してしまいました。しかしその後、まず綿織物生産が輸入糸を用い、また飛び杼という装置*1を採り入れて手織機を改良することにより回復します。このため、原料糸を供給する紡績業の方もさかんになっていきました。日本における産業革命は、この紡績業が主体となって進められていきましたが、明治二十年代前後というのは、こうした紡績業や鉄道業を行う会社が次々と設立された「企業勃興」と呼ばれた時期でした。鐘淵紡績会社の設立も、そのブームの中でのできごとだったのです。

*1 織物を織る際にたて糸の間によこ糸を通すためにシャトルを飛ばす器械。一七三三年にイギリスのジョン＝ケイが発明した。

三井の支援を受ける

ところが操業二年目には、不況の影響を受け早くも経営難に陥ってしまいました。そこで会社は、藩閥政治家井上馨の助言を得て、三井銀行の援助を受けることになりました（この点も先の話と関わってくる）。

そしてこれを機に、同行の中上川彦次郎（福沢諭吉の甥で実業家、**図85**）が、鐘淵紡績会社の経営にも乗り出すこととなったのです。明治二十七年（一八九四）に兵庫工場の建設に着手した中上川は、この新工場の支配人に同じ三井銀行の神戸支店に勤務していた武藤山治を抜擢します。武藤は慶應義塾で福沢諭吉の薫陶を受けた後に渡米し、苦学の末帰国しました。そしてその後、中上川に見出され、この前年に三井銀行に

図85 中上川彦次郎

招かれていたのです。

武藤が作業員の福祉に力を入れた家族主義的経営を進める一方、中上川は大陸への綿布糸の輸出をねらって周辺地域、さらには九州地区の紡績会社を次々と合併し、事業規模を拡大させていきました。

ところが明治三十三年（一九〇〇）に清王朝下の中国で義和団事件[＊1]が起こると、輸出向けに特化していた鐘紡は大打撃を受け、日本の紡績会社の中で最大の赤字を計上してしまいました。おまけに唯一の取引銀行であった三井銀行が取り付け騒ぎで危機を迎えたため、鐘紡は資金繰り（ぐ）に行き詰まります。しかし武藤は、この時ライバルともいえる三菱銀行の支援を受けることに成功し、以後業績は回復していきました。武藤はまた、糸質の向上にもつとめましたが、その際三井物産との特約により、事実上優良綿花市場をほぼ独占できたことが有利に働きました。

＊1　排外的な秘密結社義和団が清を助けて外国勢力を排撃しようと反乱を起こしたが、日本をはじめとした列強八ヵ国が共同出兵してこれを鎮圧した。

経営の多角化

日露戦争後には経営の多角化を始め、織布（しょくふ）や絹糸紡分野にも進出、第一次世界大戦後はさらに漂白・染色・捺染（なっせん）（色糊（いろのり）で布地に文様（もんよう）を印刷する染色法）部門にも着手しました。

昭和十二年（一九三七）に日中戦争が勃発すると、軍需産業を重視する政府は、平和産業である繊維産業の活動を抑える方針をとりました。そのような中、鐘紡は人絹（じんけん）・スフなどの化繊工場を朝鮮半島で稼働させたり、中国人が経営していた紡績工場を買収したりする一方で、石炭・ソーダ・硫酸・パルプ・製紙・金属工業・重工業、さらには航空工業にも進出していきました。これら繊維産業以外の分野は、昭和十三年に設立された「鐘淵実業株式会社」が担うこととなったのです。そして同十九年には、国策に応じる形で同社と鐘淵紡績会社は合併し、社名は「鐘淵工業株式会社」に変更されました（ここでいったん社名から「紡績」の二文字が消える）。

戦後の復興

昭和二十年（一九四五）八月に終結した太平洋戦争により、国内に七十八ヵ所、海外に一二三ヵ所もあった事業所は、国内二十八ヵ所を除いてすべて失われ、保有する紡績機械も、一三〇万錘からわずか一六万錘[*1]に激減してしまいました。翌年、社名をもとの鐘淵紡績株式会社に戻した武藤絲治社長（武藤山治の次男）は、戦時中拡大した事業を縮小整備し、本来の繊維一本に戻すため、同二十四年（一九四九）に鐘淵化学工業（現カネカ）を設立し、そこに繊維以外の事業を引き継がせています。すると翌年に勃発した朝鮮戦争によって日本の紡績業は急速に発展し、昭和三十年（一九五五）ごろには戦前に近い状況まで回復しましたしかし、その直後から繊維の構造不況が起こり、鐘紡も同三十三年には九億三千万円もの大赤字を出してしまいました。このため再び経営の多角化路線をとるようになるのですが、ここに新たに進出したのが、冒頭に紹介した化粧品やお菓子などの食品・薬品事業だったのです。

＊1　「錘」とは糸に撚りをかけるための心棒のことで、この数により事業規模の大きさを示す。

化粧品事業の成功

ここで、特にこの後の主力事業となったカネボウ化粧品の歴史について見ていきましょう。話は昭和初期に遡ります。前述のように日露戦争後、鐘紡は絹糸紡分野にも進出、原料繭から絹糸・絹布までの一貫した絹業の拡充に乗り出していました。

昭和七年（一九三二）ごろ、当時の津田信吾社長は、繭の原料代引き下げを図るために、その有効な活用を提唱しました。すると、蚕の蛹油に含まれる油分と燐分が肌をなめらかにすることがわかったため、これらを石けんの原料とするための開発が始まりました。そして約三年間研究を続けた結果、蛹油独特の臭気を除去することに成功し、昭和十一年（一九三六）、ついに商品化されたのです。ヨーロッパの高級石けんをまねて、一個ずつ絹のハンカチで包み、銀色のケースに入れた「鐘紡絹石鹸」（サボン・ド・ソワ）は、輸出用を想定してつくった高級仕様の三個入り一箱が六円（現在のおよそ一万八千円）、国内向けが一円五〇銭（四五〇〇円）もしましたが、なぜか高級仕様の方が売れたそうです（図86）。

ともかく、この石けん開発が、鐘紡における化粧品事業の出発点となりました。この後、昭和十四年には「化粧品研究所」を大井工場（東京都品川区）の一隅に創設し（翌年「薬化学研究所」と改称）、胃健錠などの家庭医薬品の他、コールドクリームやクレンジングクリームなどの高級化粧品の生産を開始しています。

昭和三十六年（一九六一）、鐘淵化学工業に属していた化粧品事業を本社が譲り受けると、その売り上げは急増し、本社総売り上げ高の約一〇%を占めるようになります。さらに一九七〇～八〇年代にかけて、

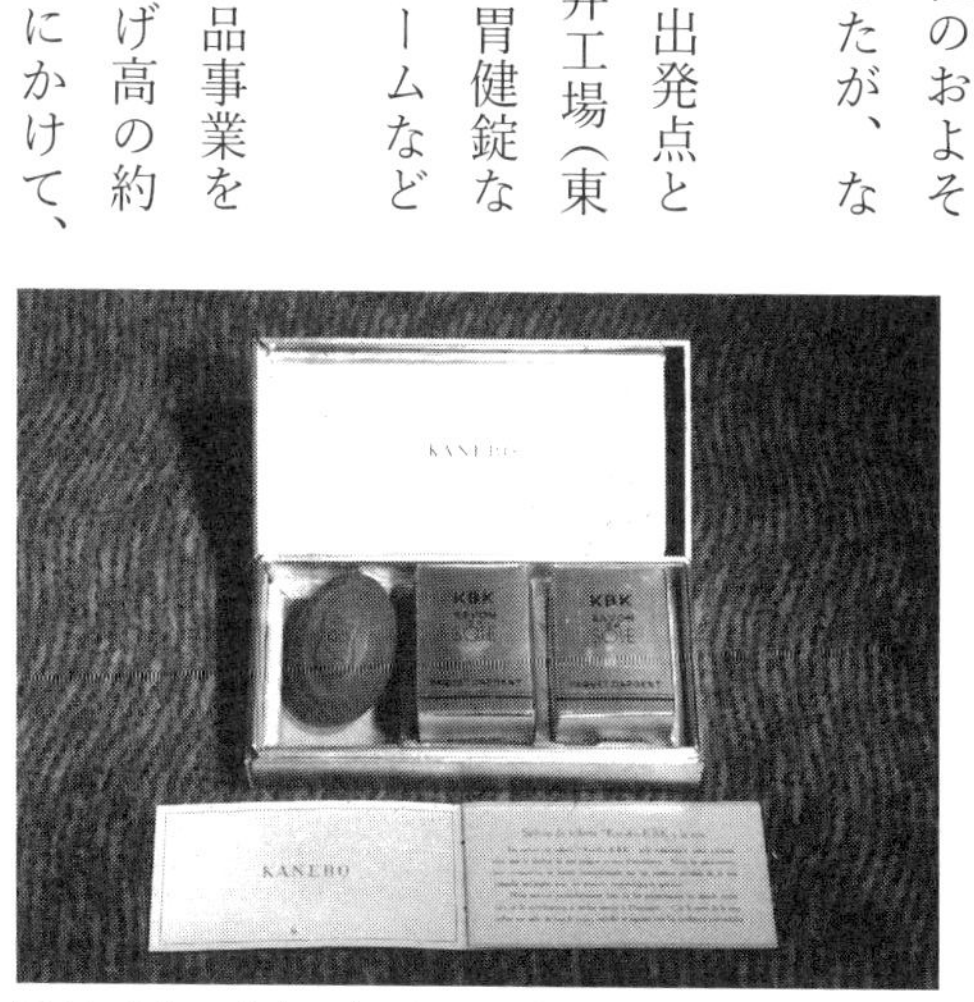

図86 昭和11年（1936）発売の鐘紡絹石鹸
（クラシエホールディングス株式会社提供）

活発な営業活動と人気タレントを起用した宣伝広告などにより売り上げを伸ばし、業界首位の資生堂を猛追するまでになりました。一般の人たちに、カネボウといえば化粧品というイメージが強いのは、こうした状況に由来するものと思われます。

業績不振、そして解散へ

さて鐘紡は、同三十九年には菓子メーカーのハリス[*1]を、四十七年（一九七二）には渡辺製菓[*2]をそれぞれ合併し、食品事業にも進出しました（図87）。

昭和四十三年、武藤絲治の後継指名を受けて社長に就任した伊藤淳二は、経営戦略として「ペンタゴン（五角形）経営」を打ち出し、繊維・化粧品・食品・薬品・住宅という五つの事業を並行して展開していこうとしました。そして社名も、こうした路線にあわせて昭和四十六年に「鐘紡株式会社」に変更しています。

図87　昭和39年（1964）発売のフーセンハリスガム（クラシエホールディングス株式会社提供）

しかし、その後の石油ショックやバブル崩壊などを経て、化粧品以外の部門は業績不振が続いたため、分社化や子会社の合併によって危機を乗り越えようとしました（なお平成十三・二〇〇一年には「カネボウ株式会社」に社名変更）。それでも財務体質の悪化を食い止めることはできず、ついには債務超過を隠すために粉飾決算を繰り返しました。以後も経営は迷走を続け、その結果平成十六年、カネボウは産業再生機構の支援を受けることとなり、同十九年、ついに解散となってしまいました。

なお、カネボウの事業は現在、クラシエグループ各社に引き継がれています。そして唯一業績がよかったカネボウ化粧品は平成十八年（二〇〇六）、花王グループに売却され、「カネボウ」の商標権を引き継いでいます。それと、化学メーカー「カネカ」（昭和二十四・一九四九年に「鐘淵化学工業」として分社化した会社が平成十六年に社名変更）に、鐘紡という社名の一部が残っているのです。

＊1 昭和二十七年（一九五二）に大阪で創業。チョコレートやチューインガムを製造した。ちばてつやの漫画で、昭和四十一年（一九六六）から翌年にかけてTVアニメでも放映された「ハリスの旋風（かぜ）」は、この会社がスポンサーになったことに由来する。
＊2 一九二〇年代に名古屋で創業。粉末飲料「渡辺のジュースの素」は、「エノケン」こと喜劇役者榎本健一のTVコマーシャルで見た記憶がある。

社名に「紡」がつく会社とその意味

このように、多くの人々にとってなじみ深い「カネボウ（鐘紡）」の本社は、残念ながら消滅してしまいました。しかし、同社は明治末〜戦前までの時期、日本で最大規模の紡績会社だったのです。前述のように日本における産業革命は、明治中期から紡績業を中心に進められてきました。この間、鐘紡をはじめとした多くの紡績会社が誕生し、太平洋戦争中に行われた企業整理により統合された十社（いわゆる十大紡）は、その多くが時代の変化にあわせて事業内容や形態に変更を加えながらも、現在まで「紡」という文字を社名の一部に残して発展を続けています。

例えば東洋紡株式会社は、明治十五年（一八八二）に渋沢栄一らが設立した大阪紡績会社と、三重紡績会社が大正三年（一九一四）に合併してできました。またユニチカ株式会社の起源は、明治二十二年（一八八九）創業の尼崎紡績会社に遡ります。同社は大正七年に摂津紡績と合併して大日本紡績会社となりますが、その貝塚工場（大阪府貝塚市）を拠点とした女子バレーボール部は、昭和二十九年（一九五四）に大松博文を監督に迎えると、「東洋の魔女」という異名で呼ばれた強豪チームとなりました。同三十九年（一九六四）に行われた東京オリンピックの日本代表メンバーのほとんどが、この「ニチボー貝塚」（同年に社名を「ニチボー」と改称）から選ばれ、金メダルを獲得したため、「ニチボー」の名前は一躍有名になりました（図88）。なおニチボーは、昭和四十四年に日本レイヨン株式会社と合併し、会社名を「ユニチカ」（名前の由来はユナイテッドの「ユ」、「ニチボー」・「ニチレ」（日本レイヨンの略）の「ニチ」、「カンパニー」の「カ」の組み合わせ）に変更しています。

それから現在、ＴＶコマーシャルで一番有名なのが「日清紡」ではないかと思います。「ニッシンボー、名前は知ってるけどー、ニッシンボー、何をやっているかは知らない♪」とやや自虐的な歌を流していますが、実際は無線・通信、マイクロデバイス、ブレーキ、精密機器、化学品事業の他にもちろん繊維事業も行っています。

つまり「紡」の文字が入ったこれらの会社は、ある意味、日本の近代産業史における生き証人のような存在ではないか、と思われるのです。

図88　ニチボー貝塚女子バレーチームの練習風景
（ユニチカ株式会社提供）

「からくり」から総合電機メーカーへ――東芝

時代の大きな転換の中で

令和五年（二〇二三）の時点では、厳しい状況にはありますが、少なくとも今から十数年前までは、東芝といえば日本を代表する総合電機メーカーでした。この会社の源流は、江戸後期から明治初期にかけて活躍した「からくり儀右衛門」こと、田中久重という人物の事績に求めることができ、その際、幕末から明治にかけての時代の大きな転換、ということも大きく関わってくるのです。いったいどのような変遷を経て東芝という巨大企業が成立・発展していったのか、以下見ていくことにしましょう。

「からくり儀右衛門」の誕生

田中儀右衛門久重（図89）は寛政十一年（一七九九）九月十八日、筑後久留米藩の城下町（福岡県久留米市）に腕のよい鼈甲（べっこう）細工師弥右衛門の長男として生まれました。幼いころから父の仕事場に入り浸って、その仕事ぶりを熱心に見ていましたが、やがて久重の関心は、ものづくりや発明工夫の方に向けられるようになりました。文化四年（一八〇七）、九歳になった久重は手習塾（寺子屋）に通っていましたが、硯箱をいたずらされて困ったので、自分にしか開けられない工夫を施した「開かずの硯箱」をつくり、たちまち町内の評判となりました。

図89　田中久重

こうして久重は発明工夫で身を立てることを決意し（家業は弟の弥市に任せる）、日夜自室でさまざまな考案に明け暮れるようになります。

ところで、久重の自宅に近い五穀神社では、毎年例祭の時に、まるで生きているかのようにひとりでに動き出す「からくり人形」の興行が人気を博していました。はじめ久重は、どうしてこのような動きをするのか不思議でなりませんでしたが、やがて天文学者細川半蔵頼直が著した『機巧図彙』（さまざまな時計やからくり人形などの内部のしくみを図を用いて詳細かつわかりやすく記したもの）を熟読するようになると、これを用いて自分でもつくれる、と確信します。そして文化十一年（一八一四）、十六歳の時に初めてのからくりとして「竹の輪水揚げからくり人形」（かわいらしい人形が笛を吹き、それにあわせて美女が舞い踊る）を製作し、五穀神社に出すと、絶賛を浴びました。

これ以降久重は、さまざまなからくり人形をつくって同社や他の城下の祭りにも出展しました。その種類は四十以上と推測されていますが、特に有名なものとしては「弓曳童子」（こどもが連続して滑らかな仕草で矢を放つ。わざと一矢は外す演出を施したものもある、**図90**）・「茶杓娘」（娘が茶碗を客のところへ運び、飲み終わって茶碗を返すと、くるりと向きを変えて元のところに戻る）・「文字書き人形」（人形が手にもった筆で文字を書く）などがあります。こうして久重は、いつしか「からくり儀右衛門」と呼ばれるようになりました。*1

図 90　弓曳童子（複製）　（画像提供：東芝未来科学館）

なお久留米には、久重の人形づくりを支える轆轤細工師や鍛冶職人、鋳物師など多くの職人たちがいました。久重はこうした人々の協力を得て、分業制によって人形を製作しており、この点に関し『からくり儀右衛門』の著者林洋海氏は、この時既に久重は今日的な事業家への一歩を踏み出していた、と指摘しています。

さて、その後久重は、このからくり人形による興行を九州各地や京都、大坂、さらには江戸にまで出かけていって行いました。その多くは観客たちを驚かせて大評判となり、例えば文政七年（一八二四）、久重が二十六歳の時に大坂・難波新地で行った興行は五十日余りも続き、来場者も日を追うごとに増えて、ついには一日で一万人を超えるまでになったそうです。同じような人形師による興行の事例から推測して、この時の稼ぎは二千両（大工の日当から換算して現在の約三億七千万円に相当）以上であったものと見られています。

＊1　昭和四十四年（一九六九）から翌年にかけて、ＮＨＫテレビで田中久重の少年時代を描いたドラマ『からくり儀右衛門』が放送され、私も楽しく視聴した記憶がある。

大坂・京都で発明と商品づくり

天保五年（一八三四）、久重は家族や弟子たちとともに大坂へ移住しました。これは、からくりの興行師たちからの誘いもあり、また久重自身も自らの才能をいかせるのは、この活況を誇る商人の町だ、という判断からの決断だったと見られています。そしてこのころから、からくりだけでなく、世の中の役に立つ発明と商品づくりを行うようになり、実際に「懐中燭台」（携帯用蠟燭立てで、組み立てると部屋の照明にもなった）や「無尽灯」（図91）などは大いに売れました。このうち後者は、天保八年に起こった大塩平八郎の乱[＊1]

で焼け出され、義兄を頼って大坂から京都の伏見に移ってからつくり始めたもので、空気圧を利用して燃料の油を灯芯から火元へ絶えず上げていくしくみの灯明台（高さ約六〇センチ）のことです。しかも、火屋（火を覆う筒）をガラス製のものにしたため消えにくくなり、これによってそれまでの灯明よりも明るさが約十倍になりました。もちろん現在の照明に比べればだいぶ暗いのですが、それでもこの無尽灯により、夜でも織物の色や柄が見分けられるようになるなど、それまでできなかった夜仕事が可能になったのです。ちなみに製品は七種あって、価格は一両から三両（約十八万六千円から五十五万七千円）でした。

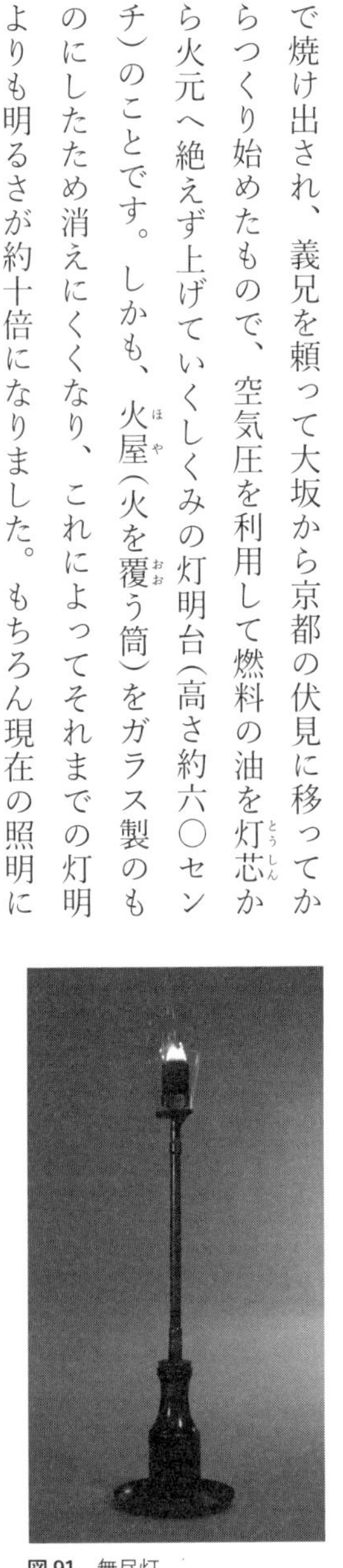

図 91　無尽灯
（画像提供：東芝未来科学館）

天保十年（一八三九）ころから久重は、京都の時計職人にして天文学などにも詳しい戸田東三郎に時計の技術や天文学・暦法を学んでいます。その結果、それまでやっていた既存技術の改良ではなく、オリジナルな発明をするためには本格的に学問へ取り組む必要があると思い至り、弘化四年（一八四七）に戸田の勧めで京都梅小路（京都市下京区）の陰陽総司土御門家の斉政館に入門しました（異説あり）。

なお、この間の弘化元年に、久重は伏見から堺町通（京都市中京区）に移っており、そこで「発明なんでも承ります・機巧堂」の看板を掲げて開業しています。そして前述の無尽灯の他、天文観測計器や測量計器、外科用手術器具、雲竜水（消火ポンプ）など、さまざまな製品をつくって販売しました。

＊1　大坂町奉行所元与力の大塩が、天保の飢饉への幕府の対応を不満とし、同志とともに挙兵したが失敗、自害した。

畢生の大作「万年自鳴鐘」

そして嘉永四年（一八五一）には、久重の代表作となった万年自鳴鐘（図92）が製作されました。これは一年に一回、発条（ゼンマイ）を巻くだけで、六面の時計（この中の一つである洋時計で他の駒式和時計や十二支による日付表示盤などを制御）と天蓋の太陽や月が動き続けるしくみの和時計です。不定時法（一日を昼と夜に分け、それぞれを等分するやり方）をとっていた江戸時代の日本では、従来の和時計は十五日ごとに時刻を調整する必要があり、自動化は困難とされてきました。しかし、この万年自鳴鐘は、その難問を一挙に解決してしまったもので、きわめて高精度のゼンマイや歯車など合計一千点にも及ぶ部品と、久重による気の遠くなるような手作業や繰り返しの試験が、それを可能にしたのでした。さらに現代の水準からみても驚異的な性能をもつばかりではなく、その優美な形態と華麗な装飾は、まさに芸術品と呼ぶにふさわしい時計なのです。

なお、この万年自鳴鐘は量産されず、久重がずっと手許においていましたが、現在は株式会社東芝が所有し、国立科学博物館に寄託・展示されています。

図92　万年自鳴鐘（複製）
（画像提供：東芝未来科学館）

佐賀藩・久留米藩に招かれる

さて久重は、同じ嘉永四年に、京都の蘭学者で義弟でもある広瀬元恭の塾、時習堂で窮理（物理）・舎密（化学）・西洋軍事学などを学んでいます。ここで塾生仲間と共同で製作した蒸気船の雛型は、京都で大評判となりました。

するると、かつての塾生で佐賀藩士の佐野常民が藩主鍋島直正（閑叟）の内命を帯びて時習堂へやってきて、「佐賀藩が蒸気船をつくるので、その開発技術者を探している」という話をもちかけてきたのです。

直正は農村支配機構の改革や陶器・蠟・石炭の専売・外国輸出などによって藩財政を強化した上で、洋式軍事工業を積極的に導入し、佐賀藩を諸藩中屈指の軍事力を保有する雄藩に育てあげた人物です。佐野は、製作現場の経験が豊富でリーダーシップがあり、さらに天文学を学んで精度の高い精密機器をつくっていた久重に特に注目し、ねばり強く説得しました。結局久重はこの話をうけ、同門の三人（うち一人は久重の子、二代目儀右衛門）にやや遅れて嘉永七年（一八五四）に佐賀へ下り、佐賀藩の精錬方に着任しました。精錬方は、現在でいう理化学研究所のようなところで（所長は佐野常民）、西洋砲術や兵器製作を担う火術方への技術支援やガラス製造、蒸気船や蒸気機関車の模型製作（図93）、電信機の実験、火薬・写真・紡績など、さまざまな研究・試作を行いました。この間久重は、オランダ海軍船や幕府の長崎海軍伝習所において、蒸気缶（ボイラー）や船体の構造、機関術などを学んだと見られ、安政四年（一八五七）の外車及びスクリュー式汽船、蒸気機関車の模型製作（これらの金属加工技術の正確さには現代の技術者も驚いている）を経て、元治二年（一八六五）一月には日本初の蒸気船凌風丸（木製、長さ十八メートル）を完成させています。

ところで、この凌風丸の建造中、久重は佐賀藩と領地を接する久留米藩（冒頭で

図93　田中久重らが製作した蒸気機関車の模型

記したように、彼の出生地はその城下町である)から技術者として出仕するよう要請がありました。久重は当初、断固として拒絶していましたが、動員された親族からも説得されてついにこれをうけ、佐賀藩の許しを得て月の前半は佐賀、後半は久留米に行くことにしました。

こうして久留米藩でも銃器生産にあたりましたが、慶応四年(一八六八)一月末に、久留米藩では時代に逆行して藩の攘夷勢力がクーデターを起こして実権を握り、久重の後ろ盾となっていた開明派の人々は暗殺されたり、処刑されてしまいました。明治四年(一八七一)、久留米藩に反乱計画があることを知った新政府は、軍隊を出動させて首謀者を捕らえたため、同藩は廃藩置県を待たずに改易となってしまったのです。

東京で田中製造所を開く

この間、久重の立場は微妙なものとなっていましたが、こうした状況を知った佐野常民(この時、東京で工部省に出仕していた)や石丸安世(やすよ)(元佐賀藩精錬方で、やはりこの時工部省電信頭になっていた)からの招きをうけ、久重は明治六年(一八七三)に上京しました。しかし、既に彼の門人たちの多くは工部省で活躍していたにもかかわらず、久重自身にはなかなか政府から声がかかりませんでした。このため彼は、同年十一月、寄宿していた麻布の従兄の家から西久保神谷町(いずれも港区)に移り、「珍奇製造所」の看板を掲げます。後の東芝につながる田中製造所の誕生です。ここで久重は六人の職工を雇い、電信器械や蒸気機関の製造の他、時計の修理、タンス金物錠前直しなども行いました。

すると、ついに工部省電信寮からの呼び出しがありました。ここには門人の田中精助がいて、電信機修理の監督をしていました。既に七十五歳になっていた久重は、精助から電気や通信機器の技術を学んでいましたが、その精助の仲介でシーメンス・モールス電信機十台の注文を受けたのです。久重が納めた製品は外国製に負けない優秀な性能をもっていたため、工部省はこれを評価し、以後電信機器類の製造を久重に任せることとしました。

これにより、ようやく工場の経営も軌道に乗り、工員も二十名ほどに増えました。後に沖電気（当初の社名は明工舎）の創業者となった沖牙太郎や、わが国の工作機械製作の先進的役割を果たすことになる池貝鉄工所を始めた池貝庄太郎なども久重のもとで働いていたことは、彼が近代日本における電気・機械工業の先駆者・指導者として、いかに重要な存在であったかを示しているといえましょう。

久重の晩年

明治八年（一八七五）、久重の工場は工部省の指定工場となりました。同年七月、新橋金六町（中央区銀座、**図94**）に移転して工場を拡大しましたが、ここが東芝発祥の地とされています。そしてここに「万般の機械考案の依頼に応ず」と記した看板を掲げ、その文言どおりに全国各地からの注文を受けて、タバコ刻み器械や膏薬延ばし機、うちわ機、ガラガラせんべい小皿細工機など、さまざまな器械・機械を考案していきました。中には技術コンサルタントのような依頼もあったそうです。

明治十一年、久重は工部省から、電信機器製造を官営とするので工

図94 田中製作所（銀座）　（画像提供：東芝未来科学館）

場と従業員を引き取りたいとの依頼をうけ、これに応じました。そして同十四年十一月七日、八十三歳でこの世を去ったのです。

諸官庁の指定工場へ

翌十五年、久重の養子となっていた大吉[*1]は、勤めていた工部省電信寮を辞め、芝金杉新浜町（港区）にあらためて田中製造所を設立します。三〇〇〇坪の敷地にレンガ造りの本社棟、木造の工場など計五〇〇坪、八棟の工場が建てられました（現在の東芝本社の所在地）。

そして明治十七年（一八八四）には、田中製造所は海軍省と工部省の指定工場となりました。このころ機雷国防ということが唱えられ、魚雷や機雷の製造が急務とされていましたが、当時の海軍造兵廠にはこれらをつくる余裕がなかったため、田中製造所に一任されたのです。さらに翌年には逓信省をはじめとする諸官庁の指定も受けました。こうして明治二十年（一八八七）ころには、三菱の長崎造船所（現在の三菱重工業株式会社）、川崎築地造船所（同じく川崎重工業株式会社）、石川島造船所（同じく株式会社ＩＨＩ）などの倍以上にあたる、六八〇人の職工を有する日本屈指の重電機械メーカーへと成長を遂げていたのです。

＊1　久留米城下の金工金子正八郎の六男で、後に久重が開いた久留米藩の製鉄所に入り、その優秀さと勤勉さを愛した久重が慶応元年（一八六五）に養子とした（二代目久重）。なお久重の実子であった二代目儀右衛門は、元治元年（一八六四）九月、出張先の長崎で子どもの岩次郎（久重の孫）とともに不慮の事故で死去していた。

経営難と三井によるてこ入れ

しかし、この直後から政府が機密保護のために兵器や軍需物資の外部発注を減らしたため、仕事の多くを政府からの注文に頼っていた田中製造所は、たちまち経営難に陥ってしまいました。結局明治二十六年（一八九三）、その経営権は救いの手を差し伸べた三井家の手に移ります。二〇四頁でも紹介したように、当時三井家は三井銀行の総裁に中上川彦次郎を迎えていました。工業化路線に乗り出していた中上川は、部下の藤山雷太を主任にして田中製造所に送りこみ、事業所名を「芝浦製作所」に改め、再スタートさせました。この藤山は、一九七頁で三越百貨店の創業者として紹介した日比翁助の盟友であり、その日比は田中久重と同じ久留米出身で、叔父は久留米藩の重臣にして久重を支援した開明派藩士たちの理解者でもあった不破美作という人物だったのです。こうしたことから林洋海氏は、三井家による田中製造所の買収には、この日比の働きがあったのかもしれない、としています。

なお、翌明治二十七年には、大変な苦労を経て一三〇〇馬力の蒸気機関を完成させました。これは当時としてはまれに見る快挙であり、旧佐賀藩精錬方の優秀な技術を継承していた工人たちの存在があったからこそ実現した、と見られています。そしてこの蒸気機関は、やはり三井家の支援を受けた、あの鐘淵紡績の兵庫工場に納入されました。

機械から電機専門メーカーへ

ところでこのころになると電灯は、その経費がそれまで用いられていたガス灯に比べて四分の一で済むこともあって、企業や有産階級の家庭にまで普及してきました。このため電灯会社も増え、その価格と性能は、国際的競争力をもつまでになったのです。

こうした状況を見た藤山は、電気機械の生産に力を入れることを決め、彼の後継者である太田黒重五郎もその路線を継承し、業績を伸ばしました。あわせて太田黒は、それまで行っていた造船事業を廃止し、また人事・組織改革を行って、明治三十七年（一九〇四）にそれまで三井工業部に入れていた芝浦製作所を「株式会社芝浦製作所」としました（工業部は廃止）。

明治四十年ごろには電機が機械製作の受注を上回るようになり、同四十三年には、あの発明王エジソンの実験室に源流をもつ、アメリカのGE（ゼネラル・エレクトリック）社と技術提携をしました。そして翌年、蒸気機関などを製作していた機械部を廃止し、芝浦製作所は電機専門のメーカーへと変貌を遂げることとなったのです。このころの主な製品は、明治中期までは日本でつくることができなかった直流・交流の発電機や電動機、変圧器、配電盤などであり、これによって太田黒らの努力で各地に興った水力発電事業に国産製品が用いられるようになりました。さらに大正四年（一九一五）には「芝浦電気扇」（扇風機）の大量生産を開始し、その他かまどや七輪などの家庭用電気器具の製作も始めていますし、昭和五年（一九三〇）には電気冷蔵庫、洗濯機なども製造・発売しています（図95）。

大正十二年（一九二三）の関東大震災や昭和五年から翌年にかけて

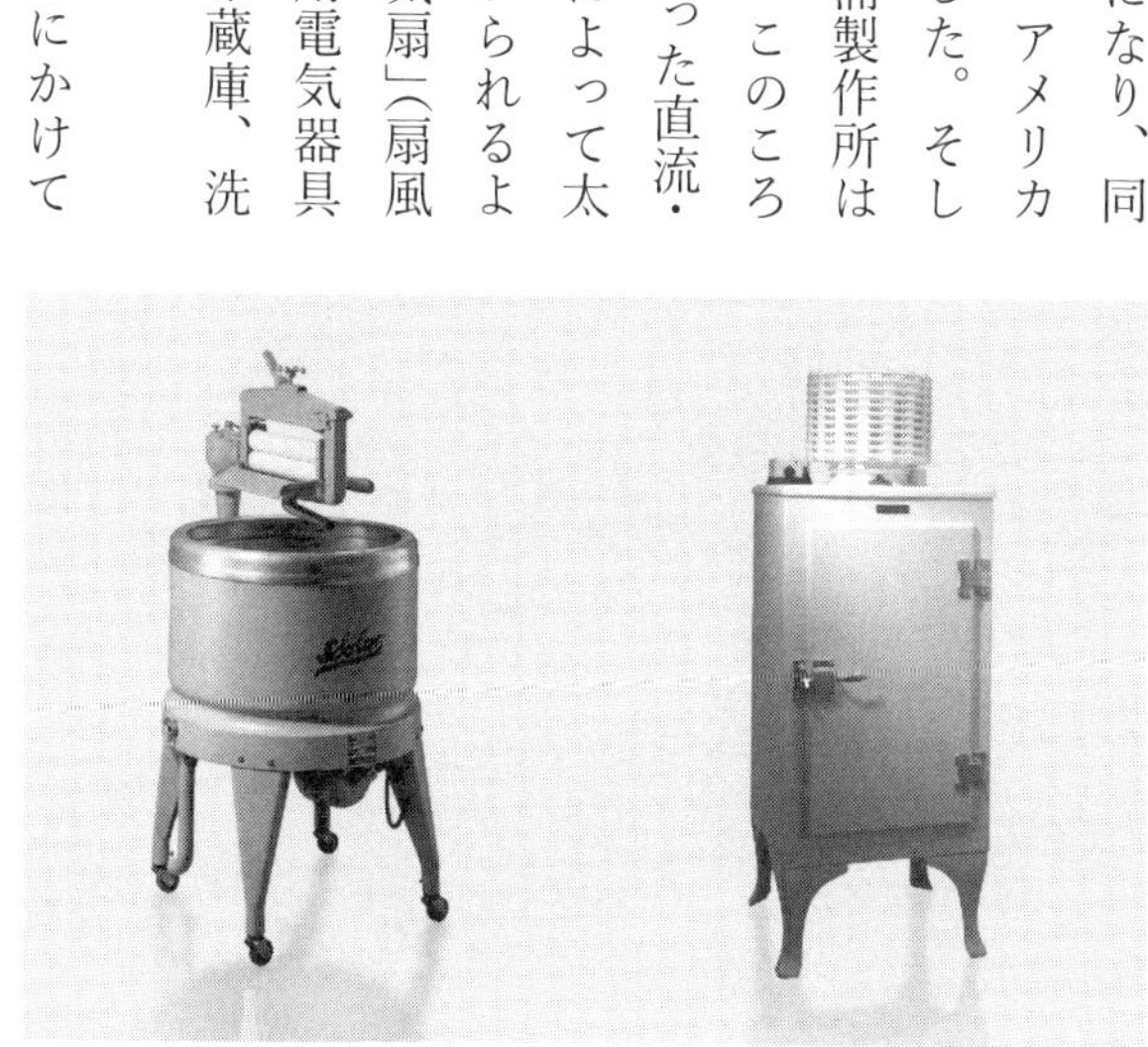

図95　日本初の電気洗濯機と冷蔵庫　（画像提供：東芝未来科学館）

の昭和恐慌により打撃を受けますが、昭和六年に起こった満州事変以後の準戦時体制下では、軍関係の機械、金属、化学（とりわけ硫安・ソーダ）工業や人絹工業など、電力多消費型の産業が発展した結果、芝浦製作所の製品需要も急増しました。

もう一つの源流となった電灯会社

ところで同社は昭和十四年（一九三九）に社名を「東京芝浦電気株式会社」に変更しますが、ここで「東京」がついたのは、東京電気株式会社という別会社と合併したためなのです。ここで、この会社の歴史についてふれておきましょう。

日本で初めて電灯（アーク灯、二つの炭素の電極間に電圧をかけて放電させた時に起きる光を用いた電灯、図96）がついたのは明治十一年（一八七八）三月二十五日、東京虎ノ門（港区）にあった工部大学校（東京大学工学部の前身の一つ）大ホールでした。この時、イギリス人教師エアトンの指導で点灯に携わった同校学生の藤岡市助は同十四年、二十五歳で卒業すると、同校の教授補となります。*1 そしてその二年後、藤岡らが提唱して東京電灯会社（東京電力の前身）が設立されると、藤岡は翌明治十七年に渡米し、その五年前にエジソンが発明していた白熱電球の製造過程を詳しく見学しました（この時、

図96　明治15年、銀座に設置されたアーク灯（野沢定吉『東京銀座通電気灯建設之図』より）（早稲田大学図書館所蔵）

ニューヨークでエジソンに会った、という説もある)。

帰国後、藤岡は大学を辞して東京電灯の技師長となり電球の試作を開始し、明治二十三年(一八九〇)には三吉電機社長の三吉正一(しょういち)に協力を求め、白熱電球の製造・販売を目的とする合資会社白熱舎を創立します(社長は三吉が兼ねる)。

日清戦争(明治二十七・一八九四〜同二十八・一八九五年)後の好景気で電球需要が急増し、明治二十九年に白熱舎は東京白熱電燈球製造株式会社に社名を変更しました。しかしその直後に反動不況となり、三吉は同三十一年に三吉電機を閉鎖し、東京白熱電燈球製造株式会社の社長も辞任しました。その後任となった藤岡は、業績回復を図って新たに電気工事事業も始めたりしますがうまくいかず、GE社に融資を仰いでいます。同三十二年(一八九九)には、社名を「東京電気株式会社」に変更しました。

日露戦争(明治三十七・一九〇四〜同三十八・一九〇五年)後、再び好況となり、同社には各種電球の注文が殺到しました。そこで藤岡は、同社を電球だけではなく、一大電気器具製造会社へ発展させることを計画し、明治四十一年(一九〇八)末に神奈川県橘樹(たちばな)郡御幸(みゆき)町(川崎市幸区)に大工場をつくり、翌年操業を開始させています。

さらに東京府荏原(えばら)郡大井町(品川区、旧東芝中央病院、現東京品川病院の所在地)にあった毛織物工場を借り受け、GE社の技術に学んで同四十四年に従来品より強靭(きょうじん)で値段も格安のタングステン電球「マツダランプ」(図97)をつくり始めました。折からの水力発電の発展や、その後の設備拡充、作業能

図97 マツダランプ
大正6年(1917)の雑誌広告

率の改善などにより、関東大震災や昭和恐慌などの影響もあまり受けることはありませんでした。なお藤岡は同四十五年(一九一二)、病に倒れています。

昭和二年(一九二七)、同社は芝浦製作所やGE社などと家庭用電気器具類の代理販売契約を結び、扇風機やアイロン、温水器、冷蔵庫、洗濯機などの販売を開始しました。

＊1 なお、この年二代目田中久重が藤岡と会い、アーク灯製造の可能性について尋ねている。そしてこれをうけ藤岡は、田中製造所において電灯をともしている。

芝浦製作所との合併

昭和十二年(一九三七)、日中戦争が始まり、翌年には国家総動員法が制定され統制経済が進み、家庭電化製品は生産禁止となってしまいました。産業界では合理化を図るために企業の合同・集中化が進みましたが、東京電気株式会社と株式会社芝浦製作所との合併も、そうした情勢の中で実現したのです。特に合併への動きを強く推し進めたのは、昭和二年に東京電気株式会社の社長となっていた山口喜三郎でした。山口は、かねてから重電(発電機など重量の大きな電気機械器具)の芝浦製作所と軽電(電灯など軽量の電気機械器具)の東京電気を結びつけ、「日本におけるGE」ともいうべき一大総合電気メーカーにしたい、という理想を抱いていたのです。そしてついに昭和十四年七月に、それが実現したのでした。

この二社はそれぞれGE社と提携しており、また資本面でも結びつきが強く、古くから役員の交流もありました。さらに電気工業技術の進歩により、弱電機械と強電＊1器具を組み合わせた製品が増え、両部門の関係がより密接になっていたので、この合併により会社の体質を強化することができたのです。こうして東京芝浦電気株式会社は資本金八七〇〇万円、従業員数二四〇〇〇人を誇る、わが国屈指の総合電機メーカーとして発足しました。

＊1 弱電は主として通信・制御・情報などを扱う電気工学部門をさし、強電はエネルギーの利用を目的として電気諸量を取り扱う技術などのことをいう。

戦後から現在まで

その後、戦時中の苦難を乗り越え、戦後はまず重電部門を中心に生産を再開し、やがて高度成長期に入ると、それに加えて家電ブームに乗り民生機器部門が躍進し、さらにエレクトロニクス技術の発展にともない電子・通信機部門も著しく成長しました。

石油ショック以後は、特にOA機器のようなエレクトロニクス分野の強化を図り、昭和五十九年(一九八四)には社名を株式会社東芝に変更しています。

こうして東芝は、製品の製造からサービスに関わる多くの子会社・関連会社を擁する企業集団の中核に位置する巨大企業となりましたが、二〇〇〇年代に入ると、韓国や台湾、中国のメーカーが台頭してきました。これによって東芝をはじめとした日本の電機メーカーは苦境に陥り、東芝もそれまでの消費者向け製品中心から、企業向けの原子炉、重電機、軍事機器、鉄道車両などの分野へ重点を移すようになりました。

そして平成二十七年(二〇一五)には不正経理が発覚、以後は白物家電事業、テレビ・パソコン事業、さらには成長の柱として掲げていた医療機器事業、メモリ事業などを売却し、ついには海外の原発事業や石炭火力発電所新設事業からも撤退することとなってしまいました。

◇

以上、三つの大企業のこれまでの歩みについて紹介してきました。しかし、これらのうち三越を除く二社については、現在既に存在していなかったり、あるいは厳しい状況に追い込まれており、私はあらためて、これだけの大企業でさえも長く存続させていくのがいかに難しいかを実感しています。それでもこれら三社は、これまで日本経済の発展に大きな役割を果たし、また一般の人々にも広く親しまれてきた存在であったと考え、ここでとりあげることにしました。

それともう一つ、正直に申し上げますが、私は当初これら三社をいずれも有名であるという理由だけでとりあげようとしたのですが、実際にそれぞれについて調べていくと、三社はいずれも三井家と深く結びついており、しかもそれぞれの会社どうしも製品の発注・納品などの点で関係があることがわかり、驚きました。結果的に一つの会社の歴史という、縦のつながりだけではなく、三井を介した会社どうしのつながりがあったことも、ここではあわせて紹介できたことを素直に喜びたいと思います。

《参考文献》

〔1　呉服商から百貨店へ〕

・初田亨『百貨店の誕生』(三省堂、一九九三年)

・株式会社三越編『株式会社三越１００年の記録』(三越、二〇〇五年)

・谷内正往「戦前三越の下足問題」(『梅信』五八四、二〇一三年)

・濱名伸「近代日本における百貨店の誕生」(『関西学院経済学研究』四七、二〇一六年)

〔2　鐘紡からカネボウへ〕
・鐘紡社史編纂室編『鐘紡百年史』（鐘紡、一九八八年）
・武藤治太・松田尚士『カネボウの興亡』（新風出版、二〇一〇年）
〔3　「からくり」から総合電機メーカーへ〕
・東京芝浦電気株式会社編『東芝百年史』（東京芝浦電気株式会社、一九七七年）
・林洋海『東芝の祖 からくり儀右衛門』（現代書館、二〇一四年）

第6章

時代を超えた「お薬」

つながりの視点

一般に薬というと、抗生剤のような科学的根拠をもつ、
効き目のはっきりしたものをまず思い浮かべるかもしれません。
しかし一方で、江戸時代や明治時代に遡るような歴史をもつ、
長年の生活体験から生まれた和漢薬（日本の風土に対応した生薬）の中には、
現在でも広く用いられているものもあります。
コマーシャルでも有名なこれらの薬が、
いったいどのようないきさつで現在まで生き続けているのか、
これから見ていくことにしましょう。

1 越中富山の薬売り

紙風船の記憶

確か幼稚園か小学校低学年のころ（今から六十年近く前の昭和四十・一九六五年ごろ）、自宅（栃木県宇都宮市）にも「富山の薬売り」のおじさんが時々やってきて、置き薬を補充したり、私には紙風船をくれたりした記憶がおぼろげながら残っています。当時は何の疑問ももたずにそういうものだと思っていたのですが、今回日本の薬の歴史を少し調べていくうちに、この記憶がよみがえってきました。なぜ富山の薬屋さんが、わざわざ栃木にまで売りに来たのか。ここでは富山の行商スタイルの薬売りの歴史について見ていきましょう。

反魂丹の誕生

富山県は、現在でも医薬品の製造に関して全国トップクラスの地位を保持し続けています。例えば、平成二十七年（二〇一五）～同三十年（二〇一八）における医薬品生産額を見てみると、平均約六四〇〇億円、国内シェアは毎年一〇％弱で、全国一位か二位となっています。富山県の工業製品の中では、全体の一四・四％を占めて一位であり、従業員数も約一万一千人、全国の八・八％で二位となっています。

こうした状況を生むに至った出発点は、江戸前期に求められます。元禄三年（一六九〇）、富山藩（金沢藩前田氏の分家として十万石で立藩）の第二代藩主前田正甫（まさとし）が参勤交代で江戸城に登城した際、陸奥国三春藩

（福島県三春町）の藩主秋田輝季が脇腹痛で苦しみ出しました。そこで正甫は印籠から反魂丹という薬をとり出して輝季に与えたところ、痛みがたちどころに治りました。このことが全国の諸大名に知れ渡り、この反魂丹の販売を要請されたため、正甫は領内の薬種商松井屋源右衛門に製造を命じ、八重崎源六に諸国を廻って商うよう指示した、というのです。

そもそも正甫はなぜ反魂丹をもっていたかというと、宝暦九年（一七五九）六月、松井屋が奉行所に提出した由緒書には、「備前岡山にいた長崎出身の医師岡山浄閑が、所持していた反魂丹の製法を前田正甫に伝えた。正甫はそれを家来の日比野小兵衛に預け、その後日比野が松井屋に製法を伝授、反魂丹の販売を許可した」とあります。また嘉永三年（一八五〇）七月の妙国寺書上には、「正甫の近習日比野小兵衛が長崎行きを命じられ、途中で備前片上の医師万代常閑と親しくなった。小兵衛は長崎で持病の癪（胸ないし腹の激痛）を起こし苦しむと、常閑が万代家秘法の反魂丹を与え、たちまち快癒した。そこで小兵衛は薬の製法を習って帰国し、ある時主君正甫が腹痛で苦しんだので、この反魂丹を差しあげたところ、やはり効能があった。そこで正甫は松井屋に薬の製法を伝授し、八重崎屋に諸国へ売り広めるよう命じた」と記されています。

これらの話はいわば伝説の類であり、なかみも微妙に異なっていて真偽は不明です（松井屋や八重崎屋に指示したタイミングも異なる）が、正甫が薬草の栽培を始め、それらから薬をつくろうと研究していたのは史実のようであり、元禄期には反魂丹が広く売られるようになっていた可能性は高いと考えられています。

この反魂丹は、今でいうと総合胃腸薬に相当し、衛生知識の乏しかった江戸時代には消化器系の病気が多かったので、大いにもてはやされたものと推測されます。松井屋源右衛門家の古文書によれば、反魂丹に用いられる生薬は、龍脳（龍脳樹という木の樹脂を結晶化したもので、効能は鎮痛・消炎）、麝香（雄のジャコウジカの腹部にある香嚢（こうのう）からの分泌物を乾燥したもので、強心・興奮作用がある）など二十三種類もあります（その後、明治時代には十三種類に減り、現在はそれらとある程度異なる五種類の成分からできている）。

置き薬方式による行商

さて話は江戸時代に戻りますが、前田正甫は反魂丹の販売に際し、「用を先にし、利を後に」と訓示したと伝えられています。これによって、置き薬方式（とりあえず訪問先に薬を置いていき、後日再訪問した際に使った分だけの代金をもらい、あわせて薬を補充する、図98）が定着していったわけですが、これは各家庭の経済的な負担を実質的にも心理的にも軽減できる、画期的な販売方法といえましょう。

藩に売薬を許された行商人の数は次第に増え、文久年間（一八六一～六三）には二二〇〇人に達しました。[*1] またその範囲も富山藩だけでなく、同藩を囲む東西加賀藩領、すなわち現在の富山県の県域である富山平野全体に広がりました。行商人たちは全国各地に出向きましたが、特に中部や関東地方が多かったようです（この名残が冒頭で紹介した私の幼少期の記憶につながる）。彼らは行商先の地域ごとに「仲間組」を組織し（その数は二〇組前後で推移）、その下には「向寄（むより）」をつくってお互いに商売が競合しないようにしたり、また行商のルールを定めたりしました。一人の行商人が担

図98　越中富山の置き薬
（十日町市博物館提供）

当する地域を「懸場（かけば）」といい、他の行商人が売り歩くことはできないとされ、顧客の確保と維持が図られていたのです。さらに、この懸場内の各家庭を訪問して得られた情報を記録したものを懸場帳といい、これは新しい行商人に引き継ぐ際の重要文書として売買の対象にもなりました。こうした行商スタイルの売薬業は、富山の他、奈良や滋賀、佐賀などにもありましたが、富山は全体の過半を占めたのです。

＊1　なお、この反魂丹の他、奇応丸（きおうがん）（乳幼児用で疳（かん）の虫、夜泣き、下痢などに効く）など二、三種類を売り歩いた。

富山藩の関与

一方富山藩も、文化十三年（一八一六）に反魂丹役所を設置し（明和二・一七六五年説もある）、行商人たちの免許管理や製薬の吟味（原材料の統制）、賦課金の徴収などを行いました。こうした売薬業者たちにかけた税の収益は、藩財政の一五％をまかなうほどの貴重な財源になったとされています。それゆえに、出張先の藩が自領内の薬商人たちを保護するために富山の薬売りたちの活動を規制するような場合は、もちろん商人自身も旅先で交渉はしましたが、富山藩も相手の藩にかけあって富山商人たちの保護につとめていました。

さらに薬の原材料の入手に関しても、富山藩の反魂丹役所は、かなり危ない橋を渡って活動していました。すなわち、反魂丹の原材料である龍脳や麝香は富山にはなかったため、清国からの輸入（密輸）に頼らざるをえず、それもその窓口となっている薩摩藩の協力が不可欠だったのです。そこで役所は、清国で不老不死の薬として珍重されていた蝦夷地松前の昆布を北前船[*1]によって仕入れ、それを薩摩藩に献上・販売し、薩摩藩はそれを琉球経由で清国に輸出し（同様に密貿易）、その見返りとして前記の生薬を輸入していたのです。

＊1　蝦夷・北陸と中国地方・上方を行き来してお互いの特産物を運送・販売した北陸の港の船のこと。

全盛期は大正から昭和前期

さて明治時代になると、反魂丹も他の和漢薬と同様に、西洋的な基準で有効性の有無が問われましたが、すぐに富山から検査機関である大学東校（東京大学医学部の前身）に関係者を派遣し、明治四年（一八七一）には反魂丹、奇応丸など七種の薬の販売許可を得ました。そして武士身分を失った旧富山藩士の多くも売薬に転業したため、一時は行商人の数が四〇〇〇人以上に達しましたが、その後政府が規制を強化したこともあって、売薬業者は次第に減少していきました。

しかし行商人たちも会社組織をつくって対応し、大正～戦前までその数はおおよそ七〇〇〇人から一四〇〇〇人強の間で推移していました。戦後の状況については**表3**のとおりです。昭和三十六年（一九六一）の一万一六五八人をピークに急速に減り始め、令和元年（二〇一九）には六〇〇人を切りました。

この背景としては、まず昭和三十六年に国民皆保険制度が実施されたため、医師の処方する薬が比較的安く買えるようになったことがあげられます。また薬局も増加し、最近ではドラッグストアやコンビニで市販薬を買うことが一般的になってきました。さらには単身者や共働きの家庭が増え、日中訪問しても不在の場合が多いこと、そして何よ

表3　富山の配置薬業従事者数の変遷（戦後）

年	人数
1960（昭和 35）	10,578
1965（昭和 40）	9,173
1970（昭和 45）	7,890
1975（昭和 50）	6,254
1980（昭和 55）	5,442
1984（昭和 59）	4,880
1996（平成 8）	3,046
2004（平成 16）	1,847
2012（平成 24）	986
2019（令和 1）	599

（柴田論文より作成）

りも個人情報というものが厳しくなった現状では、かつてのように訪問した行商人が家族の健康問題について話を聞くことが、きわめて困難になったことが大きいでしょう。

今後一層増える高齢者の家庭にねらいを定める、という方法も考えられます（既にそうした取り組みは行われているとのこと）が、「薬売り」の将来はなかなか厳しい、といえるかもしれません。

2 宇津救命丸

下野国の名主がつくる

この薬は、下野国塩谷郡上高根沢村西根（栃木県高根沢町）の名主宇津家によってつくられ始めました。同家の年代記によると、宇津家はもともと下野の有力大名宇都宮氏の家臣でしたが、慶長二年（一五九七）に宇都宮氏が豊臣秀吉から改易処分を受けて没落したため、帰農して上高根沢村に土着し、以後代々名主をつとめました。そしてその家業の中で、いくつかの薬とともに救命丸をつくるようになりますが、その始まりは慶長二年、あるいは江戸初期の元和期（一六一五～二四）に遡る、とされています。

記録の上で明らかになるのは江戸中期、十八世紀半ば以降です。このころには施薬（近隣の人々に無償で薬を与えること）から売薬の段階に入っており、「金匱救命丸」の名称で下野国外にも広く知られるようになりました。

その理由については、もちろんその薬効が認められたことがあげられます。後述するような貴重な材料を用いており、そのため「金匱」（本来は高価な品物を入れる箱をさすが、この場合「貴重な」という意味）という語句が付されたようです。ちなみに明治五年（一八七二）当時の価格は、一粒一銭五厘（当時蕎麦が一杯五厘だったので、現在のお金にして一二〇〇円くらい）でした。

一橋家御用達となり有名に

　もう一つの理由は、延享三年（一七四六）に上高根沢村が御三卿[＊1]の一つ、一橋家の領地となり、名主であった宇津家が同家にお子様用の常備薬として上納するようになったことが関わっています。これにより一橋家が救命丸に絶大な信頼をおくようになり、そのことが薬の名声を高め、販売に大きなプラスとなったと考えられるのです。

　救命丸は、人の出入りの多い旅籠（はたご）（旅館）や問屋、造り酒屋などを取次店とする、委託販売の形で売られました。文化四年（一八〇七）の時点で、その取次店の数は、北は奥州（出羽を除く東北地方）・出羽（山形県と秋田県の大部分）から、西は備前（岡山県南東部）まで三七四ヵ所もありましたが、特に集中していたのは関東と東北一帯でした。

　なお、もともとは大人向けの万能薬であった救命丸は、江戸末期になると小児薬として売られるようになります。これは当時、栄養状態が悪く、子どもの死亡率が高かったことをうけて、宇津家がそれを何とかしたいと思ったことのあらわれでした。

＊1　御三家（尾張・紀伊・水戸徳川家）との関係が疎遠になってきた徳川将軍家が、これを補うために設けた家で、八代将軍吉宗の時に田安・一橋家、九代家重の時に清水家がそれぞれできた。御三家より格下だが、将軍家を継ぐ資格があり、賄料（まかない）は三家とも十万石。

公開された秘伝薬のなかみ

　さて時代が明治に入ると、薬の効能にも科学的な根拠が求められるようになり、救命丸も売薬の許可を得るべく、管轄官庁に申請書を提出しています。そしてその中の一つ、明治九年（一八七六）三月の「売薬検査御願」において、初めて救命丸の成分が明らかにされました。それによると、麝香（じゃこう）・真珠（効能は鎮静・強心、以下同じ)、牛黄(狭心症・胃炎など)、朝鮮人参(強壮)、犀角(解熱)、沈香(香料)、丁香(健胃・ガス排出)、熊胆(健胃・気付け)などでした。これ以前は、秘薬として代々宇津家の長男だけにその製法が口伝えされ、自宅敷地内にある、当主以外には近づけない誠意軒という建物の中で、毎年二月に調合されていたのです(なお宇津家の自宅は、現在も宇津救命丸株式会社の高根沢工場として機能しており、本社も令和五・二〇二三年四月に東京都内から同地へ移転した)。

明治後期には、それまでの委託販売から卸ルートを通じた全国の小売店での販売に改め、事業規模を拡大させていきました。薬の名称も、明治四十二年(一九〇九)に「金匱救命丸」から「宇津救命丸」(図99)に変更しています。

図99 大正2年(1913)の宇津救命丸ポスター
(宇津救命丸所蔵、高根沢町デジタルミュージアム提供)

龍角散

秋田藩の医師がつくる

「ゴホン!といえば龍角散」のコマーシャルで有名なこの薬は、江戸後期に秋田地方で生まれました。すなわち、秋田藩(藩主佐竹氏)で御典医(藩主お抱えの医者)をつとめていた藤井玄淵によって文政年間(一八一八~二九)に創製されています。そして、その後まもなく子の玄信が蘭学の知識にもとづき、和漢薬に西洋生薬を取り入れて改良しました。

玄信の子、藤井正亭治は、江戸最末期の藩主佐竹義堯の持病である喘息を治すため、長崎で蘭学を修めました。そして帰藩後に家伝薬を喘息の処方に再改良することで、現在の処方の基礎を確立したとされています。

薬名の由来

明治四年(一八七一)の廃藩置県後、この家伝薬は佐竹氏からあらためて藤井家に下賜されました。そこで正亭治は東京へ出て、神田豊島町(秋田藩江戸屋敷の近く、東京都千代田区)に居を構え、薬種御用商となって藤井薬種店を創業し、この下賜された家伝薬を「龍角散」の名前で一般向けに販売したのです。なお、この名前は、初期の処方に「龍骨」(古代の大型哺乳動物の化石で、鎮静作用がある)・「龍脳」(龍脳樹という木の樹脂の結晶で、頭痛・眼病・歯痛の薬として用いられる)・「鹿角霜」(鹿の角を煮て乾燥させたもので、強精・強心作用などがある）などの生薬が用いられていたことに由来します。

その後、明治二十六年（一八九三）、初代藤井得三郎は神田佐久間町にあった衛生試験場（東京大学薬学部の前身）において薬学を修め、龍角散の処方改良を行いました。その成分はキキョウ・甘草・杏仁・セネガで、いずれも咳や痰の症状を抑える効能があります。初代得三郎はまた、漢方の吹薬という方法を応用し、微粒粉末にして水なしで飲んで、喉の粘膜に直接作用するように工夫しました。

このように龍角散は、和漢薬に蘭学から取り入れた西洋生薬を加えてつくりあげられた和漢・蘭折衷の薬なのです（図100）。

なお明治後期には、積極的に広告活動も行って販路を全国に拡大し、特に症状の出やすい冬には店の手代を使って一軒ずつ訪問させ、その際効能を書いた色刷りの引札（チラシ）を、直接手渡しで配っていたそうです。

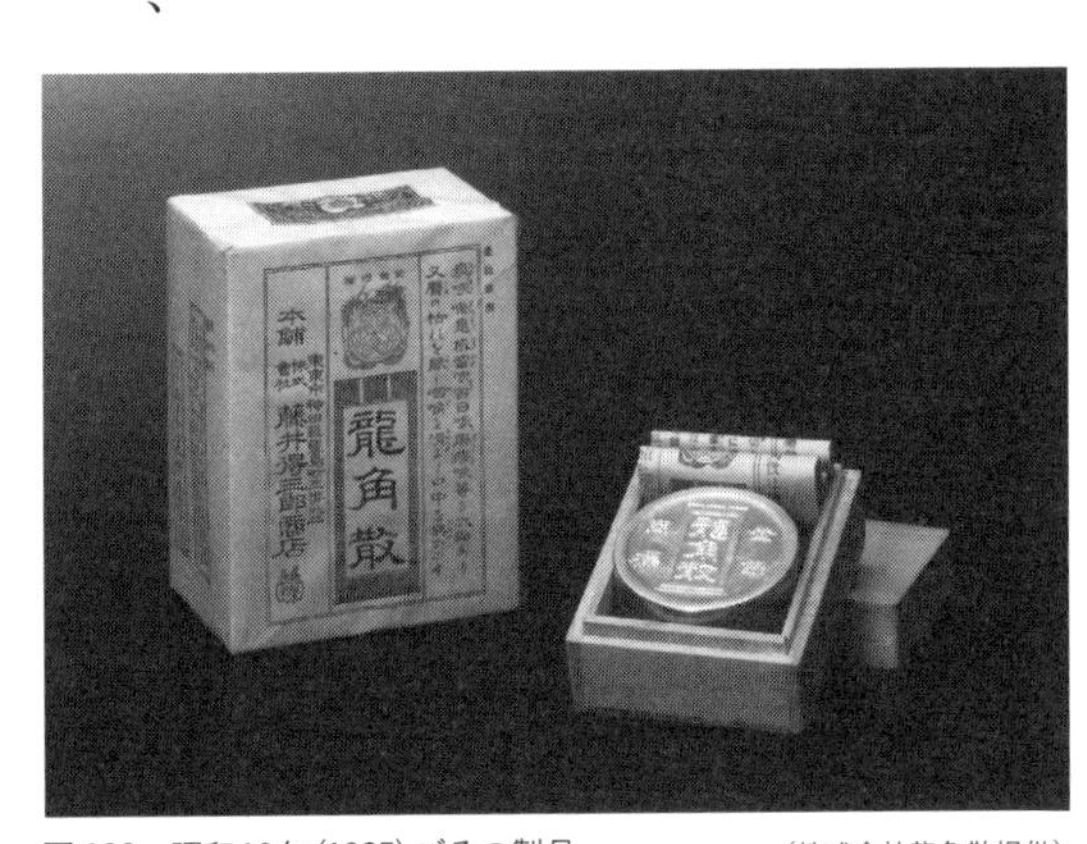

図100　昭和10年（1935）ごろの製品　（株式会社龍角散提供）

戦後、昭和二十年代にはアジア諸国への輸出も開始し、同三十九年（一九六四）には社名をそれまでの藤井得三郎商店から、「株式会社龍角散」と改めました。

太田胃散

創業者は壬生藩士だった

「ありがとう、い〜い薬です」のキャッチコピーでおなじみの太田胃散。この薬の創業者である太田信義は、天保八年（一八三七）、下野国都賀郡壬生（栃木県壬生町）で壬生藩士谷郡太夫の五男として生まれました。幼名は源三郎、名を泰蔵、後に信義と改め、雪湖と号します。

安政元年（一八五四）、同藩士で儒者の太田謙三郎に学び、翌年その養子となりました。信義は武術にも優れ、種田流槍術の免許皆伝となり、藩の槍術教授役に任ぜられます。その後、江戸に出て儒者田口文蔵のもとに身を寄せ、元治元年（一八六四）、水戸天狗党の乱が起きると、信義はこれに参加しました。壬生藩は天狗党の追討を命じられ、信義は投獄されましたが、慶応三年（一八六七）四月に脱走、銚子や江戸で商人に身をやつして潜伏したのです。そして上野の彰義隊の戦い[*1]の際に、西郷隆盛に面会して情報を提供し明治維新後は新政府に仕えました。

明治十一年（一八七八）、信義は官職を辞め、東京で本格的に商いの道へ入ります。そして友人であった頼復二郎から、その父山陽（儒学者・歴史家）の著作『日本外史』（江戸時代後期を代表する歴史書）の出版権を得て、出版業を始めました。

＊1　徳川慶喜の恭順に不満な旧幕府軍有志が結成した軍で、慶応四年四月の江戸開城後も抵抗を続けたが、五月十五日上野での戦いで新政府軍に敗れた。

製品化のきっかけ

しかしこの転身により、信義は大きなストレスを抱えたようです。酒好きということもあって、胃病に悩むようになりました。そのような折、たまたま大阪へ出張した際に胃病となったため、日本における西洋医学の基礎を築いた緒方洪庵の弟子で、その娘婿となった緒方拙斎の診察を受けます。その時処方された薬がよく効き、まもなく胃病も治りました。そこで信義は拙斎に懇願してその処方の教示を受け、これをもとに薬を製造し、明治十二年に政府の許可を得て「胃散」の名称で販売したのです。その後、明治三十一年（一八九八）に「太田胃散」（図１０１）として商標登録し、新聞やラジオ、戦後はテレビコマーシャルなどを用いて積極的に広告活動を展開、昭和三十八年（一九六三）には社名自体を「太田胃散」としました。

ところで緒方拙斎の処方は、もともとはオランダの軍医で幕末から明治初期にかけて日本で医学を教えたボードウィン博士によるものでした。その原料のほとんどは、イギリス及びその植民地であったアフリカ、中国、スリランカなどから取り寄せたものでした。具体的には桂皮、肉豆蔲、茴香、ゲンチアナ、苦木などで、いずれも芳香と苦みのある健胃成分です。これらは、肉食を主とするヨーロッパでは中世以来、香辛料として珍重されてきたものですが、同時に健胃薬としても用いられていたのです。

「太田胃散」という名前からは、日本の伝統的な薬のようなイメージが思い浮かびますが、実は江戸末期以来、日本でも次第に広まっていった西洋医学の知

図 101　明治・大正時代の太田胃散　（株式会社太田胃散提供）

識と経験にもとづいたものだったのです。

浅田飴

将軍家典医の書生がつくる

「せき　こえ　のどに浅田飴」のキャッチコピーで有名な浅田飴は、明治二十年（一八八七）に誕生しました。創始者の堀内伊三郎は信濃国上伊那郡美篶村（長野県伊那市）出身で、同じ信濃国筑摩郡栗林村（同松本市）生まれの医師浅田宗伯の書生となりました。

宗伯は天保三年（一八三二）、京都に出て医学や儒学を学び、さらに江戸へ移って研鑽を積みます。そして慶応二年（一八六六）には将軍家の典医となり、明治維新後も嘉仁親王（後の大正天皇）の侍医をつとめるなど、漢方医学最後の大家として活躍しました（明治二十七・一八九四年に没）。

その宗伯が、書生であった堀内伊三郎に、同郷のよしみから浅田飴のもととなる処方を伝授したのです。伊三郎は明治二十年、この処方をもとに薬用人参（全身の倦怠感や食欲不振などに効能がある）、キキョウ・マオウ（同じく喘息や痰など）、葛根・桂皮（解熱・鎮痛・消炎など）などの生薬を調合し、「御薬さらし水飴」として売り出しました。水飴状としたのは、当時、病気や出産の見舞品として鶏卵や水飴を贈る習慣があったことに着目したためですが、当初はあまり売れなかったようです。

図102　創業当時の浅田飴
（株式会社浅田飴提供）

ユニークなキャッチコピー

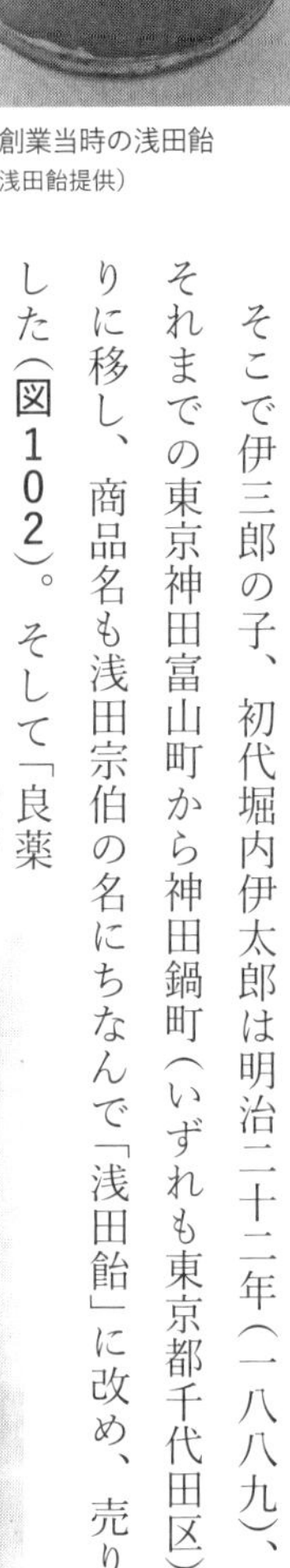

そこで伊三郎の子、初代堀内伊太郎は明治二十二年（一八八九）、店舗をそれまでの東京神田富山町から神田鍋町（いずれも東京都千代田区）の大通りに移し、商品名も浅田宗伯の名にちなんで「浅田飴」に改め、売り出しました（図102）。そして「良薬は口に甘し」や、歌舞伎「伽羅先代萩」の「御殿の場」での名台詞をもとにつくった「たんせきに浅田飴、すきはらにめし」などといった（図103）ユニークなキャッチコピーを考案し、絵入り引札を用いて本格的な宣伝活動を行いました。

大正四年（一九一五）には、水飴状のものの他に固形の浅田飴もつくりましたが、これは現在のものとは異なり、水飴状の浅田飴に寒天や砂糖などを加えてゼリー状にし、それをサイコロ形に切って澱粉をまぶし、乾燥させたものでした。しかしこの製品は高温多湿となる夏季には溶けてしまったため、うまくいきませんでした。

図103　大正3年（1914）の引札
上に右から「良薬にして口に甘し」とある
（株式会社浅田飴提供）

スペイン風邪と浅田飴

大正七〜八年（一九一八〜一九）にかけてスペイン風邪が全世界を襲い、死者は二千万人にも達したとされています。わが国もその例外ではなく、このため浅田飴は飛ぶように売れました。これに応じるために製造工程の機械化を図り、これから操業を始めようとした矢先の大正十二年（一九二三）、関東大震災が発生、これにより店舗・家屋とともに工場も全焼してしまいました。

この苦難を乗り越え、同十五年にはソフト糖衣の技術開発に成功し、現在の碁石形の固形浅田飴を完成させたのです。

昭和二十二年（一九四七）、株式会社堀内伊太郎商店が設立され、各種医薬品の製造も開始しましたが、やはり主力となる商品が浅田飴であることは、平成六年（一九九四）に社名を株式会社浅田飴に変更した点にもよくあらわれています。

正露丸

もとはドイツの薬だった

ラッパのメロディーが流れるコマーシャルで有名な下痢・食あたりの薬、正露丸。私も時々お世話になっています。この薬、もともとは「征露丸」の名称で売り出されたことをご存知でしょうか。

この薬の主成分である木(もく)クレオソートは、十九世紀前半のドイツにおいてブナや松・杉から精製・抽出されたもので、当時は化膿した傷の治療や消毒薬、食べ物の防腐剤などとして用いられました。しかしその後、胃や腸の病気の治療に用いられるようになり、アメリカの南北戦争(一八六一~六五)の際にも、その殺菌作用による下痢止め薬として効能が高く認められたそうです。

日本には明治十七年(一八八四)~二十一年(一八八八)までドイツに留学していた森林太郎(鷗外)によってもたらされた、とする説もありますが、既に同十九年刊行の『日本薬局方』には掲載されているので、疑問が残ります。その後、同三十一年(一八九八)に刊行された『ことばの泉』という国語辞典には、「けれおそおと 結麗阿曹篤。……薬の名。……醗酵(はっこう)、腐敗をふせぎ、歯のいたみを止むるなどの性質あり」などと記されています。

日露戦争で効果を発揮

日露戦争が勃発した明治三十七年(一九〇四)、軍事衛生について考究していた陸軍軍医学校教授の戸塚機知(みちとも)という人が、木クレオソートを主成分とした胃腸薬を開発し、その際ロシアを征するという意味を込めて「征露丸」と名づけられたようです。その正確な時期は不明です(この前年とする説もある)が、同年九月二十二日(戦争中、遼陽(りょうよう)占領が実現したころ)付けの東京朝日新聞に、この名前で紹介されているので、遅くともそれ以前にはできていたことになります。

同紙には「征露丸は陸軍軍医学校の研究によりできた下痢・腹痛の予防剤で、食後に一粒服用させるため、出征兵士たちに一ヵ月分入りの鑵(かん)一箱をそれぞれ携帯させ、その後も補給を続けている」とあり、衛生状態の悪い戦地にいる兵士全員に服用を命じていたことがわかります。

実際に、この薬のおかげで戦病死者数の割合が、日清戦争時(明治二十七・一八九四〜同二十八・一八九五年)と比べて大きく減少し(八九%→三一%)、このことが勝利の一因となった、という指摘もなされています。

「征」から「正」へ

戦後、帰還した兵士たちからこの話が日本国内に広まったため、民間薬として多くのメーカーが製造・販売するようになりました。日本の文字文化を研究するシャルコ・アンナ氏によると、外務省記録や昭和四十六年(一九七一)の東京高裁判例文に、明治三十八年(一九〇五)九月、民間の鳥栖製剤合資会社が「征露丸」の登録商標を得ますが、一方で中島佐一という人が同四十年に「忠勇征露丸」の発売を免許され、その後大正十一年(一九二二)ごろ、同社に中島が資金提供を行って登録商標の共有者になった、とあるそうです。

ところが大正十四年十月に日ソ基本条約が結ばれて国交が正常化されると、ソ連大使館から日本の外務省に対し、「中島の征露丸という薬名は、ロシアを征服する意味なので不満に思う。しかるべき処置をお願いする」という旨の苦情が寄せられました。実はこの二年ほど前から、国内でも複数あった「征露丸」商標使用業者たちの間で商標権侵害をめぐって裁判が繰り返されており、結局翌年に大審院は「征露丸」の商標登録を無効とする判決を下しました。

これにより、関係業者の多くは薬名を「親露丸」や「戦友丸」、「平和記念丸」など、ソ連に友好的なものに切り替えましたが、中島佐一だけは宣伝に高額な資金をかけているし、商標登録には大変苦労した、として変更しませんでした（前掲の判決では「征露丸」の商標自体が禁止されたわけではない、図104）。

第二次世界大戦後の昭和二十一年（一九四六）、大幸薬品株式会社の創始者柴田音治郎が「忠勇征露丸」の製造・販売を受け継ぎ、同二十四年には「国際関係上、ロシアを征するという意味の名称はよくない」という理由で「征」の字を同じ音の「正」に改め、「中島正露丸」としました。さらに同二十九年には「正露丸」の商標を登録しましたが、他社が反発して訴訟となり、同四十六年（一九七一）に東京高裁はまたしても登録を無効とする判決を出しました。

なかなか複雑な問題ですが、見方を変えれば、こうしたことは（文字はともかく）「セイロガン」という薬名が国民の間にそれほど浸透していることを示している、といえましょう。

なお、現在でも台湾では「征露丸」の商標のままで売られていますし、日本でも奈良県の会社が同じ薬名

図104　征露丸1930年代の広告

で販売を続けています。

◇

以上のように、日本には近代以前に製造・販売が始まり、途中いろいろと改良が加えられながらも現在まで使われ続けている薬がいくつもあるのです。そしてそれらの中には、和漢の生薬以外に、西洋医学にもとづく原料が加わったものもありました。こうした薬が、明治以降も生き残るためには、科学的な検査機関による有効性の有無の審査を経なければなりませんでした。さらに、そうした壁を乗り越えて品質が保証されたこれらの薬が全国的に売れるようになった背景には、キャッチコピーなどの広告の工夫や独特の販売方法などがあったのです。

《参考文献》

〔正露丸以外の項目〕

・山崎光夫『日本の名薬』（文藝春秋、二〇〇四年）

〔1　養命酒〕

・養命酒製造株式会社公式サイト

〔2　越中富山の薬売り〕

・玉川しんめい『反魂丹の文化史』（晶文社、一九七九年）

・柴田弘捷「越中富山の薬売り　富山の配置薬産業と「売薬さん」」（『専修大学社会科学研究所月報』六七九・六八〇、二〇二〇年）

〔3　宇津救命丸〕

・宇津救命丸株式会社公式サイト

〔4　龍角散〕

・株式会社龍角散公式サイト
〔5 太田胃酸〕
・壬生町立歴史民俗資料館企画展図録『壬生の医療文化史』（二〇〇七年）
〔6 浅田飴〕
・株式会社浅田飴公式サイト
〔7 正露丸〕
・おぎのひとし『正露丸のひみつ』（学研パブリッシング、二〇一四年）
・シャルコ・アンナ「日露戦争期に発祥した語彙・表記をめぐって」（『ソシオサイエンス』二四、二〇一八年）

第7章

時代を超えて活躍した地域の有力者

つながりの視点

日本の長い歴史において、時代の変化にともない為政者は変わっていきました。
そして、当然ながらそのことによって社会は大きな影響を受けるわけですが、
ある一つの地域に目を向けるとどうだったのでしょうか。
もちろん、大きな変化が見られたところもあるでしょうが、
同じ家が時代を超えて地域のリーダーたり続けたようなケースもあったようです。
ここでは、このうち後者について下野国芳賀郡（栃木県芳賀町）の岡田家を具体例として、
その様子を見ていくことにしましょう。

岡田家の由来

岡田家に伝来する「岡田系譜」（以下「系譜」と略す）という史料には、江戸時代以前の岡田氏について次のように記されています。

> 本姓は物部連、下野国の芳賀郡司をつとめ、三ツ沼（水沼）郷に住んでいた。五郎入道浄阿の子、物部監物尉清長父子は前九年合戦（一〇五一～六二）の際、源頼義・義家父子に従って奥州へ下向し、安倍氏追討に戦功をあげ、恩賞を賜った。清長の十代後の三ツ沼五郎兵衛尉（物部清満）は延文ごろ（一三五六～六一）、芳賀郡真岡城主芳賀禅可（高名）と領地をめぐって争ったが敗死し、城地を失った。清満には男子がなく娘がいたため、一族・家臣が協議し、この時物部家に身を寄せていた源頼義の弟、頼清の末裔で信濃国の住人であった岡田四郎兵衛実清にこれを嫁がせ、岡田監物尉と名乗らせた。この後、芳賀氏と和睦してその主君である宇都宮成綱に属し、芳賀氏の寄力（与力、上位の武士に属して加勢する武士）となる。その七代後の岡田監物尉某は芳賀氏の家臣となり、天正元年（一五七三）四月二十二日に没したが、その子を叔父の岡田直次が後見した。慶長二年（一五九七）、豊臣秀吉が宇都宮国綱を改易処分としたため芳賀氏も自滅し、これによって岡田氏も領地を失った。この後、郷士（ここでは帰農した有力農民、という意味か）となり明応ごろ（一四九二～一五〇一）に用いていた城跡を居館に、かつ浄阿の本拠地であった泉（栃木県芳賀町）の地を別荘としたが、以後は代々泉に定住した。（大意）

右の史料は天保年間(一八三〇~四四)に作成されたもので、書かれている内容を中世の古文書などで確認することはほとんどできないのですが、少なくとも戦国末期の時点で岡田氏が宇都宮氏の重臣芳賀氏の家臣であったことは、まちがいないようです。次の史料をごらん下さい(図105)。

土豪として戦国大名に仕える

官途の事、これを成し候状くだんの如し、

天正九年辛巳

正月十五日　(芳賀高継)(花押)

岡田監物丞殿

これは、岡田家に残る唯一の中世文書で、天正九年(一五八一)正月十五日付けで芳賀氏の当主であった高継が、岡田家当主に監物丞という官途(かんと)(朝廷の官職)を与える、と伝えたものです。本来官途は、武士の申請をうけた将軍が朝廷に推薦した結果、与えられるというのが正式な手順でした。しかし室町中期以降、特に戦国時代に入ると、各地の大名が恩賞の一つとして、自らの家臣に対し、いわば独断で官途を与えるようになりました。この文書もその一例と見られ、こ

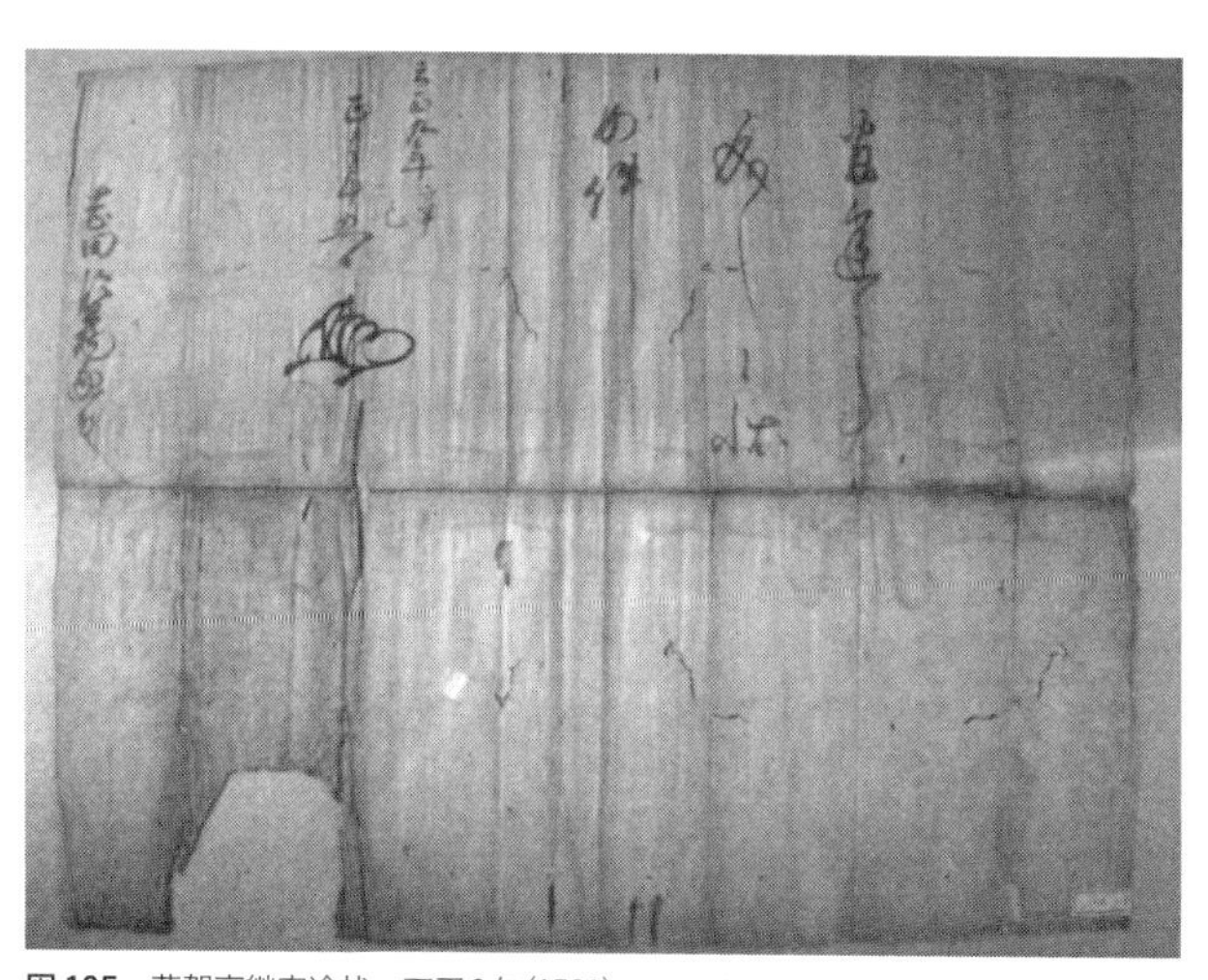

図105　芳賀高継官途状　天正9年(1581)　(岡田純治所蔵、栃木県立文書館寄託)

のことから天正九年当時、岡田氏は戦国大名宇都宮氏の重臣にして自らも芳賀郡一帯を支配する芳賀氏に従っていた、とわかるのです。さらに推測すれば、岡田氏は遅くとも中世末期には、東水沼（栃木県芳賀町）を本拠とする土豪となっていたものと思われます。現在の岡田家の屋敷地が六反歩（約一八〇〇坪）もあり、北方と西方は山林に覆われ、東方から南方にかけて土塁と堀がめぐっていることも、そのように判断できる有力な証拠といえましょう。

近世以降も続いた旧主との関係

ところで、岡田氏と宇都宮氏との関係を示すものとして、「旧臣姓名書」という史料があります。これはおそらく十八世紀以降に作成され、宇都宮氏の旧臣たちの名前を村ごとに書きあげたものなのですが、その中の東水沼村のところに「岡田八兵衛」の名前が見えます。史料の性質上、このことを以て直ちに中世段階において岡田氏が宇都宮氏の家臣であったと判断することはできませんが、少なくとも江戸中期以降、岡田氏がそのように自覚していたことは、ほぼまちがいありません。このころ宇都宮氏は水戸徳川家の家臣となっていましたが、このようにかつての家臣（あるいはそのように認識していた）の家とのつながりを維持していたのです。例えば宝暦十三年（一七六三）九月、下野在住の宇都宮家旧臣たちに対し、金子百疋（約二五〇〇〇円）を納めれば官途状を与える、とこの時の当主宇都宮熹綱（直接的にはその家臣）から連絡がありましたが、これらの中に「東水沼村　岡田八兵衛」の名が見られます。したがって、この時岡田家も旧臣として官途状を賜った可能性はあると考えられます。

一般にはあまり知られていませんが、現実に支配を受けている領主とは別の人間関係というもの（あえて喩(たと)えれば、以前勤めていた会社の社長、あるいは学校の恩師との関係のようなものか)が存在していた、ということになります(なぜお金を払ってまで実質的な効力のない文書を発給してもらったか、ということについては後述)。

帰農して本拠地に住む

こうした立場にあった岡田氏が、主君である宇都宮氏が改易となったために帰農したというのは、他にも同様の例が多い(重臣であれば、他の大名に仕官できる場合もあったが、中下級の家臣はそれも困難であった)ことから、おそらく事実であろうと思われます。前掲「系譜」にあった「明応ごろに用いていた城跡」というのは、おそらく芳賀氏の「寄力」となって以降に与えられたもので、真岡近辺にあったのでしょうが、そこからやがて本拠であった東水沼に戻り、以後同地へ定住したのでしょう。

さて江戸時代に入り、最初に確かな史料で岡田氏の存在が見出せるのは、万治二年(一六五九)のこととなります。すなわちこの年八月、東水沼村で検地が行われたのですが、この時案内人をつとめた四人のうちの一人が「監物」、すなわち岡田氏でした。検地案内人は村の有力農民がつとめるのが一般的でしたから、この時岡田氏が東水沼村においてそのような立場にあったことがわかります。「系譜」にも岡田家が東水沼村の「草創年寄株」をもつ五軒のうちの一つとあり、これが正しければ、いわゆる草分け百姓(土地を開発して村をつくった百姓で、領主から優遇された)だったということになります。ちなみに、この時実施された検地の結果、岡田家の所有する田畑の面積は十三町八反で、石高は約六十六石とされました。時期による変動もありますが、東水沼村の農家の平均的な石高はおおよそ十石ほどでしたから、岡田家が同村において抜きん出た地位にあったことがうかがえます。

溜池の管理者として

しかしながら、後述のように岡田家が東水沼村の名主をつとめるようになったのは江戸中期、十八世紀前半以降のことのようです。ただし同家は村の北西部にあり、東水沼村及び隣の西水沼村までの沢全体を灌漑する唐桶溜（図106）と呼ばれる溜池の持ち主で（造成したのも同家と伝えられる）、溜守（溜池の管理者）でもありました。そのため、当然ながらこの溜池から優先して水を引く権利をもっていましたが、同時に他の農民たちのさまざまな利用要求には、現実問題として応えていかなければならない立場にもあったのです。

十七世紀後半、東水沼村では台地の新田開発が進みましたが、その結果として従来の雨水に頼っていた溜池からの水利用が限界を迎えてしまいました。そこで元禄三年（一六九〇）以降、時の当主であった岡田八兵衛（宗山と号す）らは、鬼怒川から取水していた板戸用水（東水沼村の北側に位置していた）の組合に入り、ここからさらに用水路を開削して唐桶溜に引水する計画を立て、その実現へ向けて運動を開始しました。当初は関係する近隣の村の反対などでなかなかうまく進みませんでしたが、八兵衛らの奔走によって村々の了解が得られ、宝永三年（一七〇六）、三回目の訴願でようやく代官所（当時の領主は宇都宮藩）から工事の許可が下りたのでした。

図106　現在の唐桶溜

こうして同年中に工事が開始され、約半年後の翌年春には地上約二・三キロ、トンネル約〇・五キロの用水路が完成し、唐桶溜への通水も成功したのです。

なお、この時の岡田宗山の功績を称えて、その曽孫にあたる八十郎（亀山（きざん）と号す）が文化三年（一八〇六）に作成した石碑が、現在でも池の西側に建っています。

一般農民に推されて名主となる

さて、岡田家の石高は前述のように万治二年（一六五九）の時点では約六十六石でしたが、その六十五年後の享保九年（一七二四）には、ほぼ二倍の一三一石余りに増加しています（表4）。これは、村の総石高の一割強にあたりますが、この間岡田家は米価高騰という経済状況をにらんで、買得により土地を集積しており、それによる生産拡大と収益増加を図りました。もちろん、これだけ拡大した田畑を岡田家のみで耕作することはできなかったので、売主や質入れ主（借金の抵当として岡田家に田畑を預けた農民）をそのまま小作人とする形で耕作させたり、岡田家がもともと抱えていた前地（まえじ）（従属農民）に請け負わせたりしたのです。*1

こうして東水沼村における岡田家の存在は、ますます大きなものになっていきました。しかし、享保年間（一七一六～三六）に村役人の一つと見られる年寄となっていた可能性はあるものの、その長である名主役に就いたことを示す証拠は残っていません。それが元文二年（一七三七）になって、時の岡田家当主与左衛

表4　岡田家の石高の変遷

年	石高
万治 2 (1659)	66石
享保 9 (1724)	131石
元文 3 (1738)	137石
明和 4 (1767)	136石
寛政 12 (1800)	152石
文化 5 (1808)	150石
文政 9 (1826)	170石
弘化 2 (1845)	200石

※石以下は四捨五入
『芳賀町史』通史編近世所掲表を改変

門が前任者と交替して東水沼村下組（当時同村は上組・下組に分けられていた）の名主役に就いたのです。

＊1　岡田家の田畑は江戸初期から広大であったから、当初よりこうした前地や下人による小作はある程度行わせていたが、江戸中期以降、小作経営に比重が傾いていった。

名主という立場の厳しさ

村のリーダーである名主になるということは、名誉でありがたいことだったと思われるかもしれませんが、実際には必ずしもそうとはいいきれなかったようです。というのは、このころ村の農民たちが困窮して期日までに年貢や諸役を納めることもできず、本来こうした場合に未納分を立て替えるべき前任の名主自体も困窮のため、その役割を果たせない状況だったので、農民たちが前任者の罷免と与左衛門への交替を要求した、という事情があったのです。与左衛門は名主となる以前から、困窮した農民たちの年貢を立て替えていた実績があり、さらに前述したような灌漑事業を先頭に立って進め、時の領主である結城藩（享保十・一七二五年より）にも御用金を工面したりして頼りにされていました。

ここで注意していただきたいのは、村の農民たちが名主の任免について主導権を握っている、という点です。江戸中期になると一般農民たちの発言力が増し、名主役にも自分たちにとって都合のよい人物がなってくれることを要求するようになりますが、これは名主が従来もっていたさまざまな特権に対しても、彼らが目を光らせていたことも意味します。このことは岡田家に対しても同様であり、現に元禄十三年（一七〇〇）に唐桶溜の拡張工事が行われた際、池の持ち主で管理者でもある岡田家に対して、関係する農民たちから溜池の利用にあたり、岡田家の優位を再確認する内容の文書が提出されているのですが、これは新田百姓の増大によって岡田家旧来の特権と農民たちの利害が衝突していたことが背景にあったと考えられているのです。

こうして草分け百姓としての岡田家の特権に対し、一般農民たちから厳しい目が向けられるようになっていたのですが、このことがはじめの方で紹介した、岡田家が江戸時代に入っても旧主宇都宮家とのつながりをもっていたことと関係してくるのです。すなわち、お金を払って宇都宮家から官途状を発給してもらうことなどによって、岡田家は本来武家の家格であったことを誇示し、一般農民たちからの突き上げに対する自らの地位保全の一助にしようとした、というわけなのです。

米穀商を始める

さて、岡田家は江戸中期、遅くとも享保十七年（一七三二）より以前に「和泉屋」を屋号として米穀商を営んでいたことがわかっています。米を中心に小麦や稗(ひえ)、粟などを生産・集荷し、それらを販売していました。販売先としては東水沼村周辺の農民（地主も含む）の他、大半は宇都宮や江戸の米穀商や市場であり、その売上金は一回の取引で数百両（数千万円）に及ぶこともありました。利益を確保するためには、米などの市場価格に応じて販売量を調節する必要があり、岡田家はその情報を入手するために、宇都宮や江戸の取引商人たちとさかんに書状のやりとりをしていたのです。

さらに岡田家（和泉屋）は、自らの領主（結城藩）とは異なる下野烏山藩などの蔵米も購入しています。同藩はこれによって現金を入手し、それを藩の費用として使えるわけですが、岡田家としても農民が売る余剰米よりも品質のよい蔵米は価値が高く、江戸の市場で転売する上で有利になりました。ともかく他藩が自らの公用米を売るということは、それだけ岡田家の米穀商人としての資金力や江戸商人との深い取引関係が期待されていたことを意味する、と考えられているのです。

村の困窮化で苦境に立つ

ところが宝暦年間（一七五一～六四）以降、米価は低迷するようになり、その半面魚肥などの諸物価が高騰したため、東水沼村の農民たちの暮らしもひどく困窮していきました。働き手は農業を放棄して村の内外へ奉公に出ていくために、村の人口はどんどん減少していきます。そしてこうした状況は、当然ながら岡田家の経営にも大きな影響を与えました。すなわち、集積した農地を耕作してくれる小作人や奉公人の数が不足し、荒れ地が増大していったのです。奉公人の給金は高騰しますが、それでもなかなか集まりません。また、残った小作人たちも定められた小作料が納められず、岡田家がこれを減免しても未納者は減りませんでした。さらに自作地をもつ一般農民たちでさえ困窮し、岡田家からお金を借りるのですが、それも期限までには僅かしか返済できない、というような状況が続くようになったのです。ついに宝暦十二年（一七六二）、岡田家は経営難を理由に名主役（このころには上組・下組制が崩れ、同家が東水沼村全体の名主となってい た）免除を結城藩に願い出るに至りました。しかし一般農民たちは、自分たちの年貢未納分を補ったり、お金を貸してくれたりしていた岡田家の退任に反対し、結城藩もこれをうけて聞き入れませんでした。

酒造・醤油醸造業も始める

以上見てきたように、江戸後期になると、村の豪農といえども従来の米穀生産やその販売を軸とするような経営は立ち行かなくなっていたのです。そこで岡田家は天明五年（一七八五）から酒造業及び醤油醸造業を始めました。酒の原料となる酒造米は周辺地域から購入し、製品販売は周辺の村々や河岸などに住んでいる人々を売り子[*1]にして行わせていました。また精米や酒しぼりの過程で出る米糠（こめぬか）・酒粕なども肥料として販売していたのです。こうして岡田家では、嘉永年間（一八四八〜五四）に再び米価が高騰するまで酒造業を続けました。

さらに岡田家は広大な山林（明治二十二・一八八九年の時点で東京ドームの約一・五倍に相当する約七十五町歩）を所有しており、その立ち木を順番に売ったり、木材加工品や炭なども生産・販売し、一回あたり数十両〜百両（数十万〜百万円）の収入を得ていたのです。

＊1　金銭貸借を媒介として和泉屋の酒を売り歩くという特約を結んでおり、寛政六年（一七九四）の時点で三十八人が確認できる。

地域の文化をリードする

この岡田家のような立場を在郷商人といい、地域社会において大きな政治力・経済力をもちましたが、それと同時に一級の文化人でもありました。

例えば十八世紀後半の岡田家当主だった八十郎（前述したように灌漑工事に功績をあげた曾祖父宗山を顕彰した人物）は亀山と号し、俳句を詠みました。その子も八兵衛といい、やはり泉石と号して父とともに地域の俳句会に参加したりして、二人とも仲間から高い評価を得ていました。この趣味を通じて周辺地域や江戸との交流もあった模様であり、これ以降も岡田家当主は二代続いて俳句を嗜（たしな）んだのです。

また同家では仏師に仏像制作を依頼したり、益子（栃木県益子町）出身の画家小泉斐（あやる）（鮎図が有名）に自宅書院の杉戸（杉の鏡板でつくった戸）や戸袋棚に四季折々の花鳥画を描かせたりしました。

このように岡田家は、地域の豪農・在郷商人としての豊かな経済力を背景として、トップクラスの知識人・文化人として地方文化の発展を支えたのです。そしてこうしたことをよく示すのが、岡田家の膨大な蔵書でした。嘉永三年（一八五〇）に作成された蔵書目録によると、蔵書数は三〇四点、一三八〇巻余り（一つの本が何巻にも及ぶ場合が多かった）にのぼり、これらは十五の木箱に分けて収納されていたことがわかります。またそれらの内容は、漢籍（中国の書物）や軍記物、旅行記、教養書、医書、俳句・狂歌関連、浄瑠璃本など多岐にわたり、岡田家の人々の知識欲が幅広い分野に及んでいたことを示しています。そしてこれらの書籍は、江戸の有名な書肆（書店）から購入しており、このことは米穀商和泉屋としての江戸商人との結びつきが関係しているものと思われます。なお、これらの本は、俳句仲間との貸し借りや、村々の子どもたち、さらには結城藩士の子弟教育などに用いられたようです。

戊辰戦争と岡田家

さて慶応三年（一八六七）十月の大政奉還、十二月の王政復古の大号令を経て、翌年正月に戊辰戦争が始まりますが、その際の岡田家の対応を示す史料が僅かに残っています。

領主である結城藩は、藩主で二本松藩からの養子であった水野勝知が旧幕府派、二代前の藩主水野勝進とその実子勝寛は恭順派というふうに藩内が分裂してしまいました。江戸にいた勝知は彰義隊の一部を率い、恭順派勢力が守っていた結城城を攻撃し、一時占拠します（後に新政府軍に攻められ、逃亡の末に捕らえられる）。これにより勝進は上総、勝寛は江戸尾張藩邸へそれぞれ脱出しました。

その際、結城城にいた勝進の二人の娘は、芳賀郡内の結城藩領に逃れ、慶応四年三月二十七日に大沼村（栃木県真岡市）に逗留した後、二十九日には東水沼村に至り、岡田家に一泊しています。当主八兵衛は二人の姫君の慎ましやかな態度に接し、「姫君やつぼみ開くも時勢哉」と句作して深い同情を寄せました。結局二人は帰城命令を受けたため同家をあとにしますが、その際、礼として錦絵と巾着を八兵衛に与えています。

このように岡田家も幕末・維新の動乱に巻き込まれたわけですが、このエピソードは農民とはいえ同家が結城藩からいかに厚く信頼されていたかをよく示すものといえましょう。

日清戦争の戦勝祝賀会で講師となる

やがて明治時代となり、しばらくは岡田家の動向は不明となりますが、おそらくは引き続き地域社会のリーダーとして行動していたものと推測されます。その根拠として、次のような事例を紹介しましょう。明治二十七年（一八九四）八月に日清戦争が始まり、九月十七日の黄海海戦で日本海軍が大勝利をおさめると、国内各地で祝賀会が開かれました。水橋村（明治二十二年に東水沼村と周辺の五ヵ村が合併して成立）でも海戦があった五日後の九月二十三日に開催され、そこで当時の岡田家当主だった岡田泉二郎が、講師の一人として「国民の愛国心について」と題し講演しているのです。

地方名望家岡田泉二郎の活躍

岡田泉二郎は明治六年（一八七三）に生まれ、東京専門学校（現在の早稲田大学）卒業後、郷里に戻って家を継ぎ、農業に従事しました。若いころから農事改良や産業組合運動に関心が深く、水橋村の農村会長や芳賀郡農会の代表者、さらには栃木県の農会議員などをつとめています。産業組合とは小農民の協同組合のことで、商人や金貸し資本を排し、自分たちが商品経済に適応していこうという組織です。多くはまず農民たちの金融面での互助組織である信用組合として発足しました。こうした組織の立ち上げには地域の有力農民が寄与する場合が多いのですが、岡田泉二郎も村や県の信用組合の組合長を経て、大正十三年(一九二四)には大日本産業組合中央金庫惣代人となっています。

また泉二郎は明治四十年(一九〇七)に栃木県会議員に当選すると、芳賀地域と宇都宮を遮っていた鬼怒川に橋を架けるために奔走しました。それまで橋がないために芳賀郡民の日常生活の不便さと、産業上の不利益が指摘されていたのです。泉二郎の主張は、いったん反対多数で否決されますが、それでも粘り強く議員たちに働きかけた結果、明治四十二年の県会において大多数の賛成を得て架橋が決定しました。国の補助も得て工事は同四十四年に始まり、大正四年(一九一五)三月に完成、これにより芳賀郡と宇都宮との運輸・交通は急速に発展し、同郡の生産物(益子の陶器、米麦、薪炭など)が大量に宇都宮や京浜地方へ出荷されるようになったのです。なお、この橋は正式には「鬼怒橋」と命名されましたが、芳賀地方では泉二郎の功績を称えて「岡田橋」と呼ばれています。

さらに泉二郎は東水沼の耕地整理(形状不統一の耕地を区画整理し、あわせて灌漑により土地改良を行うこと)にも熱心に取り組みました。県会議員となった明治四十年に東・西水沼連合の耕地整理組合を結成し、推されて組合長に就任すると、翌年まず四十二町余りの整理を実施しました。これにより村民たちに大きな利益があることを理解させ、その上で大正元年(一九一二)から野元川流域二〇七町余りの耕地整理を進めたのです。この地区はもともと湿地が多かったのですが、川の改修と護岸工事、橋と道路の付け替え、用排水工事、山林開墾などを行った結果、田地面積は約一五%増加し、反当たりの収穫量も約一・五倍になりました。

以上見てきたように、岡田泉二郎は明治後期から大正期にかけて、東水沼のみならず芳賀地方の農業を中心とした産業発展に大きく貢献した地方名望家[*1]と呼ぶべき人物だったのです。

＊1　明治期に地域社会のリーダーとして政治・経済・文化の発展に寄与した人々をさす。江戸時代には村役人などであったケースが多い。

太平洋戦争期の苦難

さて、話は太平洋戦争末期に飛びます。東水沼の隣の清原村（宇都宮市）にあった宇都宮航空廠（軍航空機の調査・研究機関）が、昭和二十年（一九四五）一月から岡田家の板倉を物資保存用として借り受けています。また同年四月には、唐桶溜を軍隊の食糧を賄うための養魚施設として借用したいとの要望があり、岡田家では地区民と相談してこれを承諾しました。さらに五月、航空廠に勤務している丸山茂夫中佐から、同家の座敷を住まいとして借用したいとの話があり、翌月これにも応じています（ただしその直後に丸山中佐は転勤となったため、実際には後任の茂呂豊少佐が借用した）。なお、これにともなって六月には岡田家を含む和泉地区に電灯架設工事が行われました。

七月十二日には宇都宮に大規模な空襲があり、航空廠は長期戦を覚悟して岡田家に対し、自給用の田畑を借用したいと要請しましたが、八月十五日に終戦となったため、引き揚げていきました。なおその際、土地・建物借り上げ賃の一部として軍の設備や用材、残品などを岡田家に対して無償交付することが伝えられました。

このように、戦時中も大きな屋敷や田畑を所有していた岡田家では、報国という大方針のもとで軍に協力しなければならなかったのです。

戦後も地域農業のリーダーとなる

最後に、戦後まもなくの時期における岡田家の動向にふれておきましょう。昭和二十年から翌年にかけて農地改革が実施され（同二十五年に完了）、多くの小作人が自作農になりましたが、戦時中に農業の統制と戦争への協力を中心になって推進した農業会[*1]は、批判の対象となりました。それでも戦争直後の食料不足への対応や、農地改革の実施と農村民主化へ向けての取り組みを進めたのですが、農業会の幹部たちは軍国主義に協力したとして公職追放となり、農業会は転機を迎えました。

そこでこれにかわり、昭和二十二年に成立した農業協同組合法にもとづいて、行政が干渉せずに農民主体の民主的な組織としての農業協同組合（農協）が設立されていきます。翌年四月、水橋村にも農協が発足し、当時の岡田家当主岡田純一が専務理事に選ばれています。戦後においても、岡田家は水橋村における農業のリーダーとしての立場を維持していたのです。

＊1　昭和十八年（一九四三）に、それまであった農会や産業組合などを統合して中央及び地方に設立された農業団体。同二十三年に事業を停止した。

◇

岡田家は、確実な史料によれば遅くとも中世末期の段階で下野国芳賀郡東水沼を本拠とした地侍として存在し、江戸時代に入って主家が滅んだ後は、同地の有力農民として村の経営に尽力、さらに明治以降も地域社会のリーダーとして活躍してきました。

この岡田家のように、一つの家が中世・近世・近現代と、日本史上きわめて長期間にわたって、まさに屋台骨として地域を支えていたようなケースは、決して珍しいことではなかったものと思われます。時代の変遷とともに全国政権のトップは代わっても、地方の有力者はそれに応じて表面上の役職や肩書きが変わるだけで、一般住民との関係はそれほど変わらず、ほぼ一貫して地域の指導者としてあり続けたのです。為政者の変遷と同時に、こうした変わらない部分をもあわせ見ていくことで、初めてより真実に近い歴史像に迫っていけるのではないでしょうか。

《参考文献》

・徳田浩淳『やさしく書いた下野の歴史』（新人物往来社、一九八一年）
・竹末広美「寄託文書紹介9　岡田純一家文書」（栃木県立文書館『文書館だより』一〇、一九九一年）
・平野哲也「江戸中後期における村方地主の特質―下野国芳賀郡東水沼村岡田家を中心に」（『年報日本史叢』一九九三年）
・『芳賀町史通史編　原始古代・中世』（二〇〇三年）
・『同　近世』（二〇〇三年）
・『同　近現代』（二〇〇三年）
・松本一夫「近世宇都宮氏による官途状発給とその意味」（栃木県立文書館『研究紀要』一〇、二〇〇六年）

〔付記〕執筆にあたり、常磐大学教授平野哲也氏よりご教示を得ました。記して謝意を表します。

おわりに

高校時代、日本史の授業で近代以降の歴代内閣の名前や順番を覚えることに、とても苦労した記憶があります。「A内閣の次がB内閣である」ということの意味合いや必然性が理解できなかった（そもそも授業では、その点についてはふれていなかった）ためであり、結局は試験のために「そういうものだ」として単純に暗記するしかありませんでした。

しかし、教員になってしばらくして日本近代史を学んでいく中で、本書の冒頭で紹介した「坂本龍馬と原敬という、一見時代の離れた二人の人物は、陸奥宗光という存在を介してつながってくる」と気づいた時、突然目の前が開けたような感じになったのです。そして「あまり時代の流れというものにとらわれすぎずに、何らかの視点から歴史上の人物やできごとを眺めていくと、よりいきいきと歴史をとらえることができるのではないか」と思い立ち、ここ数年はさまざまな視点を探し求め、それらにもとづく具体的な事例を調べることに多くの時間を費やしてきました。さらにそれらの成果の一部は、令和四・五年度に非常勤として日本史を教える機会を得た、ある高校の生徒たちにも紹介しました。

前著『史料で解き明かす日本史』の刊行後、ベレ出版の森岳人さんから三度執筆のオファーをいただいた際、このさまざまな視点にもとづく、つながりから見た日本史を書いてみたいとお話ししたところ、ご快諾をいただきました。そのようなことを経てまとめたのが、本書です。

ここにあらためて、いろいろとご配慮をいただいた森さんをはじめとするベレ出版の皆さんに深く感謝申し上げます。

令和六年一月

松本一夫

著者紹介

松本 一夫（まつもと・かずお）

▶1959年生まれ。1982年慶應義塾大学文学部を卒業後、栃木県の高校教員となり、20年間日本史、世界史等を担当する。専門は日本中世史。2001年博士（史学）。國學院大學栃木短期大学、宇都宮大学等で非常勤講師を務めた。その後、栃木県立文書館等を経て2020年3月、栃木県立上三川高等学校長で定年退職。南北朝期の歴史研究をする一方で、日本史教育の実践的研究にも取り組む。おもな著書は『疑問に迫る日本の歴史』『史料で解き明かす日本史』（いずれもベレ出版）、『日本史へのいざない』『日本史へのいざない2』（いずれも岩田書院）、『中世武士の勤務評定』（戎光祥出版）がある。

◉── カバーデザイン　竹内 雄二
◉── 本文デザイン・DTP　原 真一朗（ISSIKI）
◉── 校閲　蒼史社

時代を超えた「つながり」で読み解く日本史

2024年 2月25日　初版発行

著者	松本 一夫
発行者	内田 真介
発行・発売	ベレ出版 〒162-0832　東京都新宿区岩戸町12 レベッカビル TEL.03-5225-4790　FAX.03-5225-4795 ホームページ　https://www.beret.co.jp/
印刷	モリモト印刷株式会社
製本	根本製本株式会社

ISBN 978-4-86064-755-1 C0021　　編集担当　森岳人

松本一夫氏の著作

『史料で解き明かす日本史』

松本一夫

A5判　392ページ
本体価格 **1800円**

『疑問に迫る日本の歴史』

松本一夫

四六判　328ページ
本体価格 **1600円**